○上海市高等学校人文社会科学重点研究基地基金研究资助
○北京市教委专项资金资助出版

社交媒体传播影响与规制创新

Communication Effects and regulation innovation of Social Media

周庆山　王京山　等　编著

知识产权出版社
全国百佳图书出版单位
—北京—

图书在版编目（CIP）数据

社交媒体传播影响与规制创新 / 周庆山等编著．—北京：知识产权出版社，2021.3
ISBN 978-7-5130-7421-6

Ⅰ.①社… Ⅱ.①周… Ⅲ.①互联网络—传播媒介—研究—中国 Ⅳ.①G219.2

中国版本图书馆 CIP 数据核字（2021）第 021781 号

内容提要

本书重点针对社交媒体传播规制的媒体融合规制、网络平台治理、网络生态规制等方面进行制度设计，提出更加符合社交媒体传播规律和社会各方利益平衡的信息规制体系；同时，提出社交媒体的自组织规制策略，并运用平台责任义务机制和大数据等新技术，提高规制的针对性和科学性，将媒体治理体系建设作为规制的目标，完善多方共治、多元共管、多层并举的体系建构。

责任编辑：张冠玉　　**责任印制**：孙婷婷

社交媒体传播影响与规制创新

SHEJIAOMEITI CHUANBO YINGXIANG YU GUIZHI CHUANGXIN

周庆山　王京山 等　编著

出版发行：知识产权出版社有限责任公司　　**网　　址**：http: //www .ipph.cn
电　　话：010-82004826　　http: //www .laichushu.com
社　　址：北京市海淀区气象路 50 号院　　**邮　　编**：100081
责编电话：010—82000860 转 8699　　**责编邮箱**：laichushu@cnipr.com
发行电话：010—82000860 转 8101　　**发行传真**：010—82000893
印　　刷：北京建宏印刷有限公司　　**经　　销**：各大网上书店、新华书店及相关专业书店
开　　本：720mm×1000mm　1/16　　**印　　张**：19.25
版　　次：2021 年 3 月第 1 版　　**印　　次**：2021 年 3 月第 1 次印刷
字　　数：305 千字　　**定　　价**：78.00 元

ISBN 978-7-5130-7421-6

前　言

进入21世纪以来，互联网发展呈现出明显的移动化和社交化发展趋势，手机成为公众获取网络信息的重要途径，传统的以计算机为终端的网站浏览模式正在被移动端App的使用模式替代，而移动互联网传播的社交性又进一步将媒体从专业信息传播模式推进到了社交化媒体传播模式的新阶段。在这个传播过程中，微信等社交应用起到了重要的影响作用，因此，也被称为从网络媒体的BAT（百度、阿里和腾讯）格局时代进化到TMD（头条、美团和滴滴）移动媒体时代。不断进化的移动互联网呈现出许多新特点，如种群爆炸、垂直细分、算法主导的信息流模式、流媒体传播的数字内容产业、信息互联的蜂巢生态系统等。

在美国，自脸书（Facebook）、推特（Twitter）于2006年向公众开放以来，社交媒体以不可阻挡的趋势席卷全球。截至2018年12月31日，脸书公布的最新数据显示，全球社交媒体月活跃用户数已经超过了23.2亿人次，超过20亿人每天至少使用脸书家族的一项服务[1]。随着微博、微信等社交媒体平台在国内的相继推出，据麦肯锡的调查，我国已拥有全球最多也最活跃的社交媒体用户群[2]。截至2018年6月，中国手机即时通信的用户数量已达7.50亿[3]，中国用户

[1] Facebook Inc. Facebook Reports Fourth Quarter and Full Year 2018 Results[EB/OL]. https://s21.q4cdn.com/399680738/files/doc_financials/2018/Q4/Q4-2018-Earnings-Release.pdf.

[2] 麦肯锡 . 中国社交媒体的用户数量已达 3 亿 [EB/OL]. http://www.aliyun.com/zixun/content/2_6_86009.html.

[3] 中国互联网络信息中心 . 第 42 次中国互联网络发展状况统计报告 [EB/OL]. https://www.cnnic.net.cn/hlwfzyj/hlwxzbg/hlwtjbg/201808/P020180820630889299840.pdf.

每月在社交应用上花费的时间比美国用户多出 10 小时[1]。

社交媒体具有更为突出的交互性、融合性、移动性和社会模拟性等特质，目前美国的脸书、YouTube、推特和 Instagram，中国的新浪微博、腾讯微信、人人网等社交媒体不仅拥有超越传统广播电视及报纸杂志的庞大受众群体，更基于顽强的市场博弈精神与强大的竞争力催生了数字内容产业。根据罗莎蒙德·赫特（Rosamond Hutt）的统计分析，脸书占据着超过 18 亿的活跃用户，始终是世界上最受欢迎的社交网络。QQ 空间是我国用户最多的社交网络，拥有 6.32 亿活跃用户。[2]

凯度中国（Kantar）发表《2018 年凯度中国社交媒体影响报告》，根据 24.2 万名用户的样本及 4 万个家庭的购买记录，显示中国社交媒体平台已走向多元化，视频、音乐、电商平台都在积极涉入社交领域。[3]社交媒体拓展到了更多的领域，从而进入泛社交时代，如生活服务类社交媒体大众点评、携程、美团、去哪儿等就在媒体内容及电子商务方面整合形成了新的商业形态。

社交媒体的兴起进一步验证了麦克卢汉的媒介理论，即媒介不仅是人的各种器官，特别是交流器官及神经系统功能的延伸，更是塑造和改变着社会结构形态，使之空间贬值、时间升值。在“处处是中心，无处是边缘”的世界村进化中，人的思维模式及认知形态也受制于新媒体进化的内在张力，并日益成为当代社会发展中的主流传播媒介和影响深远的政治工具、产业形态、文化业态、教育形式及社会结构变化的催化剂。特别是近年来微博信息、网络视听及手机媒体的迅猛发展，在推动网络问政、公民参与、文化产业发展及经济社会变革的同时，也使得社会、政治、经济、文化面临着意识形态、商业规则及文化价值体系的解构、融合与流变的新挑战和新危机，亟待从信息政策、管理、法治及伦理规范等各个

---

[1] 麦肯锡全球研究院 . 中国数字经济如何引领全球新趋势 [EB/OL]. https://www.mckinsey.com.cn/wp-content/uploads/2017/09/ 麦肯锡全球研究院 _ 中国数字经济如何引领全球新趋势 _2017 讨论文件 .pdf.

[2] HUTT R.The world’s most popular social networks, mapped[EB/OL]. https://www.weforum.org/agenda/2017/03/most-popular-social-networks-mapped.

[3] 凯度中国 . 2018 年凯度中国社交媒体影响报告 [EB/OL]. https://cn.kantar.com/%E5%AA%92%E4%BD%93%E5%8A%A8%E6%80%81/%E7%A4%BE%E4%BA%A4/2018/2018%E5%B9%B4%E5%87%AF%E5%BA%A6%E4%B8%AD%E5%9B%BD%E7%A4%BE%E4%BA%A4%E5%AA%92%E4%BD%93%E5%BD%B1%E5%93%8D%E6%8A%A5%E5%91%8A/.

层面进行全方位、有重点、相互制约与协调的信息规制的新机制和新模式。

信息传播规制问题是一个历史性传播制度命题。早在印刷术发明之后，就开始出现了出版规制，后来有了电子媒体规制，直至现在形成了各种有体系的大众传播规制体系。然而，随着新媒体技术的发展和网络技术的发展，社交媒体作为一种新型媒体形态出现，对现有的媒体规制带来了前所未有的挑战；与此同时，社交媒体的发展进一步颠覆了已有的规制范式，值得进一步关注和提出有效对策。因此，建立一个科学合理的社交媒体信息传播规制体系成为了当务之急。世界各国纷纷通过推动行政立法、改革管理体制、建立新治理手段等来应对这一挑战。

社交媒体的传播规制起源于网络的传播规制。在互联网兴起之后，产生了很多新的媒介管制冲突和滞后问题，很多规范传播媒体的法律法规开始相应延展到了互联网内容管理领域。与此同时，基于这一领域的特殊性，相关规范的科学性、合理性及规制的平衡有效性也成为学者纷纷探讨和关注的课题。

德国学者恩格尔较早研究了互联网内容控制问题，具体分析了因特网带来的有问题的内容与匿名性、现有法律控制手段失灵、市场控制手段失灵、民族国家的无能为力和技术保护措施失灵这五大问题，进而提出五种管理办法。[1]杰克·戈德史密斯（Jack Goldsmith）等人对“应当由谁来规制网络内容”这一问题进行了专门研究，认为政府、网络媒体和个人在网络内容规制中均可有所作为[2]。

保罗•伯顿（Paul F. Burton）指出，管制会阻碍信息在因特网中的自由流动，对于世界范围内的信息交流是极其不利的。[3]路易斯 库克（Louise Cooke）则侧重研究了网络内容管制的方式与结果。作者采用莱斯格模型（Lessing’s models）的“直接管制与间接管制”这一理论，分析了欧盟在过去 10 年里的内容管制措施，

[1] 恩格尔，逸菡．对因特网内容的控制 [J]. 国外社会科学，1997（6），38-44.

[2] GOLDSMITH J, WU T. Who controls the Internet illusions of a borderless world[M]. Oxford：Oxford University Press, 2006.

[3] BURTON P F. Regulation and control of the Internet：Is it feasible? Is it necessary?[J]. Journal of Information Science，1995，21（6），413-428.

发现管制措施在一定程度上约束了表达自由的发展。❶巴克利（Buckley）在《电子传播规制》（*Telecommunication regulation*）中认为就互联网媒介传播而言，规制效力的标准应该包含价格规制、国际比较、保护竞争、打破垄断等具体要素，内容的社会性规制蕴含的文化传统、社会思潮、政治制度等公共利益维护与其相辅相成❷。

从国内来看，有很多相关论著对互联网规制进行了研究，如张小罗从价值分析的理论视角对网络媒体政府管制的正当性进行了分析，对域外网络媒体政府管制制度进行了比较，包括美国的“自我控制型”网络管理模式、英国的“监督而非监控”网络管理模式、新加坡的“法治严明、秩序为先”网络管理模式及其他国家与地区网络媒体政府管制模式。此外，还分别从基于文本分析的理论视角和基于权利分析的理论视角对我国网络媒体政府管制的现状与制度完善进行了总结❸。

张磊认为我国的互联网规制应实施双重融合战略。根据互联网管制的机构融合和政策融合的要求，充分利用互联网的积极形态，合理规避互联网发展的负面影响，有必要建立一个跨部委的互联网管制机构，同时应将以机构融合为主的规制方针转变为机构融合与政策融合的双重融合，对现有过时的、互相牵掣的规制政策进行精简和整合❹。

在网络媒体规制融合方面，针对媒介融合革命的数字化时代背景，学者肖赞军撰文认为当前媒介规制改革的趋势是规制框架从纵向分业规制向横向分层规制转换，规制机构从分立机构向融合机构转变；规制改革的取向是放宽市场准入、倡导竞争、吸纳投资；规制重心从结构规制向行为规制转移。借此提出我国媒介规制改革的政策思路——内容与传输分离规制，坚持技术中立与业务中立原则，组建融合性的规制机构，放松资本准入❺。胡正荣、李继东通过分析中国媒

❶ COOKE L.Controlling the net：European approaches to content and access regulation[J].Journal of Information Science，2007, 33（3），360–376.

❷ BUCKLEY J. Telecommunication regulation[M]. London：The Institution of Electrical Engineers, 2003：57-78.

❸ 张小罗 . 论网络媒体之政府管制 [M]. 北京：知识产权出版社 , 2009.

❹ 张磊 . 产业融合与互联网管制 [M]. 上海：上海财经大学出版社 ,2001：5-6.

❺ 肖赞军 . 媒介融合时代传媒规制的国际趋势及启示 [J]. 新闻与传播研究 , 2009（5）：55-66.

介规制变迁的历程，分析了制度困境的意识形态根源❶。蔡雯、黄金在对世界多国媒介管理现状进行比较之后，提出规制变革是媒介融合发展的必要前提❷。喻国明、苏林森针对网络融合环境下所出现的媒介规制机构设置不合理、媒介规制不透明、媒介规制缺乏常规化、媒介寻租现象严重等弊端，提出我国新媒介规制改革的思考路径：从中国传媒的制度设计上进行规管制度的改革，建立传媒业统一的国家规制与管理部门；建立科学有效的媒介规制效果的评价体系；以健全的法治体系替代政策或临时性的监管，以增强媒介规制的透明度、权威性和规范性；对不同地区、不同媒介要区别管理❸。

随着社交媒体的发展，有关社交媒体规制的研究也逐步兴起，钱忆亲等认为，互联网时代与社交媒体的到来让网络生态走向分权化，国家政府面对的不仅是大量信息流通的挑战，还有私人公司与社会团体不断提高的网络决断权。后者已经成为一种新的权威。在互联网治理的过程中，多利益攸关方主义及其私人—政府—民间合作与平等参与的原则，以及具体内涵仍有待辩论的数字宪政主义两种模式均可作为政府、私营行业设计评估其互联网治理机制和基本原则的总体框架。❹

对社交媒体的规制研究有三个突出的热点领域：其一是社交媒体环境下的个人隐私保护。艾利森·利·杨（Alyson Leigh Young）等的研究表明，除了社交媒体的默认隐私设置外，用户还制定了许多策略来满足他们的隐私需求，包括防范社会隐私威胁，删去个人联系信息，展示有限的个人信息，取消对照片的标记和删除照片，限制陌生人的好友请求。这可以说明用户对社会隐私关心的倾向已经存在，但机构对个人数据使用所带来的威胁仍然知道的太少，需要更多考虑政策❺。李兵和展江指出社交媒体使用中普遍存在"隐私悖论"现象，说明"个

---

❶ 胡正荣，李继东 . 我国媒介规制变迁的制度困境及其意识形态根源 [J]. 新闻大学，2005（1）：3-8.

❷ 蔡雯，黄金 . 规制变革：媒介融合发展的必要前提——对世界多国媒介管理现状的比较与思考 [J]. 国际新闻界 , 2007（3）：60.

❸ 喻国明，戴元初 . 中国媒介规制的发展、问题与未来方向 [J]. 传媒观察 , 2010（1）：11-17.

❹ 钱忆亲，陈昌凤 . 互联网治理——一种综合路径的探索 [J]. 全球传媒学刊 ,2017（2）：4-31

❺ YOUNG A L, QUAN-HAASE A. Privacy protection strategies on Facebook：the Internet privacy paradox revisited[J]. Information, Communication & Society, 2013, 16（4）：479-500.

人信息不得非法公开”的被动隐私含义在社交媒体时代难以成立，信息公开与否已经不能成为判断隐私的标准。对信息的主动控制，尤其是控制谁能看到自我披露的信息已经成为隐私含义的核心，用户在公开个人信息时并未完全放弃隐私，而是依然想对其公开范围保有控制[1]。

第二个热点是舆情和谣言的治理。高潇等认为谣言作为一种特殊的潜舆论，其在微信中的传播呈现出易盲从、效果强、广度小、开放性差的新特征。单纯依靠网友的自我纠错、自我甄别的能力和社交媒体自身的自净功能，并不利于辟谣。谣言治理应该从法律法规的健全、有效信息的释放、辨析能力的提升三个方面展开[2]。在舆情和谣言治理的主体论述上，大量研究都提到了政府应当发挥的作用，如张权指出网络舆情治理是政府等多元主体对网络舆情内容及活动带有目的性的主动双向干预，能预防集体行动事件的发生，进而消除造成现实社会不稳定的隐患。在网络舆情治理过程中应当重点关注互联网使用与集体行动的中间环节，特别是动员与情绪两个治理维度，同时在实践中分别把握好“过”与“不及”这两种管制尺度，以维度和尺度为基础构建一个“九宫格”网络舆情治理象限，为网络舆情治理措施的作用对象、作用力度和作用向度等提供相对客观的借鉴[3]。

第三则是直接对立法层面的讨论。2016年11月颁布的《网络安全法》代表我国网络空间法治化大幕拉开。对我国当前专门法与非专门法中有关条款在新信息情境下的适用性问题，特别是网络安全与信息保护问题，研究者给予了广泛的关注。我国《网络安全法》第四十三条为：“个人发现网络运营者违反法律、行政法规的规定或者双方的约定收集、使用其个人信息的，有权要求网络运营者删除其个人信息……”周冲将这一“删除权”的条款与欧美的“被遗忘权”进行比较，指出《网络安全法》规定的“删除权”是基于中国实际国情和“秩序观”视野下的制度创新。我国的“删除权”所涉及的主体、客体、性质和适用范围等情

❶ 李兵，展江．英语学界社交媒体“隐私悖论”研究 [J]. 新闻与传播研究，2017（4）：99-107.

❷ 高潇，甘险峰．谣言在微信中的“圈子”传播研究 [J]. 编辑之友，2016（8）：68-71.

❸ 张权．网络舆情治理象限——由总体目标到参照标准 [J]. 武汉大学学报：哲学社会科学版，2019（2）：175-183.

况都有其存在的客观原因，其内涵的充实与外延的拓展应是一个变化的过程[1]。

在当前的大数据和人工智能背景下，社交媒体规制又产生了新的议题，研究人员开始逐渐关注机器智能主导下的信息传播规制问题。其中最典型的话题是基于计算机算法的智能推荐所带来的问题，这一从用户建模和内容分析出发为用户推荐个性化信息的机制既带来了许多便利，也存在推荐信息质量不高、内容狭窄、匹配度有限等问题。陈昌凤和石泽呼吁在目前的智能算法中强化人机交互，即加强人的主体性、能动性，通过人＋机器、机器帮人、不断迭代的大数据闭环，让人工智能更好地体现人的主导性和价值观[2]。刘胜男也同样重视内容生产者的作用，提出在内容与技术共谋的过程中，应当从内容生产者的专业主义和伦理出发，避免因个性化定制、同质内容的不断推送而带来信息的“过滤泡沫”（filter bubble）和意见的“回音廊”（echo chamber）效应[3]。

从更加广泛的角度看待社交媒体规制，不仅需要考虑更加复杂的相关主体，内部关系也应当更多予以考量。刘宏宇等认为，首先需要在外部环境层次上为其创造良好的信息管理制度环境，推动新型社会信息管理体制和公共传播法规建设；其次需要在内部动力层次上根本遏制各类传播参与者之间的内在利益分歧和矛盾，形成各方协同治理网络公共传播空间的行动合力，打造各方主动参与、平等沟通和共同担责的新型网络社会公共领域[4]。张安淇等则提出要做好社交媒体管理需从“羊群效应”出发加强对领袖意见的管理。[5]特别在社会运动情境中，通过时滞分析发现，社交媒体与传统媒体已经存在跨媒介的议程互动问题。[6]社交媒体的规制问题是网络媒体规制的进一步延伸，由于其移动化、去中心化、自媒体化、碎片化和社交关系化，因此，其规制问题难以通过套用以往的管理手段

---

[1] 周冲．个人信息保护——中国与欧盟删除权异同论 [J]. 新闻记者，2017（8）：71-79.

[2] 陈昌凤，石泽．技术与价值的理性交往：人工智能时代信息传播——算法推荐中工具理性与价值理性的思考 [J]. 新闻战线，2017（17）：71-74.

[3] 刘胜男．算法时代“好内容”的定义 [J]. 新闻与写作，2017（6）：69-71.

[4] 刘宏宇，蒋欣逸，魏祯．论微博现实困境的形成机制及解决途径——基于腾讯微博案例调查研究 [J]. 国际新闻界，2016, 38（4）：157-176.

[5] 张安淇，陈敬良．社会化媒体管理的创新途径研究 [J]. 管理世界，2015（10）：176-177.

[6] 乐媛，周晓琪．社会运动中的社交媒体动员与媒介间议程设置效应：以台湾地区“反服贸学运”为例 [J]. 国际新闻界，2019, 41（6）：26-47.

和措施加以解决，需要结合社交媒体的特点、规律及影响机制，从治理角度进行更为顶层化设计才能破解其规制难题。磨惟伟认为网络社交媒体发展失序已从“局部现象”发展到“共性问题”，借鉴西方国家的经验，我国未来对社交媒体的治理应坚持党、企业、公众的“多元共治”。❶

社交媒体的规制创新在未来仍将是一个值得关注和亟待研究的议题。本书将社交媒体传播演变放在时空维度上，从人类传播发展演变中的媒介特征变化及相关规制脉络进行分析的同时，对比中外及虚拟与实体环境下的制度差异，借鉴传播媒体制度规范的经典理论及批判学派和我国制度规范领域的特有原则，基于社交媒体传播应用及发展状况的把握，就其信息规制的融合趋势及变革动因进行综合分析与研究，重点针对社交媒体传播规制的媒体融合规制、网络平台治理、网络生态规制等方面进行制度设计，提出更加符合社交媒体传播规律和社会各方利益平衡的信息规制体系；同时，针对社交媒体传播特色和规制的生态控制模式新思维，提出社交媒体的自组织规制策略，并运用平台责任义务机制和大数据等新技术，提高规制的针对性和科学性，将媒体治理体系建设作为规制的目标，完善多方共治、多元共管、多层并举的体系建构。

❶ 磨惟伟．发达国家网络社交媒体治理新动向及启示 [J]. 中国信息安全，2018（2）．

目　录

第一章

社交媒体传播特征

第一节　社交媒体发展概述

一、网络传播发展概述

如果从 1994 年 4 月 20 日中国国家计算机与网络设施（The National Computing and Networking Facility of China，NCFC）接入互联网（Internet）算起，互联网在我国已有超过 25 年的发展史了。随着网络使用的不断发展和普及，互联网作为一种重要的传播媒介和交流工具，在我国具有越来越强大的社会影响力，其既包括个人影响力，也包括社会影响力。从社会影响力角度而言，网络不仅具有政治功能，也具有经济、文化、教育以及娱乐等多方面作用。

据国际电信联盟（ITU）发布的《2018 年衡量信息社会报告》显示，人类世界在互联网使用方面已超越中线，到 2018 年年底，世界上使用互联网的人口已达到 51.2%，即 39 亿人将使用互联网。目前几乎世界上的全部人口（96%）生活在移动蜂窝网络的覆盖范围之内。此外，全球 90% 的人口可通过 3G 或更高速率的网络接入互联网。[1]

人类传播的发展经历了五次革命，第一次是口语传播革命，人类可以通过语言来进行交流，这次革命的意义是推进了从猿到人的进化，语言是人类交流的

[1] Telecommunication Development Sector. Measuring the Information Society Report 2018[R/OL]. https://www.itu.int/en/ITU-D/Statistics/Pages/publications/misr2018.aspx.

重要符号，成为传播信息的重要基础。第二次传播革命是文字的发明，并且形成了记录知识载体的文献，是人类重要的文明标志，正如恩格斯所指出的：人类“从铁矿的冶炼开始，并由于文字的发明及其应用于文献记录而过渡到文明时代”❶。印刷术的发明虽然是主要基于宗教需求而产生的。但是，第三次传播革命却极大推进了政治民主、经济自由和文化复兴，并引导人类传播真正步入了一个崭新的大众传播时代。尽管中国的印刷术发明并没有带来实质意义上的革命，但是也成为中国文化发展的必要推动力。

正如施拉姆所言：“书籍和报刊同 18 世纪欧洲启蒙运动是联系在一起的。报纸和政治小册子参与了 17 世纪和 18 世纪所有的政治运动和人民革命。正当人们越来越渴求知识的时候，教科书使得举办大规模的公共教育成为可能。正当人们对权力分配感到不满的时候，先是报纸，后来是电子媒介使普通平民有可能了解政治和参与政府。”❷

第四次传播革命是电子技术的发展，通过有线和无线的手段不仅可以远距离传输信息，还可以传输声音和影像，从而使得人类传播事业成为一个庞大的知识和娱乐产业，借以推进了大众文化和视觉文化的勃兴。我们正在经历着第五次传播革命，网络传播时代正在推进人类社会进入全球化、虚拟化、互动性以及全民参与的信息社会。对信息社会研究卓有建树的曼纽尔·卡斯特所著的《网络社会的崛起》指出：人类社会经历了数千年与自然的史前斗争之后，终于摆脱了自然的束缚，上升到一种知识与社会组织水平更高的社会性世界之中。我们目前正处于被称为网络社会的世界之中。在网络环境中，一些人感到对有些新生事物难以理解，产生了许多疑惑和问题。他指出，由于历史演变与技术变迁的汇聚，我们已经进入社会互动和社会组织的纯文化模式之中，这便是为何信息是我们社会组织的主要成分，以及为何网络之间的信息和意义流动构成了我们社会结构的基本线索。❸

---

❶ 恩格斯 . 家庭、私有制和国家的起源 [M] // 马克思恩格斯选集：第 4 卷 . 北京：人民出版社 , 1972：21.

❷ 施拉姆等 . 传播学概论 [M]. 北京：新华出版社 , 1984：18.

❸ 曼纽尔·卡斯特 . 网络社会的崛起 [M]. 夏铸九 , 等 , 译 . 北京：社会科学文献出版社 , 2001.

这一时期的媒体进入了数字媒体传播时代。数字媒体是媒体在数字时代发展的产物，广义上的数字媒体不仅包括专业媒体组织的形态，还包括各类政商乃至个人媒体。数字媒体是指运用数字化技术手段进行信息采集、加工、处理，并借助计算机数字信息网络技术传播和提供信息服务的组织。其传播的内容主要包括计算机媒体、手机媒体、数字广播电视电影、数字游戏、数码相机摄像、移动交通媒体、户外媒体、随身听媒体、电子阅读器等。这类组织一般具有专业媒体性质，与一些具有特定用户群及专门信息服务内容的平台有所不同，特别是不包括电子政务、电子商务、教科文卫类公共事业性网站等。

2017 年美国成年用户每天花费在数字媒体的时间达到 5.9 个小时，高于 2016 年的 5.6 个小时。而其中有 3.3 个小时的数字媒体消费花在移动设备上，移动设备的增长是数字媒体时长呈现增长趋势的重要原因。[1] 对于青少年用户而言，自 2012 年起，青少年社交媒体使用量就开始快速增长。调查表明，美国青少年社交媒体使用频率快速增长，每天查看社交媒体多次的青少年在过去六年翻了一番，从 2012 年的 34% 增长至 2018 年的 70%。同时，有智能手机的青少年则从 41% 增长至 89%[2]。根据中国互联网络信息中心（CNNIC）2016 年底的调查数据，从我国网络社交用户平均每日接触互联网的时长来看，重度用户较多，平均每天上网时长在 6 小时以上的用户占 20.0%，另外有 21.5% 的用户每天的上网时长在 3 ～ 6 小时，每天的上网时长在 1 小时以内的用户仅占 17.2%。[3]

在 2016 年的美国全媒体广告中，数字媒体首次超过电视成为广告支出最大的类别。[4] 根据 MAGNA 发布的 2018 年 12 月版全球广告预测报告，2018 年全球数字广告销售额增长了 17%，达到 2510 亿美元；而离线广告销售额则基本

---

[1] MEEKER M. Internet Trends Report 2018[EB/OL]. https://www.kleinerperkins.com/files/INTERNET_TRENDS_REPORT_2018.pdf.

[2] Common Sense. 社交媒体，社交生活：青少年的体验报告 [EB/OL].（2018-12-03）. https://mp.weixin.qq.com/s/QGs-r6B3XOT8rkYLDb3LvQ.

[3] 中国互联网络信息中心（CNNIC）. 2016 年中国社交应用用户行为研究报告 [EB/OL]. https://www.cnnic.net.cn/hlwfzyj/hlwxzbg/sqbg/201712/P020180103485975797840.pdf.

[4] Beyond Summits Ltd. 美国媒体市场研究报告 [EB/OL]. https://cn.beyondsummits.com/sites/default/files/downloads/reports/.

持平，仅小幅增长 0.2%。[1] 精硕科技（AdMaster）发布的《2019 中国数字营销趋势》报告表明，2019 年的经济发展预期或许不尽人意，但有 79% 的广告主仍表示将增加 2019 年的数字营销预算，整体预算平均增长 20%，高于 2018 年的 18%、2017 年的 17%。[2] eMarketer 预测到 2021 年，美国的移动数字媒体广告支出有望突破 1000 亿美元，数字媒体将会占据全媒体广告支出的半壁江山；与之形成对比的，美国电视广告支出占全媒体广告的比重将由 2016 年的 36.6% 缩减到 2021 年的 30.8%。[3]

数字媒体具有高度的融合性，按照加拿大学者的观点，媒介就是信息的表现形式。以数字电视为例，随着电信网、计算机网和有线电视网的“三网融合”日益成为新型大众媒体形态，网络电视等新的技术形态发展使得电视机也可以承载多种媒体的功能，如数据广播、视频点播、游戏娱乐、网络浏览、音频互动等。对于传统媒体来说，数字化转型需要整合出一个完整且完善的包括媒介内容生产、分销、终端平台、利益分摊、各个媒体互动促进的生态链条。

如果说比尔•盖茨把传播媒体的结构进行了从线性到网状结构模式变革的话，那么乔布斯则把传播结构从其特殊群体的工具性中介变成了一个个体自主控制传播场景的社会关系分享工具。传统传播媒体的主要要素是形式和内容，互联网媒体的要素是形式、内容和社交，而移动互联网媒体则在形式、内容、社交之外，又增加了场景因素。所谓场景因素的特点是从传统的书房、客厅向卧室、卫生间，从工作场所向候车室、车站、车内转移，信息利用的场景模式也从正襟危坐变成站立、躺卧。移动媒体还与健康运动检测、定位导航服务、实时支付等应用结合成为场景实践的有效模式。

随着数字媒体的升级进化迭代发展，数字媒体进入了社交媒体时代，就国内外社交媒体而言，主要表现形态包括社交网络、知识分享网站、评论网站、虚

[1] MAGNA. MAGNA 发布全球广告预测，显示 2018 年广告支出增长率达 7.2%[EB/OL]. https://mp.weixin.qq.com/s/-YodG-G7HgfJ2aB3gGgA0g.

[2] AdMaster. AdMaster 发布 2019 中国数字营销趋势：79% 的广告主将增加数字营销预算 [EB/OL]. http://www.admaster.com.cn/?c=abouts&a=newsview&id=194.

[3] Beyond Summits Ltd. 美国媒体市场研究报告 [EB/OL]. https://cn.beyondsummits.com/sites/default/files/downloads/reports/ 美国媒体市场研究报告.pdf.

拟空间等。就社交网络而言，国外有脸书、YouTube、推特，国内有微信、QQ、陌陌、新浪微博等；知识分享网站国外有维基百科（Wikipedia）、略问（Quora），我国有百度贴吧、知乎、豆瓣；国外有评论网站如猫途鹰（TripAdvisor）、虚拟社区如第二人生（Second Life）等；国内又点燃了在线视频网站（优酷、爱奇艺、腾讯、搜狐等）[1] 和微视频平台（抖音、快手）。它们虽说都是在线沟通工具，但他们能依托信息技术，创建起用户之间的信息分享、交流、合作式平台，用户在其平台上提供大量的信息，构建出一个真实的虚拟社区，并让用户更加信任、依赖社区平台的信息，最终影响人们的实际购买行为[2]。

二、网络社交媒体的界定及主要类型

（一）社交媒体的概念界定

2015 年是载入中国社交媒体发展史的一年。据凯度发布的数据显示，这一年，中国用户花费在社交媒体上的时间已经过半，一举超过传统媒体。伴随而来的是广告进一步从传统媒体转向新媒体，网络媒体成为第一大广告收入媒体。放眼全球，用户每天使用社交媒体超过 2 小时，这意味着在互联网使用中，每 3 分钟就有 1 分钟被用在社交媒体上，16 ～ 24 岁的年轻人使用时间更长[3]。而在中国，微信的月活用户已超过 10.8 亿[4]，微信的月活覆盖率占到所有网民的 97%[5]。我国社交媒体平台已进入多元化时代，从最初的微信、微博、豆瓣等重关系的核心媒体逐步扩展到抖音、知乎、小红书等重内容的衍生化平台。通过这些数据不难看出，新媒体正在加速向各个产业渗透，社交媒体作为新媒体中不可

[1] 中国十大网络社交平台 [EB/OL]. http://www.maigoo.com/maigoo/1211sjmt_index.html.

[2] ZENG B, GERRITSEN R. What do we know about social media in tourism? A review[J].Tourism Management Perspectives, 2014,10：27-36.

[3] Global Web Index. The lastest social media trends to know in 2018[EB/OL].（2018-07-17）[2019-02-27]. https://www.useit.com.cn/thread-19765-1-1.html.

[4] 腾讯 . 2018 微信年度数据报告 [EB/OL].（2019-01-10）[2019-02-27].http://tech.qq.com/a/20190110/000050.htm.

[5] 凯度 . 2018 年中国社交媒体影响报告 [EB/OL].（2019-01-14）[2019-02-27]. http://www.199it.com/archives/820382.html.

忽视的一股力量，正成为人们生活中不可忽视的一部分。

社交媒体（social media）自被提出以来已经经过了十余年的历史，但就其基本概念而言仍旧众说纷纭，学界并无较为一致的意见。中文语境下，“social media”有多种翻译，包括“社交媒体”“社会化媒体”“社会性媒体”等，目前并没有对此达成统一，学者曹博林对这几个概念进行了辨析，认为“社交媒体”是更为恰当的表达，因为其包含了社会交往和媒体功能双方面的特性，而“社会媒体”过于强调其拥有的社会影响，并且我国香港和台湾地区也多用“社交媒体”❶。

综观研究者对于社交媒体所赋予的概念内涵，“社交”确实是其中最为重要的概念，如彭兰在讨论专业媒体与社会化媒体的差异时，指出社会化媒体是用户信息分享和社交活动的平台❷，社交是其核心概念。我们在一定程度上可以认为，社交需求与社交活动是社交媒体信息生产的推手和信息传播的要件。因为传统媒体也算是社会性媒体的一种，本身具有社会影响，并且目前我们认知的“社交媒体”主要是突出了人际交往的特点，社交媒体中“接受者及产生者”的特点与社区中人际交往的特点是一致的，因此本书认为“社交媒体”是 social media 一词在中文语境中更为合适的表达。

“社交媒体”一词最早见于《何谓社交媒体》（*What is social media*）一书，由安东尼·梅菲德（Antony Mayfield）在 2007 年提出。Mayfield 指出具备了参与（participation）、连通（connectedness）、社群（community）等特征的一系列全新形态的在线媒体皆为社交媒体，并认为这是对社交媒体的最好界定❸。传播学学者 Andreas Kaplan 认为社交媒体是建立在 Web 2.0 之上，允许用户进行自生产（UGC）的一系列网络应用的集合❹，这是从用户行为角度进行的界定，但不如前一概念完善。

---

❶ 曹博林 . 社交媒体：概念、发展历程、特征与未来——兼谈当下对社交媒体认识的模糊之处 [J]. 湖南广播电视大学学报，2011（3）：65-69.

❷ 彭兰 . 记者微博：专业媒体与社会化媒体的碰撞 [J]. 江淮论坛 , 2012（2）：154-158.

❸ MAYFIELD A. What is social media[R/OL].（2008-08-01）[2019-02-27]. https://www.icrossing.com/uk/sites/default/files_uk/insight_pdf_files/What%20is%20Social%20Media_iCrossing_ebook.pdf.

❹ KAPLAN A M, HAENLEIN M. Users of the world, unite! The challenges and opportunities of Social Media[J]. Business Horizons , 2010, 53（1）：59-68.

在信息科学领域，学者往往把社交媒体看作是 Web 2.0 与 UGC 等概念的衍生与发展，而传播学学者则从传播方式等角度，将社交媒体视作“自媒体”概念的延伸。无论是从哪个学科或者角度，我们都可以看到这些基础概念之间具有的一些相似特征，这也是社交媒体作为一种新媒体具有的特性。学者孙楠楠认为与传统媒体相比，主要的差异在于传—受结构的变化、反馈的便捷性、内容的个性化、传播模式的变化等方面[1]。学者邓新民认为自媒体的最大特性在于其“进入门槛低”，这个门槛主要表现在信息的发布与分享上：用户无须暴露自己身份，内容形式多样且不用经过审核，能够更自由的表达意见[2]。

学者布雷特·保德尔斯（Brett Borders）认为，从时间脉络上来看，社交媒体的发展历史可以追溯到 20 世纪 70 年代产生的 Usenet、ARPANET 和 BBS 系统，甚至可以追溯到电脑时代来临之前的电话时代，如美国在 20 世纪 50 年代出现过一个电话入侵时代（Phone Phreaking Era）[3]。无独有偶，卡普兰·安德烈亚斯（Kaplan Andreas）认为社交媒体的发展最早可以追溯到 1979 年 Usenet 的建立，Usenet 作为一个讨论系统，允许用户在系统中发布公共的消息。20 年后，最初的社交网站 Open Diary 与博客得以建立，使得社交媒体的概念得到再次发展。而推动社交媒体受到高度关注则是在 2003 年与 2004 年，此时 Myspace 与脸书相继成立[4]。

（二）社交媒体的主要类型

目前并没有系统性的理论和标准对社交媒体进行分类，学者从不同角度，按照相关理论对目前的社交媒体应用与表现形式进行了分类。卡普兰运用传播学中的媒介丰裕度理论（media richness）与戈夫曼的自我呈现（self-presentation）理论，从这两个维度对社交媒体目前的表现形式进行了分类，按照丰裕度与自我披露程度的高

[1] 孙楠楠 . 对社会化媒体的传播学思考 [J]. 新闻爱好者 ,2009（17）：16-17.

[2] 邓新民 . 自媒体：新媒体发展的最新阶段及其特点 [J]. 探索 ,2006（2）：134-138.

[3] BORDERS B. A brief history of social media[EB/OL]. http://copybrighter.com/history-of-social-media.

[4] KAPLAN A M, HAENLEIN M. Users of the world, unite! The challenges and opportunities of Social Media[J]. Business Horizons, 2010, 53（1）：59-68.

低分为六类，分别是：博客、社交网络、虚拟社交世界、合作项目、内容社区与虚拟游戏世界。奥美公共关系集团（Ogilvy & Mather）的托马斯·克拉普顿（Thomas Crampton）在博客上发布了中国社交媒体图谱以及对应的国外代表网站。他按照社交媒体的不同细分功能，将社交媒体分为16类，包括微博、博客、论坛等[1]。

在社交媒体成为一个概念出现以前，主要出现在相关研究中的近似概念有新媒体（New Media）和自媒体（We Media）。虽然今天仍在使用新媒体一词，但其内涵更侧重于广播、电视、杂志、报纸这四种传统媒体之外的传播媒介，早在1967年美国哥伦比亚广播电视网的报告中就有了“新媒体”的概念[2]。新媒体进一步发展就是自媒体的概念，这是在Web 2.0时代才出现的一个概念，一般认为是2002年由丹·吉尔默（Dan Gillnor）最先提出，但谢恩·鲍曼（Shayne Bowman）和克里斯·威利斯（Chris Willis）在2003年发布的报告《自媒体：受众如何塑造新闻和信息的未来》[3]使得“自媒体”一词被广为熟知。

事实上，自媒体与社交媒体在学术界并不存在一个明确的分野，甚至和新媒体在内容上都存在或多或少的交叠。在社交媒体发展的早期，“社交媒体”在表述上常与“自媒体”相混淆，甚至采用“自媒体”的表述占据上风。但是自媒体的社交属性并不突出，以博客为代表的自媒体更多的时候只是个体在虚拟世界的自我表达，熟人之间靠早期自媒体建立的社交网络还比较少，且由于多依靠计算机发布所带来的设备限制，社交网络的规模往往很有限。考察这一时期的研究，对自媒体的社交特性进行讨论的研究不多见也不具备代表性。

若从功能形态上来对社交媒体进行区分，安东尼·梅菲德（Antony Mayfield）将社交媒体从基本形态上划分为七种：社交网络（如脸书）、博客、维基、播客、论坛、微博和以共同内容进行组织的社区（如Flickr）[4]。在中国的互联网空间中，这些形态不难找到其对应的表现形式，其典型媒体依次为人人网、新浪博客、百

---

[1] CRAMPTON T. Social media in China and across Asia [EB/OL]. http://www.thomascrampton.com/china/china-social-media-evolution/.

[2] 程曼丽，乔云霞．新闻传播学辞典 [M]. 北京：新华出版社，2012：291.

[3] BOWMAN S, CHRIS W. We media：how audiences are shaping the future of news and information[R/OL]. http://www.hypergene.net/wemedia/download/we_media.pdf.

[4] MAYFIELD A. What is social media[M/OL]. London, UK：iCrossing, 2008. https://www.icrossing.com/uk/sites/default/files_uk/insight_pdf_files/What%20is%20Social%20Media_iCrossing_ebook.pdf.

度百科、快手短视频、天涯论坛、新浪微博、POCO 摄影图片社区。

若从社交媒体的特性上来对社交媒体进行区分，胡泳指出，真正的媒体一定是社交性媒体，因而真正在这个年代能够生存的媒体，一定要在内容消费以外增加两个端：创造和分享[❶]。但这种创造与分享既可能是开放，也可能是排他的，从这个视角进行审视，我们可以将社交媒体进行一种形式的二元划分："圈层区隔"型社交媒体与"圈层融合"型社交媒体。以微信朋友圈和 QQ 空间为代表的"圈层区隔"型社交媒体带有典型的复杂网络特征，即基于节点间关系的亲疏强弱形成了各种异质性网络，具有明显的"无标度"特性。这种社交媒体的特点是，在很大程度上由现实社会关系所维系，同时，由"节点"与"链接"所承载的媒介传播秩序又进一步强化出社会群体的交往边界，造成微信舆论场的分化与不同层级社会群体的区隔。而以微博、论坛等为典型代表的"圈层融合"型社交媒体有着更低的准入门槛，甚至在一定程度上是全然开放的，能够实现跨层级的交叉互动，熟人社会的特点在这种类型的社交媒体上表现得并不明显[❷]。

有学者认为社交媒体的三块基石是社群和网络、内容（由用户所创造）和 Web 2.0，其中 Web 2.0 包括了为用户创建和共享内容服务的数字技术、为用户轻松联通互联网的网络技术和应用[❸]。在新一代以 Web 3.0 为基础的互联网到来的时候，社交媒体的形态将会发生怎样的变化，令人期待。更现实的改变来自于处于早期发展阶段的大数据技术，使得数据密集型研究和生产范式都受到空前关注，也在悄然改变着社会媒体的发展进程。在内容生产上，社交媒体能够快速获取信息线索、高效整理信息、提升内容创作能力；在传播渠道上，能够实现智能化的内容分发，达到内容与渠道的融合；在数据建设上，可提升数据处理分析能力，基于大数据评价传播效果等[❹]。新型的社交媒体形态与传播模式必将在新技术的社会化应用之下得以改变甚至造就。

---

❶ 胡泳 . 媒体：翻页时代 [J]. 新闻战线，2016（15）：28-31.

❷ 张志安，束开荣 . 微信舆论研究：关系网络与生态特征 [J]. 新闻记者，2016（6）：29-37.

❸ AHLQVIST T, BÄCK A, HALONEN M, et al. Social media roadmaps：exploring the futures triggered by social media[R/OL]. https://www.vtt.fi/inf/pdf/tiedotteet/2008/t2454.pdf.

❹ 陈佳佳，王蕊，朱沙磊 . 大数据与人工智能背景下的媒体智能化转型——浙报集团"媒立方"如何改造内容生产流程 [J]. 传媒评论，2017（7）：9-12.

第二节 社交媒体的主要传播特征

与传统媒体的受众不同，社交媒体用户具有以下特点。

一、主体多元化，具有虚拟性、参与性的自媒体属性

社交媒体打破了传统媒体中一对多的传播方式，使得社交媒体中的任何一员都可以是信息的发布者与传播者。用户成为社交媒体的主角。因而，彭兰认为，如果换一个角度看今天互联网上的应用，除了各类基于 Web 模式的门户网站和搜索引擎外，其他几乎所有的应用都或多或少具有社会化媒体的属性[1]。

社交媒体由于用户成为传播模式中的关键主体，从而在舆论传播中发挥着意见领袖的独特作用，意见领袖是美国传播学者拉扎菲尔德和贝雷尔森等人在《人民的选择》一书中最早提出来的[2]。早期的意见领袖往往是时代的精英，如学者、官员、商人等具有一定社会地位的人物。到了网络时代，尤其是社交媒体的时代，意见领袖则从传统的大众传播拓展开来，与人际传播相结合形成了新的机制。在这个新的机制中，意见领袖是对某一领域有独特观点的较为活跃的人，他们往往带有强烈的个人色彩，能够影响着这一领域中其他人的观点与看法。从这一层面来说，意见领袖的范围得到了拓宽，不仅仅限于早期那些有社会名声与威望的精英人士，越来越多的草根阶级利用社交媒体积攒了较高的人气，成为了某一圈子里具有发言权的意见领袖。在移动互联网时代，自媒体已经演变为社会化媒体的一支不可忽视的生力军，并且拥有更大的话语权和自主权[3]。作为社会化媒体的子集，自媒体已经从边缘走向主流。

---

❶ 彭兰 . 社会化媒体、移动终端、大数据：影响新闻生产的新技术因素 [J]. 新闻界 , 2012（16）：3-8.

❷ LAZARSFELD P F, BERELSON B R, GAUDET H. The People’s Choice[M]. New York：Columbia University Press, 1948.

❸ 陈珂 . 现象丨社会化媒体之“变”[EB/OL].（2015-09-13）. https://mp.weixin.qq.com/s/j9lYDCKschlZWYdo1IQakA.

Web 2.0 赋予每个网民的信息发布权与社交媒体中滚雪球式的传播，使得社交媒体中的任何一个用户都可能成为新时代的意见领袖。以新浪微博为例，经过新浪认证的加 V 账号大约可以分为三类，一类是在整个社会中具有知名度与影响力的社会名流，这一部分人无论是在社交媒体上还是在现实生活中都拥有极高的话语权与影响力，如知名主持人、知名企业家等；另一类人是在某个行业或某个领域中具有突出表现，具有影响力的人，这一部分人在社交媒体上的影响力略强于其在现实生活中的影响力，这一类型的“大 V”可参见专注 IT 与互联网的“月光博客”，专注读书与知识分享的“张嘉佳”“史航”等；还有一类人则是完全以其强烈的个人色彩，独到的个人见解与内容生产能力引发大众的共鸣，从而获得大量粉丝的草根“大 V”，这一部分“大 V”在社交媒体上的影响力完全超越其在现实生活中的影响力，这一类意见领袖的主要代表人物有擅长短视频内容生产的“papi 酱”，注重直播与电商宣传的“张大奕”等。

随着社交媒体的进一步发展，各平台各领域出现了不少意见领袖，他们在社交媒体上表现出了超强的影响力。根据新浪微博 2018 年“V 影响力”峰会披露的资料显示，微博上粉丝数超过 2 万或月均阅读量大于 10 万的头部作者规模，已扩大到 70 万，其中粉丝数超过 50 万或月均阅读量大于 1000 万的“大 V”用户数量接近 5 万❶。这些意见领袖的涵盖范围很广，从社会名流到普通网民皆在其中。2018 年 4 月 8 日，著名主持人谢娜宣布其新浪微博粉丝正式破亿，成为首位破亿的明星；以生产原创短视频出身的“papi 酱”，拥有超过 3000 万的新浪微博粉丝。而新晋社交媒体平台抖音上，则产生了更多平民阶级的意见领袖，如以萌宠短视频为主的“会说话的刘二豆”在抖音平台上拥有超过 3000 万粉丝，获得超 2.6 亿次“赞”。而传统纸媒，如某大报，在 2015 年的发行量约为 300 万份❷。不难看出，社交媒体赋予意见领袖的影响力，是传统媒体无法比拟的并且有不断扩大的趋势。传统媒体也通过开设官方社交媒体账号或开发独立的媒体

❶ 赵虹宇 . 微博的下一个十年靠什么？ | 2018 · 大复盘 [EB/OL].（2019-01-29）[2019-02-27]. http://www.tmtpost.com/3733820.html.

❷ 惠章志 . 新形势下的人民日报发行工作 [EB/OL].（2015-06-04）[2019-02-27]. http://media.people.com.cn/n/2015/0604/c396799-27104307.html.

App 等形式加入竞争，向“传统媒体 + 社交媒体”的融合传播策略转型。

网络用户不仅是单一的传播者或者接收者。随着 Web 2.0 时代的到来，网络用户将更多地成为网络内容提供者，而不是单纯的网络受众。目前，网络用户已经成为网络新闻报道的另一个主体。随着网络用户身份的多元化，单一网络受众的概念将逐步消失。

二、内容碎片化和多元化

社交媒体能够处理多种媒体表现形式，包括文字、图像、音乐、视频等。从近几年社交媒体的发展不难看出，从最初 140 字限制的微博到小红书以图片为中心的社交分享再到 2018 年火爆的抖音、快手这类以短视频为核心传播载体的平台，利用社交媒体进行信息传播的便捷性日益凸显。社交媒体越来越呈现出信息碎片化、个人化与娱乐化的特点，并且传播迅速，表现出对受众的强影响力和高到达率。

三、传播过程互动性

社交媒体中意见领袖最独特的特点就是互动性。过去的意见领袖在观点传播过程中，往往只是单向地向受众表达自己的观点，如果得到受众的回应，则达到了一定的传播效果，缺乏受众对该观点或意见的反馈，受众处于被动的地位。无论受众选择接受与不接受，对于下一步传播的影响不大。

这种单向被动的传播过程在社交媒体中被改变，现在，受众不仅仅可以被动接受意见领袖的看法，并且可以对他们的观点提出自己的看法，并且这种看法很有可能影响到下一步的传播。这样一来，意见领袖的观点传播就从单向转变为双向，变成了一个互动的过程。以微信为例，微信的各种信息交流互动模式使其在实现社交功能的同时，客观上也成为大众传播的平台，其传播内容的叠加和同质化大大加快了信息传播的速度和广度，私聊、朋友圈和群传播交叉重复传播，基于熟人关系形成扩散式多级传播格局，影响和冲击传统大众传播媒体的信息传播[1]。

融入社交媒体中的内容生产与传播是研究人员较为关注的一个话题。社交媒体世界模糊了信息发布者与信息接收者的界限，每位处于这一世界中的受众也可以随时变成传播者，内容与关系在社交媒体中占据着最为重要的地位。彭兰认为社交媒体的一大特征是社会关系与内容生产两者融合在一起，同时，社交媒体独有的传播机制可以在许多信息碎片中较为快速地将有公共价值的内容筛选出来[2]。

网络直播是社交媒体互动性的一个最好体现，根据中国互联网信息中心的统计，截至 2018 年 6 月，网络直播用户规模达到 4.25 亿[3]，超过了微博。网络直播的最大特点就是互动性，直播过程中主播往往需要随着互动进展及时同步制作并发布信息，完整地体现了双向信息流通的全过程。举例来说，直播过程中，观看者可以对主播的观点进行评论与提问，主播会根据受众的反馈以及对不同话题的关注程度，调整相应的直播内容。由此可见，这种传播变成了一个动态的过程，而不仅仅是传统情况下一对多的静态传播。

四、传播效率高，扩散迅速

在社交媒体时代，信息的传播与人际关系的传播紧密地结合起来，形成了一种滚雪球式的效果。以新浪微博为例，当“大 V”们发表的意见或观念被大多数的粉丝所接受，引发受众共鸣的时候，这些粉丝就会选择通过转发、点赞等行为来表示对这种观点的赞同。而通过转发到粉丝的个人微博主页上的信息，这些粉丝的粉丝（后称“二级粉丝”）如果也表示对这种观点的赞同，又会进行再一次的转发，并且由于新浪的转发机制，可以完全看到最初意见领袖的意见以及粉

[1] 靖鸣，娄翠．叠加、同质化：微信传播的大众化及其思考 [J]. 中国出版，2019（6）：48-51.

[2] 彭兰．社会化媒体、移动终端、大数据：影响新闻生产的新技术因素 [J]. 新闻界，2012（16）：3-8.

[3] 中国互联网络信息中心．第 42 次中国互联网络发展状况统计报告 [EB/OL].（2018-08-20）[2019-02-27]. http://www.cac.gov.cn/2018-08/20/c_1123296882.htm.

丝的评论，源信息不产生损耗。因此从意见领袖而来的信息源就这样一层一层通过一级粉丝、二级粉丝、多级粉丝的转发实现了强大的传播效果，并且这种传播效果可以在一定程度上通过转发数、阅读量等数据直观地量化出来。

五、创造分享性

信息接受及消费也是生产，甚至是创造。传统的政治经济学认为，消费从属于生产的过程，是对物品的需要与满足。同时，消费不再是一种被动的吸收过程，消费的过程即是生产，消费也体现个性化。我们经常可以看到，网友对某条微博的创意性评论往往又获得了更多的点赞与再评论，甚至发展成为一个具有影响力的话题。互联网数据中心发布的数据显示，中国互联网用户产生的内容流量超过了专业网站制作的内容流量，用户产生内容的浏览量占到总量的比例高达50.7%，专业网站制作的内容占49.3%。由此可见，由于社交媒体参与个体的平等性，每个参与者在消费信息并进行二次创造时，只要是有质量的内容生产，都能带来更高的传播价值。

六、公共领域的新空间特征

汤姆·斯坦迪奇（Tom Standage）认为社交媒体的历史可以追溯到2000年之前，从古罗马时代政治家们用莎草纸信来交换信息，到宗教改革、美国与法国革命年代发挥宣传作用的小册子，都是人类与同伴进行信息传递的社交媒体[1]。当然，移动互联网时代的社交媒体与之相比，最大的不同在于传播范围被大大扩展，公众通过社交媒体将自己变成了叙述者、记者、编辑和电视台（或广播公司）[2]。若将当年的社会性传播视作“窄化的”公共讨论，那么当今社交媒体已经完全走入了公共讨论的新纪元。在讨论社交媒体的特征时，公共性是社交媒体区

[1] STANDAGE T. Writing on the wall：social media - The first 2,000 years[M]. New York, USA：Bloomsbury Publishing, 2013.

[2] DAVIS R. Typing politics：the role of blogs in American politics[M]. New York, USA：Oxford University Press, 2009.

别于传统媒体的最大特点，正如苏珊·沃德（Susan Ward）所指出的那样，社交媒体与传统媒体的分野，就在于社交媒体是一种促进对话的在线媒体，而传统媒体仅仅提供了内容，读者、观众、听众很难参与到内容创建或话题发展中❶。

社交媒体上的个人和各类团体提供信息、评论、观点、辩论、八卦、虚假信息以及更多不同类型的消息，彼此混合在一起争夺传统新闻与非新闻之间的界限❷。在讨论社交媒体的公共性特点时，公共讨论带来的负面效应也被研究人员所关注。显而易见的是，若社交媒体讨论的参与者是非排他的，人人皆可成为信息发布者，在网络空间的虚拟性场景下，个人言论就可能产生不可控的负外部性，甚至可能产生一些媒介暴力。陈依玲专门对社交媒体中的媒介暴力进行了研究，将之区分为三种细化的类型：发表大量言论的以多欺少型、充当舆论领袖的以强欺弱型、圈子争执中的以大欺小型，并认为三种媒介暴力现象有时相互交融，难以明确区分❸。

❶ WARD S. Social media definition：social media is an excellent way to promote your business[EB/OL]. https://www.thebalancesmb.com/social-media-definition-2948526.

❷ DAHLGREN P. Public sphere participation online：the ambiguities of affect[J]. Les Enjeux de l’Information et de la Communication, 2018（1）：5-20.

❸ 陈依玲 . 社交媒体媒介暴力的类型、成因与应对 [J]. 传媒，2016（22）：47-49.

第二章

社交媒体传播功能及其负面功能问题

网络社会的崛起引发了一场信息海啸，如果借用传播功能进行分析，这种影响力体现出了一定的传播影响功能。关于媒介对于社会结构的影响，加拿大的政治经济学家和媒介学家英尼斯、麦克卢汉等在早期都做了广受关注的探讨，如媒介对于国家政治版图和文明进化的影响。麦克卢汉更是强调可以把社会进程分为口语社会、文字社会、印刷社会、电子社会，并大胆预言未来社会将成为一个地球村[1]。今天的网络社会无疑印证了这个预言。

施拉姆曾经将传播作用进行综合功能分类，认为传播具有政治功能、经济功能和一般社会功能。哈罗德·拉斯韦尔（Harold Dwight Lasswell）是传播学重要的学科奠基人之一，他于 1948 年在《传播的结构和功能》（*The Structure and Function of Communication*）一文中，将传播功能分为三个部分，即监视环境、协调社会以及文化传承[2]。美国著名社会学家罗伯特·默顿提出了功能发挥作用的正负两种功能观，其中负功能（dysfunction），也称为“功能失调”，简而言之是指功能发挥中的负面效应[3]。任何事物都有两面性，如同药物在治病的同时也会导致疾病的产生一样，媒介在发挥作用的同时，客观上也会产生一些人们不希望看到的结果。因此，上面我们介绍和讨论的媒介作用大多是从其积极方面或者中性方面的作用来分析的，而实际上它们也都有可能存在发挥失调的负面作用。

就传播本身而言，同样不仅有积极的作用，还会产生主观上不希望看到的

---

❶ 王凯文 . 麦克卢汉“地球村”的理想与现实 [J]. 新闻世界 , 2013（5）：293-295.

❷ Lasswell H D. The structure and function of communication in society[J]. The communication of ideas, 1948, 37(1): 136-139.

❸ Merton R K, Merton R C. Social theory and social structure[M]. New York：Simon and Schuster, 1968.

结果，即负面作用。传播的负面作用包括“社会麻醉”作用、“诱发犯罪”作用、“媒介主观真实构造”作用、“信息超载”效应等。社交媒体作为一种网络化交流媒介，同样可能存在上述作用。在拉斯韦尔和赖特提出的媒介四个作用中，均有媒介功能失调的问题，这些问题在社交媒体环境下更为突出。以“信息超载”为例，社交媒体的系统特征因素、信息特征因素、用户的心理性因素、行为性因素和社会性因素都是导致社交媒体用户感知信息超载的主要因素；信息超载会导致用户出现倦怠、情绪枯竭、不满意等消极情绪，并引起他们的不持续使用或转移行为、信息回避行为等[1]。

随着社交媒体的发展，其在为用户提供信息获取、分享与传播功能的同时，也暴露出不少的问题。近两年，网络谣言漫布、用户隐私泄露、网络欺凌事件频发等都给社交媒体用户带来了不少困扰。凯度集团发布的 2015 年《中国社交媒体影响报告》中指出，中国用户对社交媒体的满意度同比下降了 12.1%，主要原因包括内容质量差、暴露个人隐私和健康受损等。与此同时，社交媒体用户开始更加注重社交隐私的保护，更有 29.9% 的用户属于高度保护隐私型，不参与社交互动[2]。2016 年凯度再次发布《中国社交媒体影响报告》，调查表明受访者认为社交媒体给他们的生活带来积极影响的人在继续减少：从 2015 年的 65% 下降到 2016 年的 61%；有 15% 的受访者认为社交媒体让他们的生活变差了，比 2015 年增加了 2 个百分点[3]。随着社交媒体的发展，一项 2020 年针对中国微信用户的实证研究指出，社交媒体由于过量的信息、频繁的社交互动成为当代社会人们新的压力源，影响到用户情绪（社交疲惫）与使用体验（活跃度）[4]。

---

❶ 代宝，续杨晓雪，罗蕊．社交媒体用户信息过载的影响因素及其后果 [J]. 现代情报，2020, 40（1）：152-158.

❷ 凯度中国．2015 年中国社交媒体核心用户数据分析 [EB/OL].（2015-07-06）. http://www.199it.com/archives/362161.html.

❸ 凯度中国．2016 年社交媒体让人们的生活更差了？ [EB/OL].（2016-02-06）. https://mp.weixin.qq.com/s/gqd-6CY1saLWx06505qb56w.

❹ 王春娅，苗世通，赵娜．在线社会支持对媒体超载负面效应的缓冲机制研究 [J]. 新闻与传播评论，2020, 73(3)：43-56.

第一节　社交媒体传播功能分析

一、社交媒体的环境监测功能

媒体传播信息如同气象部门提供天气信息，对于人们的社会生活来说，媒体让人们随时感知到各种社会风云变化，从而及时调整和应对。从这个意义上来说，监视环境作用和协调社会作用正体现出媒体解决信息不对称及信息不足带来不确定性的机制，并借此提供一种社会观察机制。

环境监视：即媒体针对社会中发生的各种事件和现象进行及时、客观、真实及全面的报道活动，从而体现出的一种提供公众社会环境观测和预警的社会信息反馈功能。施拉姆曾把它比喻为“雷达功能”。[1] 著名美国报人约瑟夫·普利策（Joseph Pulitzer）有一句传世名言：“记者是国家之舟驾驶台上的瞭望者，他记录下每一辆过往的帆船，记录下晴朗天空的地平线上每一处使人感兴趣的印迹。他报告国家之舟可以拯救的漂流者。他透过迷雾和风暴注视前路并提前发出警告。他不是在考虑自己的工资或者雇主的利润。他站在船头密切关注着信赖他的人民的安全和幸福。”[2] 普利策的这段话就是对大众传播监视环境功能的绝好注脚。

在互联网特别是移动互联时代，环境监视功能更加丰富，各种视频化和直播化信息可以产生更直观的影响作用。网络媒体的环境监测功能具体表现为：在网络上对于现实发生的事件一般可以通过网民的自拍和上传迅速传播和快速到达用户的终端，并在分享机制作用下迅速扩散。

与此同时，环境监测在网络环境下，通过网络舆情的分析，特别是大数据的应用，能够更为全面和深度地透视公众的民意及意见诉求，这对政策制定、政府决策及舆论引导等方面都产生了积极的作用。王利认为，大众媒体在公共政策

---

[1] 施拉姆等 . 传播学概论 [M]. 北京：新华出版社 , 1984：18.

[2] 吴斐 . 从“耳目喉舌”和“社会瞭望者”看中美新闻观的差异 [D]. 杭州：浙江大学 ,2009：5-6.

中的角色是：社会利益的表达者、问题构建的供给者、政策执行的推动者和施政过程的监督者。[1] 在布伦丹·奥康纳（Brendan O'Connor）等人的研究中发现，通过挖掘推特得到的用户情感，与传统的调查、投票等方法的结果具有高度的一致性[2]。

2016 年的魏则西事件就是网络舆情影响政策的一个典型案例。2014 年 4 月，魏则西被查出患有一种罕见病——滑膜肉瘤晚期。魏则西父母通过百度搜索引擎了解到，某医院号称有一种肿瘤生物免疫疗法可以治疗此病，2016 年 2 月 26 日，该院的生物免疫疗法最终未见具体疗效，而魏则西则从知乎网友处得知这种免疫疗法已是被国外淘汰的技术。2016 年 4 月 12 日，魏则西因患滑膜肉瘤去世。2016 年 5 月 1 日，《一个死在百度和部队医院之手的年轻人》等微信推文迅速刷爆朋友圈，与此同时，百度就此事先后进行了两次回应。此事曝光的源头为知乎论坛，得到知乎网友关注并转载至新浪微博平台从而正式进入公众视野，进而经过微博、微信等社交媒体的进一步传播和发酵引爆舆论，在社交媒体舆论热点的"倒逼"下，传统主流媒体对"魏则西事件"进行调查跟进，并最终将莆田系、监管缺失等医疗问题呈现在大众面前，从而引起有关部门的重视并对涉事方进行调查和查处。[3] 2016 年 7 月 4 日国家工商行政管理总局令第 87 号公布《互联网广告管理暂行办法》，自 9 月 1 日起施行。明确以规章形式将争论已久的医疗、药品、保健食品等在互联网搜索付费发布定义为广告。

二、社交媒体的社会协调与互动功能

传播媒体的社会协调功能是指通过对社会成员进行信息的议题化设置、信息特定化的传播，从而形成共识性意见和解释，达到凝聚共识，统一思想避免矛

[1] 王利 . 大众传媒在公共政策过程中的角色定位 [J]. 理论研究 , 2009（6）：39-40.

[2] O' CONNOR B, BALASUBRAMANYAN R, ROUTLEDGE B R, et al. From tweets to polls：Linking text sentiment to public opinion time series[C]//Fourth International AAAI Conference on Weblogs and Social Media. 2010.

[3] 靖鸣 , 郭艳霞 , 潘宇峰 ."魏则西事件"主流媒体与社交媒体舆论监督的共振与互动 [J]. 新闻爱好者 ,2016（7）：22-27.

盾冲突乃至社会动荡的目的。这一作用机制其实也是媒体引导、动员、激励和宣传功能的体现。

与此同时，社交媒体的优势在于实现了社会成员之间更有效率的互动机制。从这个意义上来说，社交媒体使得社会成员的联系更加紧密，社会互动中表现出更加多元化的自我表达与社会展示。我们结合技术接受模型（TAM）易用性、有用性认知和人口统计特征对大学生微博使用动机特征进行实证分析，从中发现微博使用行为的基本规律与主要影响因素，表明用户总体上对微博易用性普遍比较认同，对自我表达中情绪宣泄、自我记录、获取信息以及社会交往四方面的有用性认同度高，用户使用等级越高则影响其使用的因素越多。[1]

社交媒体传播的社会协调功能对政府而言，由于作为意见领袖存在的官方账号可以对事件进行及时澄清、解释和评论，避免了敏感问题和不利事件的扩散，从而发挥出社会稳压器的作用。社交媒体构筑在信息技术的基础上，有其得天独厚的优势，这既包括它可提供丰富的信息量、高度的即时性、广泛的传播范围，更为突出的是它的社会协调功能。

美国社会学家马克·格兰诺维特（Mark Granovetter）在“弱连接优势（the Strength of Weak Ties）”中提出了弱连接理论[2]。在传统的社会关系中，血缘、频繁接触和地理临近都是良好社交关系的重要条件，这时我们的社交圈会存在于自己的亲朋好友、同学或同事之间。他将其称为强连接，强连接关系通常是先天允许、结构稳定的但受到客观传播范围的局限。而与之相对的，是被他称为弱连接的社会关系。它打破了强关系的诸多客观局限，是一种更广泛、更随机、同时也更不稳定的人际联系，典型的例子就是社交媒体上的大部分人际关系，那些因为偶然的合作机会而加入你微信朋友圈的人，那些因为欣赏他的回答而关注的知乎大神，那些和你喜欢同一个明星的贴吧朋友，甚至你关注的那些微博的“大 V”，都是弱连接所能覆盖的讨论领域。他认为，弱连接虽然不如强连接那样稳定坚固，却有着非常迅速、低成本、高效率的传播作用。弱连接有助于打破不同社交

---

[1] 周庆山，俞治朕．我国大学生微博选择的影响因素实证分析 [J]. 数字图书馆论坛，2013（2）：39-52.

[2] GRANOVETTER M S. The Strength of Weak Ties[J]. American Journal of Sociology, 1973, 78（6）：1360-1380.

群体之间的壁垒，增加人际关系网中的跨界桥梁，加强信息传播渠道多样化特征，并有利于优化社会资源的配置。

由社交媒体所推动的舆论传播场域嬗变也不是对每个领域而言都是固有的，其中最为突出的研究领域是政治传播和企业传播（营销）。政治传播是由相关利益集团在一定的财力支持下有组织、有目的性的传播。为了最大限度地增强传播效果，社交媒体必然被包含在传播方案中，甚至被列为最重要的传播媒介。

国外有研究发现，社交媒体新闻内容对线下的政治参与有直接影响，社交媒体的政治观点表达则对线下、线上的政治参与有间接影响。[1]王大鹏等通过定性研究指出在互联网的 Web 2.0 时期，想要绕过社交媒体进行政治传播几乎是不可能的。各个政党使用社交媒体是希望通过获得高转发率以吸引广大选民特别是年轻选民的关注，进而更有可能产生所预期的投票行为[2]。但是从另一方面来看，政治传播主体的冲击和分化，造成了监管难度的增大，对政府主流政治思想的传播以及社会秩序的管理增加了压力和成本，也大大加剧了意识形态方面的波动和公民的情绪化表达，提高了政府在意识形态、文化、社会稳定等方面的教育、引导和管理的难度[3]。

就个体社交和个体感受层面而言，对社交媒体所产生影响的研究主要集中在社交媒体与心理健康的关系。安曼迪普 · 道尔（Amandeep Dhir）等研究了社交媒体倦怠（social media fatigue）对心理健康的影响，发现社交媒体倦怠与青少年的高度焦虑和抑郁有关，在害怕错失信息与社交媒体倦怠之间，强迫性社交媒体使用是一个重要的中介变量[4]。国内的研究中比较富有创见性的来自周懿瑾和魏佳纯对社交媒体使用行为的研究，基于微信朋友圈点赞和评论行为的分析，认为点赞和评论对于外圈人（关系疏远者）来说，是进入内圈的工具；对于内圈人

[1] GIL DE ZÚÑIGA H, MOLYNEUX L, ZHENG P. Social media, political expression, and political participation : Panel analysis of lagged and concurrent relationships[J]. Journal of Communication, 2014, 64（4）: 612-634.

[2] 王大鹏，岳春颖，严洁. 台湾地区选举宣传中社交媒体的使用研究——一种基于深度访谈的分析 [J]. 现代传播，2016（5）: 55-60.

[3] 陈勇，杜佳. 社会化媒体的政治传播功能与影响研究 [J]. 学术论坛，2016, 39（8）: 69-75.

[4] DHIR A, YOSSATORN Y, KAUR P, et al. Online social media fatigue and psychological wellbeing - A study of compulsive use, fear of missing out, fatigue, anxiety and depression[J]. International Journal of Information Management, 2018, 40 : 141-152.

（关系紧密者）来说，则是情感交流的工具。但外圈人如果只利用低成本的“一键式点赞”而不评论，则是没有诚意的一个信号，因此没有用（不能增加桥接型资本）；对内圈人来说，只点赞不评论，则不能达到有效交流，因此也无效（不能增加凝聚型资本）。以微信为代表的社交媒体使用对个体的桥接型社会资本（对比凝聚型社会资本）更有促进作用，能够帮助用户拓展视野，扩大交友圈[1]。

三、社交媒体的文化传递功能

拉斯韦尔提出的文化遗产传递作用是从社会意义角度提出的。从社会意义角度，传播的作用表现为文化遗产传递、社会地位授予、社会规范、文化娱乐及培养理论等。其中，文化遗产传递作用就是通过传播将特定的社会观念、传统习俗、独特技艺以及特定信仰等传递给后人，将传统与现代融合，建构共同的价值信念及行为模式，从而实现民族及社会精神的延续[2]。

美国哥伦比亚大学的两位社会学家拉扎斯菲尔德和默顿从社会调查与社会结果角度提出了具有一定冲突性的功能观，即媒介具有社会地位授予和社会规范的作用，同时也具有麻醉性负面作用。其中，社会地位赋予是指媒体通过报道特定人物的活动和事迹，达到宣传一种价值观并在公众心目中树立良好形象的作用，从而提高了特定人物的社会地位，间接弘扬了一种文化内涵和精神[3]。进入新的历史阶段后，社交媒体借自身技术优势为动因，改变了社会利益关系，重构了信息流通方式，建构了新的社会层级，增进了大众文化的外在开放性及内部差异性，进而使当代中国社会价值观从道德政治中心观向经济中心观、从传统向现代、从稳定向冲突、从一元向多元转变[4]。

---

[1] 周懿瑾，魏佳纯．“点赞”还是“评论”？社交媒体使用行为对个人社会资本的影响——基于微信朋友圈使用行为的探索性研究 [J]. 新闻大学，2016（1）：68-75.

[2] Lasswell H D. The structure and function of communication in society[J]. The communication of ideas, 1948, 37（1）：136-139.

[3] Lazarsfeld P F, Merton R K. Mass communication, popular taste and organized social action[M]. Indianapolis：Bobbs-Merrill, College Division, 1948.

[4] 张凌霄．新媒体在当代中国社会价值观变迁中的功用 [J]. 辽宁大学学报：哲学社会科学版，2019, 47（5）：140-144.

拉斯韦尔强调了媒介的政治作用或者说是宣传作用，1959 年查尔斯 · 赖特又从社会学的角度为其补充了“娱乐”功能。他认为，媒介作用不仅具有政治宣传作用，还具有丰富的社会文化作用，即传播具有满足人们精神生活共同需要，使人们产生精神上的愉悦的作用。这也有助于把统治扩展到生活领域，使官方意志和信念得到充分体现，形成大众文化，削弱高雅文化和精英文化[1]。

媒介不仅提供了文化娱乐信息，更在潜移默化中塑造和培养社会公众的社会认知和价值观，这一结论被称为媒介的培养作用。1984 年，阿多尼（Adoni）和曼恩（Mane）对社会真实的建构过程提出了一种三个部分的模式，他们认为，在媒介社会中,“现实”分为真实存在的“客观现实”，由大众传播媒体塑造的“媒介现实”或称“符号现实”“虚拟现实”，以及由“客观现实”与“媒介现实”共同作用于人的头脑而形成的“主观现实”。[2]

沃尔特 · 李普曼（Walter Lippmann）也很早就注意到了大众传播对社会的巨大影响，他认为，现代社会越来越巨大化和复杂化，人们由于实际活动的范围、精力和注意力有限，不可能对与他们有关的整个外部环境和众多的事情都保持经验性接触，对超出自己亲身感知以外的事物，人们只能通过各种“新闻供给机构”去了解认知。[3]李普曼认为，由于人们不能直接了解事实真相，仅凭“拟态环境”获取信息，导致“刻板印象”下的片面认知和态度，对于舆论的形成产生了负面的影响。因此，他指出，“新闻和真相根本就是两回事，且我们必须对两者做出明确的区分，新闻的作用是就某一事件向公众发出信号，而真相的作用是将隐藏的事实置于聚光灯下，在不同的事实之间建立联系，并绘制一幅可令人对其做出反应的现实图景，只有在各种社会条件呈现为可感可触形态的情况下，真相和新闻才会协调一致。”[4]

---

[1] Wright C R. Mass communication：a sociological perspective[M]. New York：Random House, 1959.

[2] ADONI H, MANE S. Media and the social construction of reality：Toward an integration of theory and research[J]. Communication research, 1984, 11（3）：323-340.

[3] 沃尔特 • 李普曼 . 公众舆论 [M]. 阎克文 , 江红译 . 上海：上海人民出版社 , 2002.

[4] 沃尔特 . 李普曼 . 舆论 [M]. 常江等译，北京大学出版社 ,2018：226

四、社交媒体的经济促进功能

社交媒体本质上是一种基于社会关系的传播，而社会关系中存在着巨大的社会资本。在经济发展的特定阶段，这种资本积累产出了值得挖掘的价值，就可以产生商业变现的潜力。基于社交媒体的经济商业模式也因此而越来越受到人们的重视和广泛利用。据统计，2018 年第一季度，腾讯总收入为人民币 735.28 亿元，其中广告收入为 106.89 亿元。媒体广告收入增长了 31%，以朋友圈、微信公众号为代表的社交媒体广告增长了 69%。❶

从目前来看，社交媒体的商业价值主要有三类。

一是“注意力经济”，人们的社会关系联结着他们的稀缺注意力，因此有利于创造出营销价值。传统的商业流程为厂商—中介人—经销商—用户。可以看出，该模式所需要的步骤复杂，本金较高。而以情感为主要因素的消费行为，减少了中间渠道，使情感的投入瞬间转换成产品。社交媒体“粉丝”的情绪化消费提升了经济效益。比如在纸媒不景气的今天，TFBOYS 的王源参与了某杂志的拍摄，其网络专属个人封面上线 48 秒狂售 71319 本，创下了行业内第一的纪录。❷

二是社交媒体作为一个社交使用平台，可以实现各种各样的增值服务。如小米手机就是积极利用了微博这一平台成功吸引了众多粉丝”，大大提升小米手机在消费者心目中的形象和品牌的影响力。截至 2018 年 4 月，小米公司官方微博的粉丝数量已经达到 1316 万，微博量 15254 条。❸

三是社交媒体的用户聚合可以实现体量可观的规模经济。在全球最大的中文社区百度贴吧上，TFBOYS 吧拥有高达 156 万的粉丝。在 TFBOYS 吧的首页，资讯、美图、视频、美文、打榜等不同板块的分类使得粉丝可以根据自己的喜好发表帖子和言论。❹

---

❶ 罗文 . 社交媒体时代的广告创新趋势 [J]. 视听 . 2019（10）：207-208.

❷ 张文照 . 社交媒体时代的“粉丝经济”及其营销模式 [J]. 新媒体研究 . 2019（4）：105-106.

❸ 同上。

❹ 同上。

（一）弱连接与粉丝经济

在碎片化、去中心化的互联网时代，一个新的商业手段：粉丝经济越来越得到商家的认可，一个没有粉丝的品牌将很难躲过被淘汰的厄运。粉丝经济的著名案例之一就是小米手机了。小米手机利用诸如微博、微信、QQ 空间、贴吧等社交媒体建立了自己的新媒体矩阵，以此来奠定粉丝基数，并通过企业高层偶像化的红人效应在社交媒体上进行直接的互动，打造一种小米和用户“一起玩”的氛围，使小米在短短几年间就在以手机为主的 3C 领域站稳脚跟。

在社交媒体的弱连接关系中，连接通过分享行为促进了信息的病毒性传播，是病毒营销和粉丝经济的社会关系基础。通过弱连接的社交网络进行商业活动，是社交媒体不断发展的结果。社交媒体的出现助推了粉丝的生产力，强化了文化工业中粉丝的中心性，然而，社交媒体时代是否实现了粉丝的自主权益，粉丝经济的受益者是商家、明星、粉丝社群还是粉丝个体抑或粉丝文化本身，依然需要更加深入的思考和探索[1]。

（二）服务免费与增值收费

伴随着互联网社交媒体的发展，服务免费不仅成为可能，甚至已成为人们认知中的必备条件。当我们最初使用微博、微信、贴吧、知乎、豆瓣、QQ、陌陌、果壳、YY 语音时，这种服务看似是免费的，但事实上这些服务也都有自身的盈利模式来作为支撑其发展的条件。

除了传统的广告收入以外，社交媒体可以衍生出各种各样的增值服务，例如 QQ 空间为用户提供虚拟货币，可以用于升级 QQ 会员、购买 QQ 秀、向朋友发送 QQ 礼物、养 QQ 宠物、参与 QQ 游戏等。因而对于社交媒体来说，用户黏性非常重要，当用户对社交媒体产品有高忠诚度并产生高频使用活动时，增值服务就更能带来商业变现的潜力。

---

[1] 曾昕 . 新媒体粉丝经济：逆袭传统与互动递进 [EB/OL].（2018-11-22）. https://mp.weixin.qq.com/s/zaOcG-WtZXcVipoYyi0E5jw.

从这个角度而言，社交媒体带来了一种新的商业理念，提供了一种双赢的商业模式。社交媒体凭借人际社交关系，利用人群的长尾效应，通过为共性需求提供免费服务，为衍生的长尾需求提供收费服务来获得利润。长尾理论是由《连线》杂志主编克里斯·安德森（Chris Anderson）提出的，他认为人们的需求曲线是长尾分布的，人们对某一事物的特定需求在大部分上是相似的，而剩下的小部分则包含着各种各样的需求，这一个部分在需求曲线上就像一个长长的尾巴，尽管这一部分需求的共性很低，但如果能够覆盖，则会形成非常可观的市场需求[1]。而社交媒体恰恰是容易形成规模效应的，这使覆盖长尾成为可能。这种社交媒体商业模式优化了资源配置，提高了效率，为供需双方都带来了帕累托改进。

（三）口碑传播与商业营销

对于企业传播而言，社交媒体营销（social media marketing，SMM）作为一种发现市场机会的有价值方法，逐渐被作为一种重要的营销工具，也引起研究人员的许多关注。冈崎（Okazaki）以品牌感知价值、品牌游戏适用度、社交网络参与度、电子口碑相传意向为变量构建模型并进行实证分析，结果显示品牌感知价值、品牌游戏适用度、社交网络参与度均正向影响电子口碑相传意向，证明了移动社交网络可应用于商业促销[2]。

不过，相关研究更多关注社交媒体营销对企业资产的积极效应，对负面评价、信息失控、法律安全等消极效应的相关研究较为匮乏。社交媒体营销对企业资产的积极效应主要表现在经营绩效、客户关系和品牌价值三类企业资产的增加[3]。在企业管理情境中的社交媒体，就其实际功用而言，可被视作一种企业管理信息系统，逐渐开始发挥出难以替代的作用。在员工知识管理与知识共享、企

[1] ANDERSON C. The long tail：How endless choice is creating unlimited demand[M]. New York：Random House, 2007.

[2] OKAZAKI S, YAGÜE M J. Responses to an advergaming campaign on a mobile social networking site：An initial research report[J]. Computers in Human Behavior, 2012, 28（1）：78-86.

[3] 邓乔茜，王丞，周志民. 社会化媒体营销研究述评 [J]. 外国经济与管理，2015, 37（1）：32-42.

业文化建设、企业创新、企业沟通与关系管理、企业绩效、企业声誉、团队与员工绩效、员工参与度等诸多方面，都可与社交媒体结合产生出新的话题。而由社交媒体带来的非正式组织的出现、员工参与程度的改变，甚至引发的组织结构、企业文化的变革，都会成为未来重要的研究主题[1]。此外，还有研究人员指出，同一企业情境、不同媒体模式与不同企业情境、同一媒体模式以及不同企业情境、不同媒体模式下的企业媒体运行效果存在明显差别，因而在研究中应当注意到企业社交媒体实践的复杂多样、体系分层[2]。

实际上，只要抓住社交媒体的沟通优势，各行各业都有可能从社交媒体中获得生长点，适应生产方式和服务模式的转变。聂磊等的观点具有代表性：第一，围绕受众偏好的沟通渠道，倾听并与受众保持连接，有效地实时响应用户需求，使之成为社交媒体的一大核心竞争力；第二，用户驱动的设计和用户参与，创造出联合创造与众包的业务模式，联合创造加速了创新，并将业务与市场有效连接；第三，通过增强趣味性、挑战性和游戏化，吸引和鼓励用户参与联合创造和众包，并将这些活动从一开始就导入积极的轨道，提升用户参与的关键体验[3]。

第二节　社交媒体的环境监测负面功能

一、环境监测负面功能表现概述

媒介具有及时报道社会事件发生的环境预警和监测作用，但是如果有闻必报，不加控制，就可能会产生一定的副作用，比如对于犯罪、空难等进行大幅

❶ 王雨，郑大庆，黄林，等．企业社会化媒体的内涵、特征及研究趋势 [J]. 科技管理研究，2019（1）：256-265.

❷ 徐升华，汤敏倩．基于管理情境的社会化媒体：基本要素、整合框架与未来展望 [J]. 外国经济与管理，2017（8）：102-114.

❸ 聂磊，钱慧，赵利．新闻媒体的社交媒体号运营趋势 [J]. 新闻记者，2016（11）：78-82.

度的报道，可能让公众产生恐慌性心理，造成不敢出门和拒绝搭乘飞机等负面效应。

如今网络信息不仅仅是用爆炸可以形容了，网络信息的海量性决定了信息泛滥的必然性，信息污染成为一个不争的事实。信息污染是指有毒、有害的信息元素超过传播标准或道德底线，对传播生态、信息资源以及人类身心健康造成破坏、损害或其他不良影响。❶

程艳林等认为，网络信息污染表现在三个层面：一是网络中有用信息的污染。主要表现为就单个信息而言，它具有一定的传播价值，但由于相同信息的大量复制，或是信息管理失范，抑或是信息加工不足等原因，使这些具有一定价值的信息成为网络数据传输的梗阻因素，或是网络信息传播中的废弃物。二是网络中无用信息的污染。主要表现为存在一些没有传播价值的信息，这些信息的存在不仅占用了网络存储空间，也造成了信息梗阻。三是网络中有害信息的污染。主要表现为违法信息、违反公共道德的信息、具有潜在危害的信息在网络中不受控制地传播。❷

网络信息污染产生的原因很复杂，有的来自利益驱动，如为追求商业利益随意转载和复制信息、滥发电子邮件。以垃圾短信为例，垃圾短信的泛滥建立在日益猖獗的个人信息交易上。一些掌握着客户个人资料的机构，擅自泄露和出售个人资料给手机广告公司，从而形成了一个违反市场商业道德和公平秩序的黑色产业链。❸同时，网络信息污染的产生也有技术因素，网络的复制、传播规模和速度在不断加快，特别是 Web 2.0 时代个人信息传播技术的提高，使得信息传播更加便捷迅速。再有，信息本身的特点也加剧了信息污染，即信息的无限性、累积性、分享性、可伪性、载体变换性等。最后，一些制度因素也在其中发挥作用，主要是政策法规滞后，用户信息素养亟待建立，评价制度缺陷导致的任意模仿和复制、信息原创性不足、真假信息甄别能力有限。

---

❶ 邵培仁 . 大众传播中的信息污染及其治理 [J]. 新闻与写作 ,2007（3）：22-23.

❷ 程艳林 , 庞燕 . 网络信息污染的潜在危害 [J]. 传媒观察 , 2008（7）：42-43.

❸ 周庆山 . 谁该为垃圾短信泛滥负责 [N]. 解放日报 , 2008-05-05.

信息污染不仅无法带来充分可靠的信息，反而成了导致信息不足的祸根。庞杂无序以及真假难辨的网络信息使得信息的可靠性、准确性、有效性都大打折扣。随着大量信息在信息通道中的拥堵，人们在网络中搜索有用信息耗费的人力物力财力明显增加，网络信息使用的边际成本增加，而信息的可信度降低，这就使信息利用的单位成本加大[1]。

典型案例如2013年8月，中央电视台在新闻联播中播出了“重拳打击网络谣言，呼吁网络‘大V’勿变‘大谣’”的报道，引起社会各界积极反响。随后，在微博上频频爆出“惊人内幕”的网络“大V”“秦火火”被刑拘的消息一经公开，立即引发微博上的强烈讨论。秦火火，本名秦志晖，是一名有着4万名粉丝的新浪认证“大V”，为了达到个人的目的并吸引受众的眼球，多次扭曲事实在微博上制造谣言并进行传播，造成严重的社会影响。“秦火火”炮制的一系列谣言中，最为出名的莫过于“7.23”温州动车事故外籍旅客获赔事件。动车事故发生后，“秦火火”在微博中造谣说，在这次动车事故中，意大利籍旅客家属获赔3000万欧元。该条微博在短短两小时内获得1.24万次的转发和大量的负面评论，短时间内网友对这种做法的不满之声达到高潮。尽管这条微博随后被有关部门说明内容不实，但是民众的负面情绪对当时的事故善后工作造成了巨大的阻力。而事后在对“秦火火”的调查过程中，被问到为何要制造谣言的时候，他说自己的目的是为了赢得知名度、赚大钱。他先在微博上进行一些爆料来赢得知名度，然后通过抹黑丑化一些名人、领导的方式来敲诈勒索，收取钱财后删除微博。同时，在有了知名度之后，不少商家会主动找他进行推广营销，转发一条相关微博可能价值上千元。此事件引发了不少网友爆料他们身边的网络红人、微博意见领袖的敛财方式，意见领袖的公信力问题再一次被推到风口浪尖。

从信息传播结构来看，虚假信息之所以泛滥，其原因在于当今的传播机制是一种多屏、多端、多平台以及不同App、应用场景分发共享的信息扩散非线性多级传播模式。社交媒体通过朋友圈等关系链进入到一个几何式扩散结构中，从而形成一种分布式传播机制，构成了一个庞大的信息传播网络，难以通过以往的

[1] 程艳林，庞燕．网络信息污染的潜在危害 [J]. 传媒观察，2008（7）：42-43.

把关机制进行有效过滤、控制和甄别。与此同时，传统媒体对新闻事件的报道与网络媒体不同，难以进行持续性报道和累积性回溯。[1]在网络环境下，网络媒体的信息是累加式的，持续增加的大量的信息资料以网页的形式长期保存在网站上。这些信息将会通过社会化媒体进行循环式再传播。

在社交媒体环境下，传播过程不再是传统的从传播者到传播受众的“5W”模式，而是倒置过来的传播循环模式，即用户（Who）通过媒体（Which channels）搜索获取信息内容（What content），在浏览信息之后产生效果（With What effects），进行评论或者分享（Comments & Sharing），形成二次传播，再次得到其他用户的信息浏览和点评分享（To Whom）。在这个过程中，信息源难以像传统媒体那样容易被识别出来，基于社交网络的传播链式关系难以辨别信息的来源，因此，虚假信息很容易以讹传讹。

部分意见领袖在对某些谣言未经核实的情况下就进行传播，进一步扩大了谣言的传播范围与影响力，产生负面的社会影响。最为典型的例子是，在2015年8月天津塘沽爆炸后2小时，一名网友谎称自己的父亲在爆炸中身亡，博取同情心，骗取3700名网友的现金捐助。在这个过程中值得一提的是，一些微博“大V”在第一时间转发了这名网友的微博，并且通过现金打赏的方式进行帮助，对随后多名网友的捐助行为起到了推动作用。通过这个例子可以看出，意见领袖若是对于一些信息没有进行仔细鉴别就做出判断，普通网民往往会放下戒备心跟随他们进行再一次传播，使得这种虚假信息得到大规模扩散，形成严重的负面效应。

更为重要的是，互联网媒体具有技术性和市场竞争的属性，信息作为一种资讯产品被用来吸引网民的点击和消费，因此，其媒体社会责任更加薄弱，信息真实性的公共利益价值被忽视。随着信息传播过程中把关责任的缺位或失位，自媒体人由于缺乏基本的新闻伦理和素养，或者追求“眼球效应”，很容易转发具有某种刺激性或迎合某种社会情绪的虚假信息，致使网络可信性下降，甚至引发恐慌，造成社会混乱，如近年来的“抢盐风波”等。网络经济实质是粉丝经济，

[1] 雷健．网络传播 [M]. 成都：四川科学技术出版社，2002：98.

有了足够规模的粉丝也就有了一定的关注度。为了打造热点话题，一些人利用微博注册软件、粉丝刷号器生成了大量虚假微博粉丝，组成规模庞大的“网络水军”，传播大量软文、广告等，引导事件舆论的形成。在某种程度上，这些生成的大量信息垃圾，使得网络信息的真实性与可信性下降。[1]

对于微信而言，综合其现实发展情况与学者研究情况，微信引发的社会问题与微博十分相似，也主要集中在谣言传播这一问题，具体表现在：

（1）以“标题党”为代表的夸大事实以博取眼球。此类信息为了能够在众多信息中受到信息接收者的关注，故意对标题进行粉饰，不惜夸大，甚至扭曲事实。由于其多少有些类似的事实基础，多数信息接收者在不能获得确切信息的情况下，很容易信以为真，以讹传讹，扩大谣言的传播范围。以微信中的分享行为为例，研究表明微信中分享行为存在显著的阵发性，群内用户趋向于异配连接，但多数用户是以旁观者身份出现，高频率互动仅停留在少数参与者层面，而带有情绪诱导和相关利益引导标题的文章能够唤起更多用户的互动意愿[2]。

（2）传播“过时”的虚假信息[3]。在人人皆被赋予话语权的社交媒体上，任何观点与言论都无须经过审核就可以被大众进行传播，“发声”的低门槛使得个别社交媒体成为了谣言的聚集地。

相对于QQ等即时通信工具来说，微信出现得比较晚，是近几年才慢慢普及开来的。一些在QQ等社交工具上已经被验证为虚假的或进行过辟谣的信息，经过一定程度或手段的处理，如修改时间、地点或对一些要素做模糊处理后，摇身一变又开始在微信上传播。个别再次加工的信息，由于和原来有了一些不同，甚至已经改头换面，即使看过原信息的接收者也常常无法揭下其新伪装的“面具”，把其作为新信息加以转发，造成了谣言新一轮传播，这又需要一轮新的辟谣、证伪过程，形成恶性循环。

一个用户散布的谣言，经过社交媒体的传播，有时能够引起巨大的社会效

---

[1] 庞宇．微博管理的问题与对策 [J]. 行政管理改革，2013（3）：63-66.

[2] 张大勇，许磊，孔洪新．社交媒体用户群体互动行为特征研究——以微信用户群分享为例 [J]. 情报理论与实践，2019, 42（10）：97-101, 116.

[3] 王艾莎．浅谈微信朋友圈的谣言与政府机构的辟谣策略 [J]. 西部广播电视．2014（22）：86-88.

应。近几年发生的“日本地震核辐射与抢盐风波”“金庸之死”“6 岁半周某某四川彭州被拐”等事件正是社交媒体上不实信息泛滥的典型代表。学者洪叶对这类虚假信息进行了分类，主要可归类为捏造来源型、妄加解释型、无中生有型以及张冠李戴型[1]。无论不实信息是哪种类型，其虚假的本质都是不变的。

（3）以养生保健为名传播伪科学。在相关新闻报道和实际生活中都可以发现，微信传播最多的两类信息就是养生保健类和心灵鸡汤类。其中关于保健养生类信息，很多都是打着“科学”“养生”的旗号，对人们的衣食住行进行指导，实际上，有些信息的背后推手则是各种营销账号，这些信息都是从网上撷取片段编造而来，充分利用了人们对食品安全、环境污染与个人健康等问题的担心和对这些领域或行业信息不了解、不信任的心理，人为制造恐慌，从而加速了这些信息在朋友、亲人间的传播速度。

（4）假冒官方发布虚假信息。这类信息为了增强可信度，往往以政府或某组织的口吻，编造与人们生活密切相关的信息，利用亲人与朋友间相互关切的心理，促使人们进行转发。如散布某国进行核试验，大量放射性物质会进入中国。

（5）打情感牌发布虚假求助信息。这类信息多集中于寻人启事、救助急重病患、边远山区困难群体等，通过伪装与粉饰，放大信息中事件相关人的焦急心理、凄惨境地等，来博取大多数人的认同与接受。对于这类信息公众无法通过主观判断来推断出真假，而出于爱心与热心，又会对此不断转发，甚至拨打信息中的联系方式，此类受骗案件的例子已经很多。

如果说意见领袖在传播虚假信息方面的原因可以归结为对部分领域的不熟悉，缺乏一定的专业知识进行判断。那么一些意见领袖主动制造谣言，试图通过谣言引起的舆论来扩大影响力甚至敛财，这些涉及道德的问题则是不可原谅的。如同本章开头讲到的“秦火火”造谣案例，“秦火火”在平台上不断地通过制造谣言，博取公众的眼球来积攒关注度，之后又通过对涉事当事人进行勒索的方式来获取不当得利，或者利用其本身的关注度帮助某些商家进行推广赚取相关费用。

---

[1] 洪叶．微博中的虚假信息传播及对策 [J]. 青年记者 ,2013（02Z）：4-5.

对于社交媒体上不实信息泛滥的情况，不少学者对形成的原因给出了相应的解释。刘可文认为，导致社交媒体虚假信息泛滥的主要原因在于社交媒体中监管者缺位、把关者失位以及传播者越位[1]。冉令军则从“使用与满足”理论以及社交媒体的门槛低、主体多样、传播迅速等特性出发，认为是导致社交媒体虚假信息泛滥的主要原因[2]。洪叶认为，在快速传播与把关缺失之外，社交媒体遵循“沉默的螺旋”理论，使用者大多都存在着从众心理[3]。禹卫华认为在传播过程中一些实名制认证的意见领袖的转发以及社交媒体缓慢的自澄清机制也是导致虚假信息泛滥的原因[4]。

二、社交媒体与“后真相”时代

由于社交媒体的信息来源多是通过朋友圈、公众号及其他非专业渠道获得的，因此，这些信息来源不具备专业把关和审核能力，有些信息经过了加工和增删，更是难以辨别真伪，因此，假新闻很容易得以盛行。有人总结了自 2010 年以来中国几大社交媒体平台在查证辟谣方面的重要举措和突出成果。其中微信平台的表现最为突出，在事实核查工作中走在前列，它最典型的工作是联合了 774 个辟谣机构，推出了两个具有突破意义的辟谣小程序[5]。

众所周知，新闻的核心是真实，发生的事实和与之相关的一些时间、地点及场合等都应该是真实的，这其中一些真实性要素的缺失，将会成为假新闻以讹传讹的机会。现实中有些新闻经过了人为加工，如 2019 年 1 月 29 日晚间，一篇名为《一个出身寒门的状元之死》的文章，在发布后迅速收获“10 万 +”阅读量并刷爆朋友圈。文中讲述了一名出身贫寒后考入名校的市理科状元从高中到患病

[1] 刘可文．微博客虚假信息的传播特征及治理策略 [J]. 贵州师范大学学报：社会科学版 ,2012（6）：88-92.

[2] 冉令军．微博信息的虚假化传播及其规避 [J]. 神州 , 2011（A4）：76-79.

[3] 洪叶．微博中的虚假信息传播及对策 [J]. 青年记者 ,2013（02Z）：4-5.

[4] 禹卫华．微博虚假信息传播的新问题与应对——以“微博打拐”事件为例 [J]. 新闻记者 ,2011（5）：67-70.

[5] Sophia XU. 面对社交媒体的新变化，我们要如何应对网络谣言？ [EB/OL].（2019-08-03）. https://mp.weixin.qq.com/s/Y_sMkoXFzMtYbvrn1_BkEg.

去世的经历，但随后有网友指出，该篇文章中存在诸多疑点，内容疑似虚构[1]。

一般来说，一条新闻开始传播之后，就会形成大量的转发和分享，而且这些信息在传播过程中，还会形成一个舆论场，人们会针对其中涉及的问题进行褒贬点评。与此同时，很少有人关注或者有能力判别这个信息的来源是否可靠。即使有些信息被证明是假的，辟谣信息也难以像假信息一样重新被传播，因此就形成了一个悖论：越是假信息传播得越快，相反，辟谣和纠正的信息则难以传播开来，这造成假新闻的传播危害很大。除了特别明显的垃圾信息外，公众面对社交媒体内容的信息接受存在着短时认知状态，很少去溯本求源地考察内容的真实性，甚至无意识地成为了虚假信息的“二传手”，无形中扩大了虚假信息的流通范围，这进一步导致了假信息的扩散和纠正的困难，由此形成了所谓的“后真相”时代，或者说是“伪真相”时代。

麻省理工学院（MIT）在《科学》杂志上发表的一项研究就是对社交媒体的一种真实写照。这项大规模研究名为《网络中真实与虚假信息的传播》（*The Spread of True and False Information Online*），分析了推特面世以来所有有争议的新闻报道，包括数年来被 300 万用户转发过的 12.6 万条新闻，最终发现事实根本无法对抗谎言和谣言。无论按哪种评判标准，在推特上虚假新闻总是战胜事实，占据主导地位。该研究发现，相比准确报道，假新闻和谣言在社交网络上总能触及更多人群、渗透更深，并且传播更快。MIT 的科研人员索罗斯 · 沃苏吉（Soroush Vosoughi），从 2013 年起就一直在研究假新闻，对比了虚假谣言的流行与真实新闻的流行之后得到一个惊人的发现：准确信息往往不能到达 10 层以上的转发，而假新闻可以达到 19 层，速度上也比获得 10 层转发的准确新闻快 10 倍。[2] 而随着近年来人工智能（AI）技术的快速发展，借助人工智能所具有的“自动化”生产和分发、受众的数字化、点击即获利、监测及算法、新闻生产链的延伸、即时传播等技术优势，各种新闻生产主体和利益主体之间

[1] 杨砺 . 微信屏蔽咪蒙系《寒门状元之死》此前被封禁一个月 [N]. 新京报 , 2019-01-30.

[2] VOSOUGHI S, ROY D, ARAL S. The spread of true and false news online[J]. Science, 2018, 359（6380）: 1146-1151.

能够实现有效的“共谋”，采取精心策划、勾连社会关系、搭建虚拟现实场景、实施规模化生产、隐藏技术的显性作用等方式，使得极具诱惑性的假新闻更容易被生产出来❶。

三、社交媒体虚假信息泛滥的成因分析

这些问题的出现，主要是由于社交媒体自身具有的一些特征。具体来说，有如下八个方面的成因。

（1）社交媒体的传播方式是去中心化的模式。人际转发与分享是社交媒体主要的传播方式，在这个过程中，信息无须经过专业人员和机构进行核实和把关，因而容易造成传播的失控。传统媒体的信息控制需要通过各个层级的编辑、编审和总编来完成，“把关人”处于决定媒介内容的主导地位，传者和受众是“社会与个人”的相对固定关系。“把关人”作为传者掌握绝对的信息处理权，普通受众很少参与信息的传播及处理过程。网络是一种“去中心化”的“新型互动媒介”，人人皆可成为传者，使得昔日的“把关人”失去了信息传播中的特权，也导致了传播内容的良莠不齐、鱼龙混杂乃至虚假信息盛行。

（2）社交媒体传播主体之间具有人际社交的强关系，增加了谣言的可信度。社交媒体是互联网上基于用户关系的内容生产与交换平台。如在微信舆情生态系统中，舆情主体间、舆情主体与舆情环境通过信息进行能量交换和相互影响，形成链式依存关系。微信好友大部分是基于现实家庭、同事、好友关系发展而来，这些微信好友间相互依存度高，很多具有一定的强连接关系，主体间传播的信息拥有极强的可信度。❷

（3）社交媒体的内容来源及呈现方式较为复杂。一般来说，很多用户使用智能手机浏览和点击新闻和信息，特别是一些短视频资料，这些内容由于带宽流量、手机屏幕局限、格式转化文本链接问题等影响，造成相关内容的不完整，很

❶ 匡文波．人工智能时代假新闻的“共谋”及其规避路径 [J]. 上海师范大学学报：哲学社会科学版，2019, 48（4）：104-112.

❷ 窦云莲，李昊青，张鹏，等．微信政治谣言的生态治理对策研究 [J]. 现代情报，2018（11）：33-38.

多信息为了符合碎片化阅读的特点进行了加工和删减，缺乏对信息辨识的基本条件。因此，用户在浏览这类信息的时候难以辨别真伪，有些信息虽然标注来自一些专业的或者权威的媒体，但是事实上，这些标注并不是真实的。如主持人白岩松通过央视新闻中心官方发表声明，称其从未在任何网络平台开通微博，网上流传的一些借白岩松之口的言论，其实很多并非出自本人，照片也不是他。然而，网络上所谓的“白岩松语录”有很强的号召力，吸引了大量粉丝。“岩松经典语录”的粉丝据说一度达 76 万，目前记者看到仍然有 6 万粉丝，该账号在说明上还特意写明了“揭黑、求助均可帮转”，这背后的其他诉求，大致可以猜出一二。声明中，白岩松坦言：“不仅躺着中枪，行走坐卧都中枪，自己受伤无所谓，别人受骗才可怕。”2013 年 12 月 23 日，“明星学者”易中天通过其实名认证的博客发布声明：据悉，最近有人假冒我的名义，在网上开通诸如“易中天”“易中天百家讲坛”“易中天免费平台”“中华精品讲师网首席讲师易中天”等平台。这些平台均未事先征得我的同意，属于侵权行为，谨此敬告各位网友不要受骗，并保留起诉侵权者的权利。我同意开通的平台目前仅有“易中天中华史”。真正的“易中天”平台将尽快开通，亦请关注。特此奉告。[1]

（4）社交媒体背后有利益及动机驱动。社交媒体的利益驱动非常复杂，有些是来自不同政治集团、不同主权国家的政治外交动机，如 2016 年全世界曾目睹了一次深受社交媒体影响的美国大选，竞选双方散播出的谣言让很多人为之震惊；也有来自文化以及民族宗教冲突的动机；更多的则是经济市场利益动机。

“注意力资源”是传媒竞争的本质。随着信息传播技术特别是网络传播渠道的迅猛发展，海量信息和信息推送已经大大超出了人们的注意力负荷，各种信息不仅无法完全得以有效利用，也引发了各种媒体如何吸引人们眼球的注意力竞争。如何支配一个人的注意力，如何防止注意力涣散，如何吸引注意力，如何使注意力发挥最大效益等课题，共同促成了一个新领域的诞生——注意力经济。美国学者托马斯·达文波特和约翰·贝克就在其撰写的《注意力管理》一书中指出：

---

[1] 勇强．白岩松聊“语录”：躺着中枪 [N]. 齐鲁晚报，2014 01 05.

广告、电影、电视以及出版业是注意力产业，是学习有效注意力管理最好的地方。[1]

社交媒体运营者的一个重要驱动力是通过吸引流量和用户获得广告或者其他收益。随着互联网红利的不断下降，各种各样的平台风起云涌，纷纷争夺已经较为饱和的内容“蛋糕”。由于原创性、高质量信息的稀缺性，导致为求得点击率，留住用户，移动互联网上各类不良信息内容泛滥，媒体喜欢采用吸引人的标题和哗众取宠的内容吸引用户，有些社交媒体的内容生产者不惜“打擦边球”，甚至违反相关规范，传播有害信息，有些则利用水军进行恶意炒作，只为打赢社交媒体上的“圈地运动”。

2014 年 7 月起微信认证的公众账号可成为广告主，定向投放广告，精准推广自己的服务，并进行广告效果的监测，这在一定程度上加剧了微信自媒体传播的“吸睛效应”。

此外，机器人和人工智能也被证明是虚假新闻的来源，“僵尸号”在假新闻的快速传播中也扮演着重要角色。在社交媒体平台上，转发行为本身具有为信息背书（endorse）的作用，因此“僵尸号”通过转发假新闻使其传播力更广、说服力更强。推特公布其平台上有 9% ～ 15% 的活跃账号是“僵尸号”；脸书也估计其平台上有近 6000 万的“僵尸号”。这些“僵尸号”充当了 2016 年美国总统大选期间政治信息传播的主力，其中一部分还被用来影响 2017 年法国大选。除了帮助转发信息、促进假新闻的传播，“僵尸号”还会被用来影响一些基于用户数量预测事态发展趋势的算法。目前，虽然针对“僵尸号”的管理措施在不断改进，但是“道高一尺魔高一丈”，“僵尸号”运营者也在不断寻找相应的措施来对付这些管理措施。[2]

（5）社交媒体用户选择性心理的影响机制。社交媒体具有一定的封闭性和自主选择控制性，用户在社交媒体上的交往群体影响了其社交媒体朋友圈的范围。并且这种用户交往群体往往也是经过选择的，用户可以取关那些和自己的观

---

[1] 托马斯 · 达文波特，约翰 · 贝克 . 注意力经济 [M]. 谢波峰 , 等译 . 北京 ：中信出版社 , 2002.

[2] 原艳飞 . 假新闻的科学 [EB/OL]. [2018-03-25]. http://www.davidlazer.com/infopage.

念尤其是三观不相符的人，从而逐渐形成了具有共同价值观和态度倾向的群体，并会由此觉得自己的看法及周围的看法属于社会的主流意识和民意，但忽略了事实上存在的不同社会分层之间观点的分化，从而形成回声室效应。

社交媒体用户往往喜欢接触、理解并记住那些能满足自己需要或兴趣的信息，并喜欢避开与自己固有观念不和谐的信息的骚扰，从而保持心理平衡和维持认识一贯性的机制。因此，用户偏好对于假信息传播有一定的影响。心理学研究表明，个体接收信息的过程中存在一系列“误区”，包括：选择性接触（selective exposure），即更愿意接收与自身态度相符的信息；确认偏误（confirmation bias），即认为与其前设观念一致的信息更具说服力；以及喜好偏颇（desirability bias），即更愿意接收使其自身感到愉悦的信息等问题。因此，个体已有的个性特点和观念意识会阻碍其对假新闻有关事实进行核查。除此之外，人们往往会记住信息本身以及自己对信息的感受，但是忘记阅读信息的情景；而且，人们很容易认为相似的信息是真实的。在这种心理认知模式的影响下，事实核查行为很有可能会起到反作用。❶

（6）有意进行的内容营销策略。对于为什么虚假信息会有这么好的传播效果，MIT 的科研人员索鲁什 · 沃苏吉（Soroush Vosoughi）及其团队采用了两种假设：一是假新闻似乎比真实新闻更具有“传奇”色彩。该团队发现，虚假信息通常与用户转发前 60 天内时间线上的所有推文都明显不同；二是假新闻比一般推文能激发更多情绪。研究人员以推特用户用来回复 12.6 万条有争议推文的字词创建了一个数据库，然后用先进的情感分析工具 NRC-Canada 系统对其进行分析。他们发现，虚假推文往往引出带有与“惊喜”和“厌恶”相关的词语回复，而准确的推文则更多地引发与“悲伤”和“信任”相关的词语。❷

（7）对社交媒体传播的监管薄弱。由于社交媒体的信息发布、传播和转发都是广大网民自发形成的，因此，难以采取以往那种大众媒体的专业把关以及新

---

❶ 原艳飞 . 假新闻的科学 [EB/OL]. [2018-03-25]. http://www.davidlazer.com/infopage.

❷ VOSOUGHI S, ROY D, ARAL S. The spread of true and false news online[J]. Science, 2018, 359（6380）: 1146-1151.

闻出版的“三审负责制”。网络平台上这种海量而又迅速产生的信息流迫使把关行为从事前向事后过渡，各类“把关人”往往根据传播反馈效果对已发布的信息进行修正或增删。这使得事前的“漏斗式把关”向事后的“节点式把关”转变。很多内容传播之后才采取删除或者封号等方式进行事后处置，而这个时候信息已经被大量扩散。

在社交媒体中，职业把关与非职业把关并存，“全民传播”时代到来的直接结果是“把关人”的大众化。如论坛类传播平台，传播权几乎已经完全被大众所分享，传统意义上的把关人在网络论坛中就分解为网民、网站编辑、版主、网络平台及监管机构等。有些发布者故意逃避和绕开监管，比如，把有意误导公众的信息改成图片等无法加以审查和过滤的技术呈现形式。由于传播者众多，难以一一进行甄别和查处，现在的监管方式还存在很多漏洞和缺失。

（8）社交媒体的很多内容规范、法律政策定位模糊。社交媒体在内容上表现出明显的不同类型信息属性的混同现象，如广告、新闻、娱乐信息混同，新闻的娱乐化以及娱乐的新闻化等。这导致新闻的时效性消失，娱乐的反馈迟滞也消失了，因此，娱乐内容是与新闻内容相互交织的，很多人带着看娱乐的好奇与兴趣来看新闻，而很多新闻也以娱乐性吸引人们去看。这就会造成对新闻和广告的规范缺乏明确的界定，造成“打擦边球”的现象。

微信公众账号面临着低水平的同质化问题。内容上，复制别人的文章后稍加修改再发布或者直接转载原文成为公众账号推送的普遍方式，这种形式的图片和内容转发是否侵权尚有很多争议。大量内容没有标注来源和出处，很多信息来源于各类媒体的转载，但是并未征得许可，也未支付报酬。此外，用病毒盗取客户信息或以冒充他人的方式进行诈骗的情况屡见不鲜，对用户的人身、财产及隐私安全构成了极大的威胁。从某种意义上来说，社交媒体的很多领域还属于法外之地。

第三节　社交媒体社会协调的负面功能

一、社会协调功能概述

社会协调重要的作用是以一种纽带的形式将公众五花八门的思想意识统一协调起来。思想决定行动，思想上形成了一致性，就会约束和激励人们按照思想者的意图来行动。但是，由于过分强调这一作用，甚至将传播媒介作为纯粹的宣传工具，就可能会导致内容单调、不尊重多元民主思想，从而造成反面效果，不利于发挥社会公众的集体智慧，削弱了公众对社会现状展开批判性思考的能力。

对于传播媒介在信息议题设置与报道中的负面作用，李普曼从传播学的“虚拟环境”（pseudo-environment）和“刻板成见”（stereotype）角度做了分析。他所说的“虚拟环境”，实际上就是媒体提供的一种认知图景，这一图景并非真实反映现实社会的实际情景，而是经过选择、处理、修饰乃至放大或者缩小的现实情景，并且难以真实再现隐含的情境因素和背景材料，从而形成的一种特定的信息结构，这一结构在受众看起来，似乎就是现实的真实写照，从而影响了受众对无法了解的社会现实的观察认知和态度，常常造成以偏概全的情况发生，这一现象被李普曼称为“刻板成见”。也就是说，人们往往将某类人群、某种事情采取用个案代替全部的评价性认知和态度加以总结和归纳，而在这一个过程中，媒体提供的虚拟环境信息成为评价的参考因素，比如某个地区的人被媒体报道涉嫌电信诈骗，则一些人公众就将这个地区的人视为电信诈骗群体等。

从这个意义上来说，媒体的社会协调作用，可能会由于刻意提供某些片面信息，致使公众不能全面客观了解事实真相和全景图像，由此，可能造成公众得出的结论不客观，或对客观事物的认识出现偏差。

在网络环境下，由于新兴网络媒体的匿名发表性质以及准入门槛降低，特别是在 Web 2.0 时代，交互式体验和微内容的兴起，更是难以通过舆论来达成一种协调一致的社会作用。社交媒体的兴起，挑战了传统媒体的“议程设置”。信息碎片化是社交媒体传播的主要特征之一。充斥着海量碎片化信息的微博成为人们消遣、填充碎片化时间的工具，也成为情绪的发泄平台。同时，微博信息原创性不强，围观氛围浓厚，更多的信息沦为网络垃圾，进而成为信息接收者的负担。这对传统媒体长期以来营造的意识形态主阵地造成冲击，对于传统媒体的“议程设置”也带来极大的威胁与影响，有时一条通过微博传播的负面的、虚假的信息，其传播速度及影响力会大大突破传统媒体所营造的舆论氛围与引导方向，使议程设置的作用与功能受到冲击，趋于弱化。

此外，社交媒体的受众容易受情绪主导，甚至挑战政府威信。和传统媒体相比，微博虽然具有鲜明的“草根”属性，但是在庞大的微博用户群中仍然有一小撮人在充当“意见领袖”乃至偏激分子，他们将一些事件过分解读、夸大其词，借助微博的“广场效应”，将信息的娱乐化、情绪化效果放大，弱化了新闻传播的严肃性，对政府的公信力、威信提出了挑战，给社会的稳定与和谐发展带来了破坏因素。❶因而，新的媒介环境促成了新的危机情境，在社会化媒体大众化的趋势下，政府危机管理部门不仅要承担传统的社会风险，还将面临从互联网的虚拟环境发展延伸至现实环境的形态各异的风险与危机，公共危机管理面临前所未有的考验❷。

在互联网环境下，存在着一种“塔西佗陷阱”效应，具体是指“公众一旦认为政府或公职人员做了坏事，无论之后政府或公职人员做了好事或坏事，都会被认为做了坏事”。这反映出公众对政府的不信任。政府与公众之间的不信任，很容易由网络上转移到现实中，造成衍生的公共危机事件爆发，给社会带来次生风险。❸

社交媒体由于其沟通具有一定的私密性，使得相关监管人员在侦查上存在更大的困难。有越来越多的不法分子利用社交媒体进行煽动闹事，扰乱国家秩序与安全。

---

❶ 廖宇飞，张新标．微博的负面性与管理引导探析 [J]. 新闻知识，2013（3）：47-49.

❷ 段鹏，项钰璇．社会化媒体在公共危机传播中的作用 [J]. 现代出版，2019（6）：36-40.

❸ 祝阳，雷莹．网络的社会风险放大效应研究——基于公共卫生事件 [J]. 现代情报，2016（8）：14-20.

二、社交媒体影响政治生态协调

2019年1月31日，We Are Social和Hootsuite联合发布《2019年全球数字报告》（Global Digital Report 2019）[1]，对全球230多个国家和地区的社交平台进行了广泛分析。报告显示，全球社交媒体用户数量在2019年初已增长到35亿，在过去12个月中有2.88亿新用户加入。社交媒体上绝大部分内容都来自个人，而非品牌、媒体和政府；社交媒体的活跃人数远远超过了参加民主选举的人数。社交媒体在政治传播与运作中无疑扮演着举足轻重的角色。

早在2010年美国中期选举期间，社会学家詹姆斯·福勒就组织了一项研究，以6100万脸书用户为样本，通过向其随机发送信息并追踪其线上、线下行为方式，研究社交媒体是否会影响这些用户的政治相关行为。研究结果表明，社交媒体信息确实对人们谈论政治活动和参与选举产生了影响[2]。

对于政治来说，社交媒体是一把双刃剑。从一方面来说，它可以为政治家塑造亲民的形象，传达政治家的政治理念，在政治家与民众之间搭起一座桥梁，并让民众积极参与政治，表达自己的意见和想法；从另一方面来说，社交媒体可能并没有如人们所愿的那样疏通民意，人们对政治参与的反应谨慎而冷淡，过多涉足政治的社交媒体甚至可能成为政治骚乱的温床。

1. 政治家的外交工具

早在2006年，奥巴马及其团队就意识到了社交媒体对于政治的宣传和桥梁作用。他与脸书合作自我推广，出席了一系列活动，包括发表公开演讲、传达施政理念、与民众互动等，组织各种线上线下的团队活动，并发布活动反馈。奥巴马选举阵营在脸书上获得了4500万用户的支持，还在2011至2012年间利用以脸书为主的社交工具在网上筹集到了6.9亿美元的资金[3]。最终奥巴马能够竞选

[1] We Are Social. Global Digital Report 2019[EB/OL].（2019-01-31）[2019-04-30]. https://wearesocial.com/global-digital-report-2019.

[2] 佚名．社交网络决定美国大选？奥巴马借力脸书上位 [EB/OL].（2012-09-24）[2019-04-22]. http://media.people.com.cn/n/2012/0924/c40606-19086093.html.

[3] 崔云．脸书关闭选举投票功能“选举扩音器”功能消失 [EB/OL].（2014-11-19）[2019-05-03]. http://world.huanqiu.com/exclusive/2014-11/5207985.html.

成功，甚至有人将其竞选称为“脸书之选”，并将奥巴马称为“Web 2.0 总统”。

虽然社交媒体在政治选举中的作用受到限制，但它仍可以发挥很大的作用，如塑造政治家的亲民形象，沟通民意等。根据美国博雅公关（Burson-Marsteller）的研究显示，截至 2017 年 5 月，推特上已确定有 856 个属于国家元首和政府首脑的账号，总粉丝量达 3.56 亿；各国首脑使用量排名第二的社交媒体是脸书，其账号数量为 606 个，总粉丝量达 2.83 亿。虽然大部分国家领导人的账号都不是本人打理，但可以被其他用户“@”。这种加入社交媒体的行为本身就构建了一种平台化的平等性，拉近了民众与国家领导人之间的距离。甚至英语中出现了一个新词“Twiplomacy”，即“推特外交”[1]。

值得注意的是，社交媒体的娱乐化倾向也影响了政治家的形象塑造，以娱乐化的方式展示政治家形象会产生非同凡响的亲民效应。2014 年 7 月卡梅伦甚至通过自己的两个官方推特账号第一时间向 340 多万粉丝宣布了自己改组内阁的消息，一改往日通过传统主流媒体进行政府官方声明的方式。

2. 公民参与政治的平台

社交媒体毫无疑问为公众提供了一个抒发自己政治见解的平台，尤其在以微博为代表的开放性强、匿名度高、流量大的平台上，人们不仅能发表意见，还有更大的机会让自己的意见被更多的人关注和讨论。如果从意见出口的角度来讲，社交媒体对政治反响的上载和修正是有积极意义的。

但是，从另一方面而言，与社交媒体的发展速度相比，公众政治参与度的提高实际上并没有达到人们预期的程度。尤其在实名制的社交媒体中，由于真实身份和真实社会关系的存在，很多人不愿意发表自己的政治观点。在这里，“沉默螺旋”现象依然明显存在。这种影响作用被德国女社会学家伊丽莎白·诺尔一诺依曼称为“沉默的螺旋（the spiral of silence）”效应。诺依曼认为，正是这种对“周围意见环境的认知”所带来的压力，导致了许多人最终改变投票对

[1] Burson-Marsteller. Twiplomacy 2017[EB/OL].（2017-06-30）[2019-04-03]. https://www.burson-marsteller.com/what-we-do/our-thinking/twiplomacy-2017.

象。此后，诺依曼又对“意见气候”（opinion climate）和“多数意见”（majovity opinion）对个人产生的压力进行了多次实证研究，在此基础上提出了她的“沉默的螺旋”假说。❶

在“沉默螺旋”存在的同时，社交媒体上也存在“反沉默螺旋”现象❷，一旦自我确信度高的特定“少数派”在社交媒体上发表与多数意见或权威意见相悖的观点，往往会引起大众的反向思维，即使很多人不愿公开表达，也能够引发他们的反思。这种“意见领袖”产生的作用可以在一定程度上打破“沉默螺旋”。在社交媒体中，“沉默螺旋”和“反沉默螺旋”是一对矛盾共同体。如果政府希望获得真实的民意，就要把握好意见领袖引导性和社交媒体匿名性之间的平衡。

3. 政治失衡的助推器

社交媒体关于政治的讨论，很容易因为缺乏引导而失衡。社交媒体在很大程度上摆脱了传统媒体受资本垄断或被少数精英控制的局面。它似乎更容易反映真实的舆论，宣扬自己的道义。美国的“占领华尔街”运动等都是社交媒体助推平民政治运动的典型案例。其中，脸书和推特等社交媒体都发挥了巨大的作用，主要表现为揭露政府内幕，凭借社交媒体的巨大传播效应引起民众普遍的不满情绪，然后在运动爆发过程中，通过社交媒体进行联络，并对运动进程实时报道，持续地推动政治运动进行，保持民众的高涨情绪。

在讨论“集合行为”时，很多人都认同社交媒体上少数人对大多数人的煽动作用及“集体无意识”可能导致“乌合之众”的盲目狂热情绪。当这种情绪涉及政治时，就可能带来一定程度的社会不安定因素，所以政府或许可以不必服从于社交媒体的意见，但绝不能忽略它。

从社交媒体曾助推过的平民政治运动来看，政府应该提前做出反应，对民众的意见给予积极及时的引导，并团结精英力量，发挥中流砥柱的作用。当然，政府并不总是对的，社交媒体的助推有其积极意义，民众意愿的实现可能有助于

❶ Noelle-Neumann E. The spiral of silence a theory of public opinion[J]. Journal of communication, 1974, 24（2）: 43-51.

❷ 姚珺 . 互联网中的反沉默螺旋现象 [J]. 武汉理工大学学报 , 2004（17）: 286-288.

社会进步，但民众不应在这个过程中被盲目误导和煽动。

社交媒体政治化趋势值得关注，美国皮尤研究中心（Pew Research Center）在 2016 年的一份社交媒体研究报告中指出，大部分美国人都在通过社交媒体获取新闻信息，一半的公众通过社交媒体来了解2016年总统大选的最新进展[1]。美国现任总统特朗普，正是一位利用社交媒体发挥其政治影响力的典型例子。特朗普在社交媒体上一直非常活跃，并乐于发表各种各样的观点。2018 年 8 月，特朗普称其在各大社交媒体上的总关注数已达到 1.6 亿。他几乎每天都会在自己的社交媒体账号上发推文，最多一天可达数十条。特朗普认为这是他展示自我观点的直接方式，因为这样的信息没有也不会被主流媒体过滤和左右。社交媒体在特朗普与民众之间搭建了一个更加直接、快速的交流平台，这种交流渠道在当前的互联网时代，更容易亲近社会民众。

尽管社交媒体帮助特朗普向民众展示了未经主流媒体“歪曲”的“真实自我”，但这样的“真实自我”并不被全部美国民众所接受。特朗普极其频繁地在推特上发表对各种事情的观点，不论政治、体育、文化等，部分观点似乎态度偏激、未经深思熟虑，且经常在推特上尖锐地抨击他人，掀起社交媒体上的大规模骂战，有违国家总统应成熟稳重、谨言慎行的传统形象，人们因而戏称其为“推特治国”。网友对特朗普在社交媒体上发表的观点各持己见，很大一部分民众对其观点并不赞同，甚至存在强烈抵触情绪。据美国媒体每日传讯（Daily Caller）报道，2018 年 1 月昆尼皮亚克大学民意调查（Quinnipiac University Poll）的民调结果显示，高达69%的民众表示，希望特朗普注销推特账户[2]。推特上甚至出现了致力于模仿特朗普发推文的账号，旨在告诉他怎样更成熟地发表总统推文。

研究机构和研究人员也试图为政治意图打造专门的社交媒体。微软在 2015 年 4 月推出了面向政治家的社交媒体平台“TownHall”，作为政治家与选民和支持者联系的桥梁纽带。该社交媒体的目标用户是那些希望获得支持者反馈并

---

[1] GREENWOOD S, PERRIN A, DUGGAN M. Social Media Update 2016[EB/OL].（2016-11-11）[2019-04-03]. http://www.pewinternet.org/2016/11/11/social-media-update-2016/.

[2] RODGERS H. Poll：69 Percent of America Wants Trump to Stop Tweeting[EB/OL].（2018-1-11）[2019-04-03]. https://dailycaller.com/2018/01/11/69-percent-of-america-wants-trump-to-stop-tweeting/.

引起更广泛选民兴趣的政府官员。除了直接进入平台外，选民还可以通过脸书Connect登录。政府官员可以在平台上开展调查，回答来访者的问题，设置奖励机制，并举行各种各样的互动活动。人们也可以在各个话题下进行讨论，而最受关注的话题将在这个平台置顶。

今后，或许会出现更多专门讨论政治相关问题的社交媒体，特别是由政府自身创建和主导的自媒体，但这种社交媒体要求管理者持续而有力的引导或控制，但这或许并不会那么轻易实现。

三、社交媒体建构的虚拟社会关系与现实社会关系的差异性

以QQ、微信为代表的各种社交网络发展，标志着社交网络在当前人们处理人际关系中的地位越来越重要。但究竟是何种原因致使我们的社交越来越虚拟化，以及虚拟社交是否能完全或者大部分替代传统的社交方式，这是值得我们思考的问题。今天，约有3/4的美国成年人都在使用社交媒体。10多年来，社交媒体从无到有发展迅猛，现在已有74%的美国成年人在社交媒体上建有个人资料页面[1]。然而，需要指出的是，社交网络究竟是有利于还是损害了公众的社交关系仍然存在争议。伴随着社交媒体飞速发展而出现的问题也愈演愈烈，使得集体暴力有了更多发挥的舞台。这些问题除了来自于网络环境的自身特征以外，更多的则是现实环境中受管制的行为在缺乏规制的情境下被肆意投射到了网络空间与数字媒介平台之中，如网络霸凌问题（Cyberbullying）[2][3]。马哈尔（Mahar）等学者对于网络讨论社区的研究发现了用户交互中的网络霸凌现象，并提出了对抗

---

❶ 乐学. 社交网络如何影响我们的关系 [EB/OL].（2014-09-17）[2019-06-08]. https://xw.qq.com/cmsid/TEC2014091705727502.

❷ SMITH P K, MAHDAVI J, CARVALHO M, et al. Cyberbullying：its nature and impact in secondary school pupils[J]. Journal of Child Psychology and Psychiatry, 2008, 49（4）：376-385.

❸ HINDUJA S, PATCHIN J W. Cyberbullying：an exploratory analysis of factors related to offending and victimization[J]. Deviant Behavior, 2008, 29（2）：129-156.

霸凌行为的系统设计策略❶。黄（Huang）等学者通过研究用户的社交媒体使用行为，提出了网络霸凌事件（event）的自动预测指标（features）和模型❷。

此外，尽管社交媒体已变得非常流行，但是到目前为止尚没有令人信服的研究表明社交媒体是如何影响实际生活中的人际交往。有一些研究声称社交媒体导致人际交往减少，但也有一些研究认为社交网络导致人们之间的互动增加了。一种普遍的反对社交媒体的观点认为，我们热衷于“赞”和“转发”信息，而不愿拿起话筒，与对方通话。诚然，社交媒体可以帮助我们与千里之外的亲朋好友联系。但是，如果他们近在咫尺，似乎就减少了现实交往的可能性。这是社交媒体饱受诟病的地方，因为人们认为它损害了真实世界的人际关系。由此可见，无论是从宏观或微观切入分析，社交媒体对人际关系的影响都是错综复杂的。德怀尔（Dwyer）通过网络调查了 MySpace 和脸书的手机用户使用情况，表明用户通常认为通过网上进行的社交活动不需要考虑信任，显然这是现实中面对面交往所必需的。此外，该研究还证明了信任和使用意向会正向影响用户的分享意向❸。由此可见，虚拟空间中社交关系的建立，并不需要现实生活中那么强的信任机制。

四、社交媒体的社会心理影响

（一）网络传播的受众社会心理机制

如果从受众心理学角度来分析传播的影响，主要可以从媒介产生的议题设置效应以及沉默螺旋作用角度加以分析。

公众具有一种对于各类社会议题重要性的主观判断，而这种判断来自一种

---

❶ MAHAR K, ZHANG A X, KARGER D. Squadbox：a tool to combat email harassment using friendsourced moderation[C].Proceedings of the 2018 CHI Conference on Human Factors in Computing Systems. 2018：1-13.

❷ HUANG Q, SINGH V K, ATREY P K. Cyber bullying detection using social and textual analysis[C].Proceedings of the 3rd International Workshop on Socially-Aware Multimedia. 2014：3-6.

❸ Dwyer C, Hiltz S, Passerini K. Trust and Privacy Concern within Social Networking Sites：A Comparison of Facebook and MySpace[C]. Proceedings of the Thirteenth Americas on Information Systems, Keystone, Colorado, 2007：457-471.

社会心理意识上的共识。一般来说，公众在判断社会议题的重要价值时，将会根据媒介报道一个主题的程度来做出判断，具有一定的从众性。这一现象被称为“议程设置功能”。作为一种理论假说，最早见于美国传播学家 M. E. 麦库姆斯和 D. L. 肖于 1972 年发表的题为《大众传播的议程设置功能》的论文，是他们在 1968 年美国总统选举期间就传播媒介的选举报道对选民的影响所作的一项调查研究的总结。其中指出，在特定的一系列问题或论题中，那些得到媒介更多注意的问题或论题，在一段时间内将日益为人们所熟悉，他们的重要性也将日益为人们所感知，而那些得到较少注意的问题或论题在这两方面则相应地下降。而且，受到某议程影响的受众成员会按照该媒介对这些问题的重视程度调整自己对问题重要性的看法。[1]

传统媒体（报纸、广播、电视）的议程设置功能，已经被众多的学者接受，并从政治、社会生活的多方面进行了实证分析。人们也普遍意识到传统媒体在一定程度上对公众议程的影响是潜移默化的，却又是强大的。

但是，随着互联网的飞速发展，网络传播相对于传统媒体而言，有着很强的互动性，因而网络受众可以自由地选择信息和表达观点，既是传播者又是接受者；同时，以头版或头条形式出现在传统媒介上的议程设置功能在网络上也不再那么明显；再者，网络上的信息量是传统媒体所不能比拟的。因此，很多学者认为，在网络传播中媒介的议程设置功能将会弱化，甚至不再存在。但是，正如麦库姆斯所指出的，一些评论家认为我们所说的议程设置将要终结，但是在目前这个阶段，在线新闻的议程，尤其是少数占支配地位的网站的议程之间仍然具有很高的集中性。不可否认，因特网的确会带来新闻媒介议程设置效果上的一些变化，但在目前看来，这些变化仅仅是某种程度上的变化，细节上的变化，而不是议程设置本质上的变化。[2]

网络媒体的协调作用主要依赖门户网站乃至搜索引擎来实现信息枢纽和自

---

❶ McCombs M E, Shaw D L. The agenda-setting function of mass media[J]. Public opinion quarterly, 1972, 36（2）：176-187.

❷ 蔡雯，戴佳 . 对话麦库姆斯：议程设置研究的历史、现状与未来 [J]. 国际新闻界，2006（2）：14-19.

组织功能。可以预见，不管信息技术如何发展，“门户”和“搜索”将永远是信息访问集中的地方，而个别知名网站或搜索定位服务提供者的存在总会使得网络信息传播具有“马太效应”。并且随着越来越多的媒体走向数字化，网站和 Web 网络信息数量的大量增加只会使搜索引擎的角色更加突出。因此，“网络漫游”的方式就应该被“中心与辐射”模式所取代。在这种模式中，网上的“交通”是从一个中心枢纽开始的。❶

网络媒体存在这一功能，首先是因为网络传播的信息像计算机病毒一样，可以飞快地繁殖。人们对某些议题的关注程度，主要来源于这些议题被报道的频率和强度，无疑网络传播可以轻易做到提高对某些事件的报道频率和强度。在网络中，信息交流形式多样化，既有类似于传统媒体信息的报道，也有网上论坛的交流形式，两者相互补充和交织，形成互补关系；同时利用互动技术，使得信息交流与反馈更加活跃，这对于提高一个事件的受关注程度起到了非常重要的作用。

在媒体对于公众社会心理影响的解释中，最受关注的莫过于对舆论的影响过程，这一影响具有动态性，被称为螺旋式作用。一般来说，舆论的形成和扩散具有自发性，但是，研究表明，由于个人对于自己观点的判断缺乏自信，并会惧怕受到排斥、孤独和做出错误判断，往往要依靠外在力量的影响或者加以证实。而媒介就具有这样一种舆论影响作用。

随着互联网不断向社会生活的各个领域渗透，网络传播环境下的媒介舆论影响作用也有了新的特点和变化。网络环境下，受众的信息获取方式更加具有选择性和主动性，媒介所产生的影响效果相较于过去而言变得更加复杂。面对海量信息，受众无法形成一致性的认识，舆论的争议性也日益加强。

产生“沉默的螺旋”背后的心理效应是基于受众为避免被孤立和排斥的压力，由于互联网的平等性、匿名性和不受地域限制的特性，“群体压力”有某种程度的减弱，但同样存在新的社会孤立和舆论压力。比如在论坛当中，这种群体的压力之下，少数意见往往得不到公开露面的机会，即便是未被删帖，这种帖子

❶ 朱爱菊 . 我国互联网信息生态中的虚假信息问题与治理策略 [D]. 北京：北京大学 , 2006.

的跟帖回帖率也很低，在网络论坛中形成被孤立的势态。[1]因此，经过实证研究发现，在网络空间，社会孤立的动机并没有消失；网络群体对个人意见的压力作用方式有所变化，强度相对减弱，但其影响依然不容忽视；从众心理的动因继续存在，从众现象依旧普遍。[2]再以微信朋友圈为例，朋友圈泛化下语境消解的焦虑、印象管理的疲惫和社交绑架的压力导致使用者的自我认识模糊、理性精神丧失，并由此产生孤独感和自我怀疑，甚至不得不尝试通过“逃离”来缓解这种压迫感[3]。

网络环境下，传播的社会功能将会有所变化，但是其本质并没有改变，并且由于传播的社会控制机制和社会环境本身具有很大的约束性，过去一些重要的经典传播作用理论依然具有重要的参照作用。

（二）社交媒体的社会群体心理影响

2014 年 5 月 28 日 21 时左右，一条关于一家麦当劳内一名女子因拒给电话号码遭 6 人殴打致死的消息在微博上迅速传播，在发布后的短短几分钟时间内，转发量就高达 50000 条[4]。随后有目击者在微博上传了一段用手机拍摄的视频，该视频被各大媒体、“大 V”账号进行转发，截至 5 月 30 日 24 时，系统共采集到 556035 条[5]微博数据。该事件使得举国震惊，包括各界名人在内的民众纷纷谴责暴行，形成巨大舆论浪潮，一时间人们纷纷猜测事件起因，谣言四起。5 月 31 日有关部门官方微博回应称 6 名嫌犯系邪教成员，为发展组织成员而索要电话号码，遭受害人拒绝后行凶。

这起杀人案的微博传播效应可谓是社交媒体传播的典型例子。不难发现，以微博为代表的社交媒体迅速集合了大批民众，实现了病毒式的传播，这对突发

---

[1] 师文静 . 网络传播中“沉默的螺旋”理论分析 [J]. 青年记者 , 2009（5）：6-7.

[2] 谢新洲 .“沉默的螺旋”假说在互联网环境下的实证研究 [J]. 现代传播：北京广播学院学报 , 2003（6）：17-22.

[3] 洪杰文 , 段梦蓉 . 朋友圈泛化下的社交媒体倦怠和网络社交自我 [J]. 现代传播：中国传媒大学学报 , 2020, 42（2）：76-81, 85.

[4] 王延丽 , 姜莞荻 . 试分析微博在重大突发案件传播中的优势与不足 [J]. 商 , 2014（25）：291.

[5] 张紫 . 山东招远麦当劳打人事件 新浪微博传播简要分析 [J]. 计算机与网络 , 2014, 40（11）：8.

事件响应是有积极作用的；但我们又注意到，很大一部分微博传播的参与者都在不明事件真实原因的前提下加入了对政府、对社会的质疑批判中，未经核实的事件被网民们盲目转发，谴责政府的浪潮在群体的激愤中愈演愈烈，呈现出了一定的非理性特征。

作为集体心理理论最早成型的著作，勒庞的《乌合之众》[1]就论述了这样的现象。他提出，群体心理很容易受到群体统一律和群体成员的感染，从而造成大规模、非理性的群众运动。“在群体性事件中，个人的力量湮灭于群体中，个人的身份也隐藏于群体之中，行为的匿名性和情绪的传染性致使群体性中的个人会呈现出急剧的狂热状态，这种力量聚集起来就会对社会秩序造成极大的破坏。”[2]这样的现象不仅体现在上述微博反应上，骚乱、乌合之众、大众歇斯底里、时尚狂热、流言及公共舆论都是集合行为的重要表现”[3]。

若我们进一步结合梅洛维茨的“媒介情境”理论，会发现以微博为代表的社交媒体实际上提供了一个特定的媒介情境，加重了这种“乌合之众”的现象。媒介情境指的是通过媒介接触，使用者感受到的生活环境。不同的媒介会给使用者带来不同的情境体验。微博这一媒介情境存在鱼龙混杂、匿名、正负能量共存的特质，而这样的环境也容易让浸身其中的使用者感染到同样的情绪。麦克卢汉在 1967 年就曾经指出，每种媒介都作用于人的中枢神经系统，媒介即按摩，媒介通过并按摩了人的中枢神经，而这种效果是不断累积的。[4]

微博的匿名性和去中心化使人们有可能把它变成一个负能量和浮躁情绪的宣泄出口，而这种行为又反过来构造成特定的媒介情境，使那些不那么负能量、不那么浮躁的人趋向于选择不加入微博的讨论圈，这种类似“劣币驱逐良币”的循环逐渐酝酿和滋生了微博的大环境和主基调，容易产生对社会事件的放大效果，无论这个社会事件是正向的还是负向的，都容易被微博放大化。

---

❶ 勒庞 . 乌合之众 [M]. 北京：中央编译出版社 , 2004.

❷ 秦强 , 郭星华 . 风险社会中的集群行为——法社会学视阈中的群体性事件及其解决机制 [J]. 黑龙江社会科学 , 2011（2）：117-122.

❸ 王贵斌 , 斯蒂芬 · 麦克道威尔 . 媒介情境、社会传统与社交媒体集合行为 [J]. 现代传播：中国传媒大学学报 , 2013, 35（12）：100-106.

❹ Mcluhan M. The medium is the massage：An inventory of effects[J]. Systems Contractor News, 1967, 1780（5）：80.

第四节　社交媒体的文化与经济功能失调

一、文化传递功能失调概述

文化传承既包括横向的文化交流与分享，也包括纵向的文化历史积淀。然而，随着传播技术与手段的日益进步，文化的积淀越来越赶不上文化的快速产生与消失，人们不再珍视精心制作的文化，而是形成了快餐文化。

由于媒体越来越注重商业性，为了吸引眼球与注意力，文化生产呈现出集团化、标准化和浅薄化特征，次文化的多元性逐步减少，单调同质的大众社会得以增强，使社会成员失去了学习的独创性和想象力。一些媒体特别是社交媒体的低俗、暴力与淫秽色情问题以及侵权信息层出不穷。

社交媒体上的恶意攻击，诸如威胁、辱骂、勒索等现象越来越成为突出的社会问题。2012 年 10 月，新加坡一名女性在个人的脸书页面留言，抱怨楼下的马来族人婚礼庆祝持续数天，噪音嘈杂，并声称此类结婚仪式 50 新元就能办妥，便宜的婚庆仪式是新加坡离婚率高的主要原因。结果就是这样一条发言在新加坡社会媒体上被疯狂转发，引起轩然大波，公众对她的种族歧视言论非常愤怒，导致她第二日即遭其工作单位开除，最后不得不远走澳大利亚暂避风头。其工作单位作为政府下属企业，在事情发生后，向公众致歉，并表示对种族歧视言论零容忍。[1]

美国皮尤研究中心发布的报告显示，在美国社交媒体用户中，69% 的人表示“曾在社交媒体上看到有人用刻薄恶毒的语言攻击他人”，这一数字在青少年用户群体中高达 88%[2]。尽管网络暴力事件在社交媒体产生之前已经存在，但是不少学者还是认为，同不实信息的泛滥一样，由于社交媒体的低门槛以及快速传

[1] 叶依宁，邱明达，刘柳．实名制管理 新加坡多方面促进社交媒体健康发展 [EB/OL].（2014-09-23）. https://world.huanqiu.com/article/9CaKrnJFAXO.

[2] 人民日报．网络暴力全球化——虚拟世界，何以制止欺凌 [EB/OL]. http://news.xinhuanet.com/zgjx/2015-05/13/c_134233646.htm.

播的特性，网络欺凌与暴力事件的负面效果得到进一步的扩大。学者盛明科等人认为，社交媒体上网民的匿名性以及网络的虚拟性，社交媒体空间中网民的非理性与沟通失效都是促进网络暴力与欺凌的主要原因❶。学者张薇薇认为目前社交媒体追惩制度的缺失，以及使用者参差不齐与道德素质的缺乏是社交媒体暴力事件频发的原因❷。

社交媒体色情内容仍然存在。一些网络视听服务网站片面追求经济效益，为能吸引眼球、提高点击率，利用网民猎奇心理，网站审查不严，纵容甚至提供不良内容的上传与播放。例如，2006年某女演员在优酷网上堂而皇之曝光与几位导演的所谓潜规则录像，短短两天内就有1000多万的点击量，不仅严重侵害了众多当事人的隐私，也涉嫌传播淫秽色情内容；2007年，电影《色·戒》《苹果》中的数段公映时被删掉的镜头被网友截取并上传至各大视频网站，污染了网络视听传播环境。

近年来一些反映青少年不雅行为的微视频在网上疯传。类似现象的出现所产生的影响极为恶劣。尤其涉及具体的未成年当事人，其危害程度更甚一般淫秽视频的传播。色情、暴力等内容通过社交媒体肆意传播，影响了未成年人的身心健康。各种网络视频内容毫无禁忌，不论是视频中的讨论话题还是节目中的行为示范都屡次打尺度的“擦边球”，模糊了观众自觉抵制低俗视频的意识。❸

色情服务与色情网站移植到社交媒体上，对社交媒体使用者，尤其是青少年用户造成了极大的困扰。由于平台上海量的信息，使得色情信息的筛选变得困难。同时由于社交媒体平台本身的运营技术存在限制，使得一些不法分子利用相关的漏洞散布不法色情信息，并且因为使用者的匿名性使得来源难以追查。

互联网内容的监管，仅仅依靠人工审核和把关显然无法处理海量信息出现的各种问题，但智能辅助技术却尚不成熟，如在视频内容方面，视频内容识别技

❶ 盛明科，杨玉兰．微博时代公共舆论暴力的产生及其治理机制研究[J].吉首大学学报：社会科学版，2013(3)：73-78.

❷ 张薇薇．“微博暴力”中的伦理道德审视——以“微博抗癌女孩鲁若晴事件”为例[J].东南传播，2012（12）：86-87.

❸ 蒋梦惟．内容尺度过宽 视频网站挑战监管底线．北京商报.2012-03-30.

术还难以应付实际使用场景的需求。虽然对于纯文本内容的监管可以先采用关键词过滤方式进行识别，然后再根据具体情况进行处理，然而对于视听节目来讲，要想对其进行检查就没有纯文本内容那样简单了，需要人工地进行逐帧（视频）或逐秒（音频）的审核。视频内容检查的工作量要比纯文本内容检查的工作量大许多倍，简单人工检查的处理效率很低，如果进行图像、声音等的对比，计算机识别系统的效率和成功率也不高[1]。

此外，随着泛娱乐经济的兴起和发展，出现了媒体文化过度商业化问题。泛娱乐指的是基于互联网与移动互联网的多领域共生，打造明星 IP（intellectual property，知识产权）的粉丝经济。在这一经济模式下，文化的数字鸿沟问题也日益突出，数字新媒体带来了全新的数字消费模式，这一模式利用接受者在使用动机、意识、知识、技能等等复杂因素的影响，形成了不同的群体差异的分众（Demassify Audience）趋势。

二、社交媒体的文化影响

社交媒体一直走在文化浪潮的前列，引领着新的文化倾向。青年人在去中心化的社交媒体上尤为活跃，也影响着多种多样的亚文化走入人们的视野。社交媒体掀起了全民娱乐的浪潮，文化的娱乐化倾向越来越明显。然而负面影响也随之逐渐出现，极端文化滋生，隐私暴露严重，人们渐渐习惯于将私人事件公众化。

（1）青年主导流行文化。青年群体占据了社交媒体活跃的主体，在用户原创内容 UGC（User-Generated Content）模式下，社交媒体上很大一部分内容都由青年创造。由此而来，社交媒体的内容形态与风格也与传统媒体大相径庭。以 UGC 视频为例，UGC 视频具有记录和表现现实、凸显下沉风格、互动社交和联结、情感性和与专业生产内容（Professionally-Generated Content，PGC）协同生产等特征[2]。

[1] 徐贵宝 . 我国互联网视频监管相关问题研究综述 [J]. 通讯管理与技术 , 2008（6）: 7.

[2] 宋锦燕 , 李立 . 新媒体时代 UGC 短视频生产中的纪实类表达 [J]. 中国电视 , 2019（10）: 65-69.

（2）亚文化兴起。去中心化的特点引导着亚文化的兴起，青年人的大量参与也推动了亚文化走入主流文化的视野。新的流行词汇以飞快的速度不断涌现，越来越多年轻化、个性化、长尾化的词被人们用到日常生活或者社交媒体的交流中。很多词汇实际上源于追星或游戏动漫，比如“御宅族”这个词，源于日本ACG（Animation Comic Game）文化，原指热衷且博精于动漫及电脑游戏的人。现在这个词的含义范围则被扩大了，泛指热衷于某种亚文化，并对该文化有深入了解的人。它被人们广泛地使用在各个领域，比如“体育宅”“音乐宅”“摄影宅”等。社交媒体的出现提升了文化多样性，扩大了人们的眼界，丰富了人们的文化生活。对于健康的亚文化传播而言，这是值得提倡的。

（3）文化的娱乐化。流行文化在社交媒体的带动下，越来越有娱乐化的趋势。这种娱乐化不仅包括对生活细节的调侃或模仿，也包括以娱乐的形式来传递想要表达的讯息并扩大影响力。例如风靡社交媒体的“冰桶挑战”，原本是为了让人们关注渐冻症人群并给予帮助，用“冰桶挑战”并点名接力的方式让人们在社交媒体上不断传播，并借助娱乐圈明星的影响力加大传播力度，让人们在娱乐的同时关注慈善。当然这种娱乐化倾向和上文提出的青年主导盛行文化及亚文化兴起也有关系。

然而文化的娱乐化并不是一件单方面的好事情。尼尔·波兹曼（Neil Postman）在《娱乐至死》（*Amusing Ourselves to Death*）中指出，有两种方法可以让文化精神枯萎，一种是让文化成为一个监狱，另一种就是把文化变成一场娱乐至死的舞台[1]。媒体能够以一种隐蔽却强大的暗示力量来定义现实世界。当社交媒体越来越占据人们的现实生活，成为人们表达自我和认知世界的主要形式时，现实社会的一切公众话语越来越娱乐化，在这样的背景下，严峻的问题在潜移默化中形成了，个别极端文化的出现和私人事件公众化的倾向成了社交媒体娱乐化的衍生物。

（4）极端文化。大量的娱乐造成了麻木，麻木挤占了思考。奥尔德斯·赫胥

[1] Postman N. Amusing ourselves to death：public discourse in the age of show business[J]. Education Digest, 1986, 36（Summer）：120-121.

黎（Aldous L. Huxley）在《美丽新世界》（*Brave new world*）中传达了这样的担忧，文化在欲望的放任中成为庸俗的垃圾，我们将毁于我们热爱的东西[1]。文化的娱乐化容易让极端文化找到自己的入口，极端的现象、言论和思想会让在娱乐中麻木的那些人获得短暂的兴奋。

除此之外，信息爆炸也是极端文化的一个诱因。形形色色的社交媒体和其承载的呈爆炸增长的信息在提供给人们一个更丰富的信息交互和人际交往渠道的同时，也让人们不断受到泛滥的信息轰炸。然而人本身的社会性也决定了我们不会因此而切断社交媒体的信息渠道，而是选择过滤和聚焦，将自己有限的注意力分配在那些自己想要获取的信息上。

在这样的情况下，美国学者迈克尔·戈德海伯（Michael H. Goldhaber）提出了“注意力经济”。[2]他认为信息经济学在认识和解释人们信息交互的问题时是存在不足的。因为在信息爆炸的社会中，稀缺资源不单单是信息本身，而是人们的注意力。

这种对于人们注意力的重视在社交媒体上体现得尤为明显。在这种注意力稀缺的情况下，人们越来越希望能够用抓人眼球的东西来吸引人们获取和传播信息，所谓“网络推手”的职业应运而生。然而，这种方式既有正能量的演绎，如“冰桶挑战”；也有很多负能量的内容，也就是所谓“极端文化”的产生。在微博上直播自杀的状态备受关注，“蛇精男”刘某某成为网络红人，充满负能量和边缘信息的“李毅吧”被人们奉为“贴吧之帝”。人们越来越崇拜所谓的“毒舌”，能犀利吐槽成为一种吸粉方式，甚至当这种吐槽并没有充足适宜的理由，只是为了吐槽而吐槽，或者已经演变成人身攻击时，仍然会有大批网友给予赞赏和支持。

（5）私人事件公众化。除了极端文化以外，私人事件公众化也是社交媒体的一种趋势。私人事件公众化的客观条件是隐私的可获得性，而社交媒体为隐私的可获得性提供了土壤。隐私泄露是公认的社交媒体存在的越来越严重的问题。

---

[1] Huxley A. Brave new world：a novel[M]. London：Chatto & Windus, 1932.

[2] Goldhaber M H. The attention economy and the Net[J]. First Monday, 1997, 2（4）.

私人事件公众化与窥私行为有一个重要的区别，窥私行为是偷偷摸摸，而在私人事件公众化的情况下，人们可以集体心安理得、大大方方地评论他人的隐私。2014 年 9 月，iCloud 账号遭黑客入侵，多名好莱坞女星的隐私照片在美国匿名实时消息论坛 4Chan 被泄露，后来又被人们转发到各类社交媒体上。在这件事中，大多数人的反应不是赶快删掉照片，而是我先看看，看了转发，再津津有味地写上自己的评论。"别人的生活"成为最热门的话题，这种话题性不局限于明星，对于那些因为各种各样原因引起人们注意的平民，大家也争相谈论他们的隐私。

三、社交媒体的经济功能失调

社交媒体发展的根本在于用户，用户至上是贯穿所有社交媒体经济商业模式的基础。"用户至上"让企业注重打造"粉丝经济"。为了争夺庞大的用户群，商家越来越多地实现了服务免费，靠长尾增值获得收费生长点；然而用户至上也助长了企业的擦边球行为，利用人性的弱点来打破竞争平衡。

用户至上的理念催生了粉丝经济与服务免费，也给了商家机会以琢磨用户的人性弱点。人都有虚荣心，从满足虚荣出发，百度贴吧设立了等级制度，11、12 级的贴吧用户发言自带优越感，而 1、2 级的用户则不好意思轻易发表言论；人都有贪婪的欲望，所以人们发明了团购、秒杀、抽奖和免费试吃；直播网站要设置美女主播，网络论坛要添加美女主持，3C 卖家要发布"事业线开箱"。

社交媒体平台积攒的用户数量以及意见领袖不断扩大的影响力使得商家发现了新的营销途径。在从"注意力营销"时代转向"影响力营销"时代的过程中，不少商家瞄准了那些具有号召力的意见领袖，试图通过他们的影响力实现更快更有效的营销效果。在网络营销行业中有着不成文的规定，普通的营销账号转发一条推广微博收费 500 ～ 3000 元不等，而一些微博"大 V"进行推广与转发的价格可能高达 10 万元。根据 Socialbakers 发布的报告，到 2019 年，意见领袖营销将达到 23.8 亿美元。鉴于利润丰厚，意见领袖营销领域存在欺诈行为也不足为奇❶。现在不难看到一些“大V”会在一定情况下对某些商品进行密集的推广。有消费者称其听信某“大V”的推荐抢拍下一个单品，但是在收到货物之后却发现商品完全不对版，无奈没有维权的途径。除了与商家合作之外，不少“大V”利用自己的名气与信誉销售不少五花八门的东西，把自己塑造成良心卖家，来骗取买家的信任。而面对“大V”的广告植入，不少网友都表示反感，甚至表示如果看到自己关注的博主频繁发布广告信息，会对其取消关注。

第五节　社交媒体社会心理失调问题

一、媒介的社会麻醉作用

媒介的社会麻醉作用是拉扎斯菲尔德和默顿提出来的，他们认为，传播作用不仅仅有积极的方面，不容忽视的还有其负作用，即大众传播失调后的负功能，包括四个方面：把人变成丧失辨别力和顺从现状的单面人，导致审美情趣及文化素养的普遍平庸化，廉价占用人的自由与时间，使人处于虚幻的满足状态从而丧失行动能力。大众传播在西方因此成为最体面的社会麻醉品。这四种负面作用被他们形象地命名为“社会麻醉”功能。❷

过去由于信息匮乏带来信息的严重不对称，而现在的信息爆炸带来的则是一种新的不对称。这种不对称，不仅造成了信息传播的社会危机，也成为一种经济危机和伦理危机，因此，有学者指出，由于信息爆炸，没有控制和组织的信息不再是一种资源，它反倒成为消费者的敌人❸，这表明信息传播不仅要考虑生产数量和效率，还要注重信息质量和信息管理。

---

❶ Socialbakers. 2019 年最重要的社交媒体趋势报告 [EB/OL].（2019-01-07）. https://mp.weixin.qq.com/s/3dTibiHe3ymbTsJ70Cn1lA.

❷ 胡森林 .“社会麻醉”：传播的功能失调 [N]. 学习时报 , 2005-05-16.

❸ Naisbitt J. Megatrends-Ten New Directions Transforming Our Lives[M]. New York：William Morrow & Co, 1982：79.

互联网的出现对人们的生活带来了诸多改变，包括信息的传播方式与人际互动交流方式。微信、微博等社交媒体的出现与应用，拓展了人们在信息传播中的角色，从被动的信息接受者开始变成信息的参与者、发布者或传播者；信息的传播模式也由单向度传播或中心化传播向一种去中心化的裂变式多级传播模式转变。这些转变决定了以微信、微博等为代表的社交媒体呈现出传播速度快、高自主性、高交互性等特征，也推动了传媒生态的改变。然而，如果我们忽略了使用社交媒体的目的和用法，那么社交媒体就会很容易让我们上瘾，从而浪费大量的时间[1]。

二、社交媒体成瘾症与媒介依赖

自从网络成为第四媒体，开始在大众传播中占据重要地位以来，社交网络也随之成为人际交流传播的主要渠道，如微博、微信、脸书、推特等。这种现象在年轻人群中日益明显，并由此导致了新的社会问题，如社交媒体成瘾症等。

根据移动网络最大社交巨头微信公布的 2018 年数据报告，微信月活跃人数保持在 10.8 亿，每天有 450 亿条消息在微信里传输，4.1 亿音视频呼叫成功。还有，微信支付在 2018 年发展与壮大，使用微信支付交通费的人数增长 4.7 倍，高速收费用微信支付的人群增加 6.3 倍，微信支付零售商品的人数增加 1.5 倍[2]。与之对应，很多人的生活中都出现了对手机和社交网络成瘾的现象。其中社交媒体应用又是最常被使用的，主要软件是微信和微博。

不仅如此，过度依赖社交网络（Social Media Addiction）成为一种世界性现象。根据相关研究显示，2018 年全球互联网用户为 40.21 亿，同比增长 7%；社交媒体用户数为 31.96 亿，同比增长 13%；手机用户数量为 5.135 亿，同比增长 4%[3]。现在普通的互联网用户每天花费大约 6 个小时上网，这大约是他们醒着

❶ 莎拉 · 凯瑟琳 · 佩克 . 我为戒掉社交媒体上瘾进行了 4 项实验，这是我的发现 [EB/OL].（2018-12-02）. https://mp.weixin.qq.com/s/TwY6dmnfCujJEeXlDaFzYw.

❷ 活跃用户达 10.82 亿，微信发布 2018 数据报告 [EB/OL].[2019-3-1]. https://baijiahao.baidu.com/s?id=1622165602974190958.

❸ We Are Social：2018 年全球数字报告 [EB/OL]. [2019-3-1]. https://www.useit.com.cn/thread-17902-1-1.html.

时的 1/3。如果我们把全球 40 亿互联网用户加在一起，2018 年我们将在网上花费 10 亿年。在过去的 12 个月中，全球使用社交媒体的人数增长了 13%，中南亚地区增长最快（分别增长 90% 和 33%）。举例而言，海外最大的社交网络脸书的核心平台主导着全球社交领域，截至 2018 年年初，用户总数达到 21.7 亿，同比增长 15%。同时，根据另外一项针对美国和印度用户的研究，美国的社交网络用户 54% 早晨起床第一件事是打开脸书；印度 64% 的用户晚上最后一件事是打开脸书。同时对比网络上的朋友与现实朋友的数量，现实朋友数量不到网络的 10%[1]。人们对于社交网络的过分使用，导致很多人都出现了社交网络成瘾，这正日益成为国际社会研究和关注的热点。

（一）社交网络成瘾及影响

“社交网络成瘾”这个概念是指由于过度使用社交网络，运用社交网络维护人际关系，对社交网络及社交网络关系产生心理依赖，以致影响个体的日常生活、工作及学业[2]。钱铭怡等认为，社交网络成瘾也称网络关系依赖，主要是指过度使用聊天室、网络论坛等（后期发展到微信、微博、QQ 等）网络的交际功能，沉迷于在网上建立、发展和维持亲密关系，而忽略了现实中人际关系的发展和维持，导致个体心理、社会功能的损害[3]。有学者认为社交网络上瘾是过度关注社交网络，被强烈的登录或使用社交网络的动机所驱使，投入大量的时间和精力在社交网络上，从而损害其他社会活动、学习或工作、人际关系和（或）心理健康和幸福[4]。上述两个定义都突出了用户对于社会网络信息的过分关注和投入。

社会网络成瘾会带来很多问题，包括以下几个不同的角度：

第一，从情绪角度看，社会网络成瘾会带来严重的情绪问题。人们会将社

[1] Arora S, Okunbor D. Social networking addiction：are the youth of India and United States addicted?[C]//Proceedings of Business and Management Conferences. International Institute of Social and Economic Sciences, 2015.

[2] 刘杰，王冰莹．大学生社交网络成瘾现状、原因及其对策 [J]. 学理论，2014（29）：218-219.

[3] 钱铭怡，章晓云，黄峥，等．大学生网络关系依赖倾向量表（IRDI）的初步编制 [J]. 北京大学学报：自然科学版，2006, 42（6）：802-807.

[4] Andreassen C S, Pallesen S. Social network site addiction-an overview[J]. Current pharmaceutical design, 2014, 20（25）：4053-4061.

交网络的沟通作为摆脱现实社会中不满或者紧张情绪的出口，很多时候将网络和现实混为一谈，在现实中碰到问题时缺乏合理的解决方式，导致越来越多的情绪冲突和激化。第二，从健康角度看，长期沉迷社交网络的人作息一般都不规律，精神较为萎靡，更易发生健忘等问题。第三，人际关系挑战。社交网络成瘾的人看上去在网络上有很多的好友，但是在现实中缺乏处理人际关系的能力，容易与其他的群体相对孤立，不交流不沟通，出现更多的误解，反过来恶性循环削弱处理人际关系的能力。第四，工作绩效不良。社交网络上瘾的人一般来说对比其他人，更难做到集中精力，经常会在工作之中去查询社交网络的更新，导致工作时间碎片化，工作效率下降。国外有研究对 10018 名用户进行了社会网络使用和工作绩效的调研，结果显示社交网络的过多使用会明显降低工作效率[1]。

在 2011 年达沃斯论坛上，其中一个分论坛的主题专门讨论了社交网络成瘾的问题。参与这个分论坛讨论的美国杜克大学教授丹 · 艾瑞利认为：“人人都离不开社交网络，任何人都能把自己通过社交网络跟他人分享。当这种分享得到其他一些人的肯定时，人的心理会有满足感。当这种满足感成为一种习惯时，许多人已经依赖甚至离不开网络了，从而出现了社交网瘾。”[2]也就是说，获得某种满足和肯定的心理因素是成瘾的重要原因之一。社交媒体上瘾的原因还可以细分为以下四个维度：

第一，性格和倾向因素。在国外很多学者会从神经生物学角度来分析行为，而社交网络成瘾也可以从类似角度分析，著名的“大五”人格理论模型就属于该方法体系。它将人格划分为 extraversion（外倾性）、neuroticism（神经质或情绪稳定性）、openness（开放性）、agreeableness（随和性）、conscientiousness（尽责性）五个方面[3]。一般研究认为，神经质或情绪稳定性与社会网络成瘾成正向相关，情绪越稳定，一般来说上瘾可能性越低，而其他几个特质也与之紧密相关。

---

[1] Andreassen C S, Torsheim T, Pallesen S. Use of online social network sites for personal purposes at work：Does it impair self-reported performance?[J]. Comprehensive Psychology, 2014, 3：01.21. CP. 3.18.

[2] 社交网络为何让人成瘾？ [EB/OL]. [2011-04-16]. http://www.douban.com/group/topic/19147747/.

[3] Costa Jr P T, McCrae R R. NEO Personality Inventory-Revised（NEOPI-R）and NEO Five-Factor Inventory（NEO-FFI）Professional Manual. Odessa, FL：Psychological Assessment Resources, Inc[J]. American Psychologist, 1992, 48：26-34.

性格因素的核心是身份认同，包括核心价值观、期望和自主想法等，对身份越自信的性格，成瘾的可能性就越低。

第二，社会文化因素。整个社会的价值取向等也影响个体对于认同的追求，尤其是当社会正在经历变化或变革，很多新的文化因素和社会因素对个体的认知产生了影响。我国当前也正处于社会转型期，一些新的观点和想法不断冲突，社会文化重构仍在继续，为此对个体的统一价值观尚在形成，也容易出现类似想法。

第三，行为反馈角度。一般来说，人们的行为会因为受到正向反馈而重复增强，在社交网络中的点赞或者评论都起到了正向加强的作用，为此人们会主动寻找和重复这些行为，进而出现了成瘾。

第四，人际交流的缺失。目前社会人际交流的机会减少，新的生活方式中人们在虚拟社会的接触远多于现实，为此，越来越多人们把自己的生活圈建立在社交网络上，通过微信等工具保持参与感。

（二）社交媒体的媒介依赖

媒介依赖理论源于美国著名传播学家桑德拉·鲍尔-洛基奇和梅尔文·德弗勒 1976 年发表的论文《大众传播媒介效果的依赖模式》[1]。其基本思路是把媒介作为“受众—媒介—社会”这一系统中的一个有机组成部分。这一理论认为，一种新的媒介在社会中站稳脚跟后，人与媒介之间就会形成一种依赖关系，这种关系具有双向性质，但相互依赖中较强的一方是媒介，它们主要从传播内容方面控制着人们，人们越是指望收到有用的信息，只要他们还没有失望，他们的依赖性就越强烈[2]。从理论上讲，媒介与个人之间的依赖关系具有双向性，但在现实中，却更多地表现为个人对媒介的单向性依赖。后来，鲍尔-洛基奇在他本人主持的一个大型研究项目《媒介转型：改变社区黏合纽带》中，将“媒介依赖论”推

---

❶ 朱亚希.“媒介依赖”理论视域下的大学生“社交”成瘾——以对四川大学学生微信使用情况的调查为例 [J]. 今传媒：学术版，2015（2）：44-46.

❷ 媒介依赖论 [EB/OL]. [2015-11-14]. http://www.baike.com/wiki/%E5%AA%92%E4%BB%8B%E4%BE%9D%E8%B5%96%E8%AE%BA.

进到一个新的阶段，并提出了“传播基础结构论”（communication infrastructure theory）。这种变化既可以看作是媒介依赖论的逐步淡化，又可以看作是媒介依赖论向媒介生态论的时代转变[1]。

结合社交网络的具体情况，用户上瘾也是媒介依赖理论的解释对象。社交网络中交互的信息并不是由社会网络本身产生，而是用户将现实中的信息表达搬到了网络上，媒介的效果主要还是取决于用户的交流信息。但同时，媒介本身的特殊性作用于用户，对信息的形式也产生反作用，形成了符合社交网络特点的新信息形式。社交网络的特点与年轻族群的特点相符合，与年老族群的使用习惯不适应，因此也成为年轻族群需求表达的主要方式。社交网络的传播效果，也是由用户的不断累积和交互带来的，用户对社交网络具有重要的影响力。比如社交网络的工具有很多，但国内目前主要使用的是微信、QQ 和微博，其中微博因为用户习惯的改变也逐渐减少，用户在不同平台中的自由选择也是对媒介影响力的表现形式之一。不仅如此，在当前的网络社会，信息爆炸导致个体对于媒介的依赖性加强，个体希望通过媒介获得信息，并获得满足和放松，因此社交网络更加大行其道。同时，长期通过社交网络进行交流，形成了很多特殊的社交网络模式，也重塑了人们的价值取向。考虑到之前提到的情绪和个性等因素，不同个体对于社交网络的需求不同，上瘾的可能性也有高低。社会网络中的媒介依赖理论的应用，也可以从以下三方面来分析：

首先，从工具性依赖的角度看，大众媒介的首要职能是传播信息的工具，越是在复杂的社会情况下，大众媒介的信息传播功能越加重要，受众需要依赖大众媒介得到更安全、更详尽、更准确的信息。社会网络作为大众媒介的一种，它不再是以前传统媒介的“把关人”面目出现，而是以一种综合信息提供者的方式表现，通过提供多样化的信息来满足受众的需要，被接受程度更高，受众更依赖大众媒介。

其次，从内容依赖角度看，在社交网络中，通过对现实的部分虚拟塑造了

[1] 邵培仁，廖卫民．思想·理论·趋势：对北美媒介生态学研究的一种历史考察 [J]. 浙江大学学报：人文社会科学版，2008, 38（3）：180-190.

一个全新的网络世界，也就是新的拟态环境，受众在这个环境中逐步适应并表现出与该社会网络相近的观点和看法。长期依赖社交网络的受众，很难分清楚虚拟环境和现实环境的不同，这就需要通过加强受众的数字素养来提高辨识能力。在最近讨论以今日头条等为代表的推荐算法驱动的数据信息流业务的时候，一个词经常被提到，即“回声效应”。也就是说，人被头条媒介控制，掌握了议程，只看到推送的内容。这就提醒我们要关注数字素养的能力培养，核心就是希望通过提高受众对于媒介信息的正确认识，能够清醒面对媒介现实与客观现实，对自我的行为做出正确的判断。

最后，受众的媒介依赖角度。受众对媒介的定向依赖，也可以用从众心理来解释。从社会网络角度看，也表现出典型的“羊群效应”，基本是上“赢者通吃”的市场。比如，微博流行的时候，大部分人都使用新浪微博，其他的类型微博基本没有多少活跃用户。而微信兴起之后，微博也就快速落寞。受众总是不自觉地选择一个最多用户聚集的平台，促使了受众对媒介的这种定向依赖的加强。

（三）传播范式与对策

根据媒介依赖理论，社交网络的传播范式要从“受众—媒介—社会”维度来思考。综合目前的研究，一个新颖的基于“关系—冲突—整合”的观点也值得关注：受众和生活对媒介的依赖不仅具有工具性或功利性目的，还有很清晰的仪式性目的，同时受众和社会与媒介的依赖关系也会形成工具性利益关系和仪式性非利益关系两种类型。从冲突理论来看，社会冲突与媒介依赖之间存在正向关系。从结构功能理论来看，媒介系统依赖理论主要是从关系的均衡和结构的维系来维持社会整合[1]。

[1] 龚新琼．关系·冲突·整合——理解媒介依赖理论的三个维度 [J]. 当代传播，2012（6）：28-30.

第三章
社交媒体信息矛盾的规制挑战

对网络空间信息控制问题已在多个国家形成基本共识。国际范围内的开放网络计划（The Opennet Initiative）从2003年起研究各国的内容过滤问题，当时只有少数国家有这种实践操作，而新近的报告则显示已有超过40个国家在开展这方面的工作。❶针对网络的规制随着社交媒体的兴起而逐步引发关注，社交媒体不仅用户量庞大，信息转发和分享速度快，而且在管控上也难以通过传统的把关机制和过滤机制进行规范，因此，社交媒体的规制目前存在诸多问题和困境。

网络化发展带来的重要影响是形成了一个物质世界之外的第二空间，这个空间被称为虚拟空间（Cyberspace），也音译为赛博空间。“赛博空间”是加拿大作家威廉·吉布森（William Gibson）1984年在其科幻小说《神经症漫游者》（*Neuromancer*）中创造的一个词语。此后不久，这个词语就超出科幻小说领域，在有关计算机和信息技术的领域中流行起来，按照斯泰西·吉利斯（Stacy Gillis）在《赛博批评》（*Cybercriticism*）中的说法，“这种新空间涉及一种新的、虚拟社群和赛博文化的电子地理学。赛博空间破坏了隐喻和真实之间的符号距离，通过呈现一种日益真实地仿真‘真实的’现实而抛弃了真实。信息在赛博空间中丧失了它的实体性。”❷

虚拟化的空间的形成是传播技术发展的必然产物，人类在物质空间的不断拓展过程中，不仅扩大了物理空间的活动范围，更使得物理空间的交流距离缩短

❶ R onald J. Deibert and C. Masashi，“Globe Governance and the Spread of Cyberspace Control，Globe Governance，vol. 18，2012：339 ～ 361. 转引自：来向武、韩晓莹．国际社交媒体的本土化与信息管控：从内在矛盾到规则提升 [J]. 人文杂志 ,2019（7）：122-128.

❷ 阎嘉 . 赛博空间（Cyberspace）[M]// 文化研究关键词 . 南京：江苏人民出版社 , 2007.

和速度不断提高，并且由此使得虚拟化的空间逐步扩大，网络虚拟空间是人类的“第二生存空间”，早就有学者称此为“网络生态空间”❶。美国甚至推出了“第二人生”网络游戏，它是一个受欢迎的在线虚拟世界，它有自己的经济体系和货币，即所谓的“林登游戏币”，这种游戏币甚至一度可以兑换成真正的美元。

正如自然界中存在生态问题一样，网络空间中也同样存在着生态环境问题，网络空间在急剧膨胀和扩张的同时，也如同人类对自然环境的不断开发和破坏一样，出现了生态危机，恶化的环境不仅危害信息社会良性运行和发展，也带来了政治、经济、文化、法律和道德的失调和挑战。2005 年 7 月 7 日中国社科院郭良发布《2005 年中国 5 城市互联网使用现状及影响调查报告》。从统计结果看，人们不分年龄、性别，甚至不分是否上网或上网时间长短，都赞同对网络的管理和控制。总的来说，有 36.8% 的被访者认为“非常需要”管理和控制，约 45.6% 的被访者认为“比较需要”管理和控制。由此可见，超过 80% 的被访者支持对互联网进行必要的管理和控制❷。

虚拟空间的自由与便捷为社会信息传播与利用带来了极大的益处，如体验虚拟游戏的快乐，利用虚拟课堂学习知识，与虚拟世界自由交流。但是虚拟世界中的一些社会问题也将带来现实社会的冲突与问题，如虚拟婚姻产生的现实婚姻纠纷，虚拟货币冲击现实金融制度，虚拟商务引发的欺诈等问题带来的经济损失。此外，人肉搜索引发的争议就是在网络上进行的人肉搜索行为导致了现实社会的很多冲突和纠纷。在网络时代，我们的隐私难以得到有效的保护，网络暴力的出现，引发了我们对于网络与现实之间规制关系的思考。我们隐私权的维护是间接的，需要通过是不是损害了名誉权、诽谤是不是造成了一些后果来判断。从这个意义上来讲，如果立法的基本权利问题解决不了，不管是现实和网络，这些问题都得不到最后的解决❸。

---

❶ 黄翠艮 . 计算机网络生态系统可持续发展的研究 [J]. 中国包装工业 , 2002（7）：72-73.

❷ 对互联网的看法和态度：是否需要管理和控制 [EB/OL].（2005-07-06）. http://tech.sina.com.cn/other/ 2005-07-06/1904656084.shtml.

❸ 网络追杀盛行背后是商业利益——专访信息法知名学者周庆山 [EB/OL].（2008-03-03）. http://tech.sina.com.cn/i/2008-03-03/08082052552.shtml.

网络空间与现实空间是紧密联系的，因此，现实物质世界的一些法律、伦理以及礼仪规范也需要在一定程度上制约和限制虚拟空间的社会行为，然而正如美国麻省理工学院媒体实验室主任尼古拉·尼葛洛庞帝在《数字化生存》中所说：“我觉得我们的法律就仿佛甲板上吧啦吧啦挣扎的鱼拼命喘着气，因为数字世界是个截然不同的地方。大多数的法律都是为了原子的世界，而不是为比特（Bit）的世界而制定的。”目前的法律与伦理规范面对虚拟空间还不能有效加以规范，因此很多学者建议需要加强网络空间的行业自律与整体生态治理与构建。

与公开社交甚至面对面交流相比，互联网用户如今更愿意在私人消息应用上与亲友共享信息或内容。这被称为“暗社交”，是指由互联网用户直接通过私链分享内容、几乎无法追踪的网络流量，与此相对的是公开发布或共享内容[1]。社交媒体使用者在利用平台进行社交与互动的时候，往往会主动地透露或公开部分信息，而这部分信息往往面临着被非法二次利用的危险。社交媒体上的个人隐私侵犯主要有两种途径：

其一，用户主动透露隐私。学者耿延庭在对60位用户的微博内容进行调查中发现，其中34%的微博内容包含用户的隐私信息，而在这些含有隐私信息的微博中，高达88%的内容含有用户的私密个人信息[2]。而目前地理位置签到等内置服务的流行也使得用户在使用社交媒体时，往往在不经意间主动透露了个人的隐私信息。

其二，社交媒体平台泄露。用户在注册社交媒体平台时，平台企业需要用户提供相应的个人信息，尤其是在实行“实名制注册”之后，平台企业采集的个人信息可能包括姓名、身份证号、手机号码、IP地址、电子邮箱等。除了用户提交的信息之外，平台还通过Cookies等采集用户的浏览搜索行为等信息。2011年发生的“CSDN用户数据泄露案”，高达600多万个注册邮箱账号、密码甚至身份证件号码遭到曝光和外泄。由此，人们开始逐步关注社交媒体平台隐私侵犯

[1] GlobalWebIndex. 2019社交媒体内容趋势报告：市场现状、兴趣偏好及互动行为[EB/OL].（2019-10-17）. https://mp.weixin.qq.com/s/euhVF201pM3g7g0YjV2nEg.

[2] 耿延庭. 微博普通用户主动公开隐私现象分析——以新浪微博为例[J]. 新闻世界, 2014（2）：163-164.

及个人信息安全问题。

过去数年，类似于《第二人生》的虚拟世界已经被数百万台电脑所运行，其中产生了新兴的虚拟经济体，然而，宗教、恐怖极端分子也会利用这一媒介以招募、排练、转移资金并从事信息战或更糟的破坏活动。这种现象已经得到了政府的日益关注，虚拟世界甚至会成为一个实际的战场，情报界开始考虑如何利用第二人生和其他社区平台来对付恐怖分子或敌人，但国家力量总是滞后于犯罪分子采用的新技术，虚拟世界的传播为国家安全提出了更多的挑战[1]。

以往的广播电视媒体具有严格的把关机制，一旦涉及侵权应承担连带责任，因此其内容的制作与传播遵循相关法律和伦理规范开展相关业务，但是网络上制作和传播的内容大多来自网民，随着手机、电子书、游戏机、平板电脑等各种可制作视音频内容终端的逐渐普及，网络视音频内容原始来源日趋多样，并且网络视音频的传播渠道也变得更加多样，特别是近年来发展起来的抖音等短视频的传播带来了较为突出的监管难题，违规视音频的界定极为复杂。

网络传播环境的自由化和传播活动的快捷高效，在满足网民更高信息需求的同时，也让网络视听媒体传播中的侵犯著作权、个人隐私、商业秘密的事件增多。个人隐私权容易在网络视听媒体传播中受到侵害。在网上流传色情内容视频不仅是违法行为，而且从侵权的角度来看，上传和传播这种内容的行为是对当事人个人隐私的明显侵犯。

在信息科技的发展与网络传播环境的支持下，人们使用功能日益强大的社交媒体工具便可以在任何时间、任何地点进行网络视听媒体内容的生产甚至传播。随着社交媒体工具推陈出新，人们可以用带摄像头的手机、便携 DV 等进行隐蔽拍摄并连接入互联网进行上传。

2010 年卡梅伦当选英国首相后，关于执政问题，他没有向政府首脑求助，而是通过在线视频与扎克伯格这样一位社交媒体的老板交换了意见。2017 年 2 月，丹麦成为世界上第一个宣布将任命一位驻科技社区（Tech Community）大使

---

[1] 美国智库：《第二人生》等虚拟社会是恐怖主义温床 [EB/OL].（2015-3-26）.http://www.cnbeta.com/articles/48833.htm.

的国家，这些现象都超越了“国家—企业”的二分框架，一个国家在面对强大的互联网公司时可能已无绝对优势来扮演监管者和治理者的角色了，国家和互联网公司的关系甚至演变为某种竞争性和合作性并存的“外交关系”。[1]由此可见，社交媒体不仅仅成为一种社交工具，更成了虚拟的社会系统，这个系统与现实世界相互映射，对传统的主权、边界、本土规则、文化差异性以及不同国家利益协调都构成了严重威胁和挑战。

社交媒体的各种功能发挥失序问题反映了其中存在的各类利益矛盾和主体冲突，这些矛盾包括了媒体内在矛盾和外在矛盾，国内矛盾和国际冲突，其中内在矛盾包括各类主体之间的权益交叉问题，如自由和安全问题、共享和所有问题、知情和保密问题等，外在矛盾包括外部监管与内部自主的矛盾、公共利益与商业利益的矛盾、国家利益与私有利益的矛盾等。国际矛盾是指“国际公司规则与所在国法律之间”[2]的矛盾。

第一节　网络自由与安全的矛盾：以实名制为例

网络信息自由日益成为互联网发展中的一个重要动力，很多人为了表达自由，往往乐于利用网络的匿名性和把关机制松散的特点来发表观点，表达意愿，从而形成了网络信息自由表达的公共话语空间。

尽管社交平台赋予了意见领袖自由表达的渠道，但是这种自由并不代表没有任何的限制。在社交媒体上曾经多次发生利用自己有限的经验知识与价值观冲破底线进行人身攻击与恶意诽谤的事件。

---

❶ 徐偲骕，姚建华．脸书是一个国家吗？——“Facebookistan”与社交媒体的国家化想象 [J]. 新闻记者 ,2018（11）：15-25.

❷ 来向武，韩晓莹．国际社交媒体的本土化与信息管控：从内在矛盾到规则提升 [J]. 人文杂志 ,2019（7）：122-128.

个人信息安全问题也是一个日益严峻的问题，特别是在我国由于没有专门的个人信息保护法，个人身份信息、个人照片和资料被任意出售、发布和进行非法使用的情况非常严重，信息泄露导致的资金盗用风险也引发关注。在微信等使用场景中，用户本身的金融信息泄露给了不法分子可趁之机。欺诈分子掌握了客户的习惯登录地以及银行卡预留手机地址，导致短时发生高频盗用。很多客户的多个互联网账号共用密码（如邮箱、论坛、手机、App 等使用相同的账户、密码）或误点击钓鱼链接均会导致个人信息泄露。社交网络中由于对熟人社交比较信任，也经常会有传递网络账号密码的情况，这些都是风险来源。如媒体报道市民刘先生发现自己的微信账号最近四处向朋友借钱，通过调查了解，原来是他之前所用的手机号码停用后，没有及时与微信解除绑定，导致被他人冒用。刘先生后来才发现，他和旧号码的新用户共用了一个微信号，导致他的个人隐私和信息都被泄露了，如果没及时发现后果真是不堪设想❶。微信缺乏传统金融业长期发展的制度沉淀，巨量支付的过程中可能产生的风险难以掌控，行为也难以追踪，有可能成为洗钱或者金融犯罪的另类渠道。

当前政府信息公开和数据开放日益受到关注，但是主要应当避免应该受到保护的商业秘密和个人隐私的泄露，因此，要完善信息保密法、商业秘密保护法和个人信息保护法。具体到个人，公开的信息要遵循的原则是公共利益原则、知情同意的原则、无害原则以及限制利用原则等❷。

一、网络实名制概述

网络实名制是“有限实名制”，即网民在开展上网活动前，需要先进行注册，登记身份证号、姓名等具体信息，这些信息将被存储于后台。信息被核对通过后，网民可以用化名、代号等代替登记备案的真实姓名开展网络活动。我国开展

❶ 微信支付虽便捷 风险防范要切记 .[EB/OL].（2015-2-06）. http://tech.gmw.cn/newspaper/2015-02/06/content_104373110.htm.

❷ 王超 . 北京大学信息法专家周庆山谈信息泄密 . 泄密门事件敲响公共机构保护个人信息警钟 [N]. 中国青年报，2008-05-12.

网络实名制工作是从2002年开始的。诸多管理部门依据行政管理权限制定发布了一系列文件，从不同的层面构建政策体系。其中，《互联网上网服务营业场所管理条例》《关于进一步加强高等学校校园网络管理工作的意见》《关于网络游戏发展和管理的若干意见》《网络游戏实名制方案》分别从规范网吧上网行为、高校论坛管理、网络游戏管理等方面开展实名制落实与推进工作。

韩国是当前世界上网络最普及的国家之一，同时也是全球第一个全面实行网络实名制的国家，2006年通过的《促进利用信息通信网及个人信息保护有关法律》（修正案）规定：韩国境内网络用户在大型门户网站（日点击量超过10万）发布言论等内容时，必须要先进行实名会员注册；如违反，将处以罚款，金额不超过3000万韩元（约等于174846元人民币）。

2008年，韩国影星崔真实因不堪网络谣言困扰而自杀身亡事件，引发韩国民众对网络留言的责任意识的反思，民众普遍认为开展网络实名制还是很有必要的。韩国政府从2008年11月起执行"信息通信网法施行令修正案"。该法案规定，当网友在网上发帖时，须通过身份证确认是其本人，所有日均用户数超过10万的网站都需设置这道程序。即使以假名、匿名方式发帖，如该帖事后造成恶果，网站管理员也可追溯其真名实姓。[1]

二、社交媒体实名制

社交媒体发展迅猛，同时也带来了社交媒体的管理问题。网络的匿名性被视为社交媒体难以管理的主要因素之一，匿名性为权力的滥用提供了可能，许多网络不当行为找不到责任人。面对由匿名所产生的诸多问题，社交媒体实名制被政府管理部门视为解决问题的有力工具之一。

社交媒体实名制，是指要求社交媒体用户实行真实身份信息注册，并由社交媒体网站向国家权威机构比对认证的一种制度[2]。多数情况下采用"前台自愿，

[1] 看各国如何监管社交媒体 [EB/OL].（2015-06-08）. https://news.sina.cn/2015-06-08/detail-icrvvsuv8562741.d.html?wm=3049_0015.

[2] 王璐 . 实名制下的微博谣言传播现状分析及应对 [J]. 新闻界 , 2013（17）：6-15.

后台实名”的原则，即用户前台发言采用真实身份与否，用户自行决定；后台则必须实名。社交媒体实名制是网络实名制在新媒体时代的延续，并不是新事物。

2007 年 8 月以来，我国网络实名制得到进一步推进，已经拓展到社交媒体领域，政策法规体系得到进一步丰富与完善。《博客服务自律公约》《进一步落实网站备案信息真实性核验工作方案（试行）》《网络商品交易及有关服务行为管理暂行办法（征求意见稿）》《北京市微博客发展管理若干规定》《移动互联网应用程序信息服务管理规定》等文件、规定相继公布，对博客、个人网站、网店、微博、移动互联网应用程序（App）等信息服务进行实名制管理，规范其网络行为，社交媒体开始从匿名向实名转变，基于移动电话号码等进行身份认证已成为一种常规应用手段。新浪、搜狐、网易等微博已于 2012 年 3 月全部实行实名制，均采用“前台自愿，后台实名”的方式，对微博进行有效管理。提供微博服务的主要网站已覆盖，意味着微博实名制已在全国实行[1]。新浪微博自 2012 年 3 月开始推出实名认证服务，即“加 V”认证，与普通用户（非实名认证用户）有所区别。[2]除了中国以外，许多国家都在探索推行实名制。在美国，全球最大的社交网站脸书和谷歌旗下的“谷歌 +”社交服务，就推出了一系列实名认证制度。

三、社交媒体实名制管理的作用

从政府管理的视角来看，社交媒体实名制推行的目的在于对网络信息传播秩序进行管理与维护。在一定程度上，社交媒体实名制的实施有如下积极作用：

第一，打击网络犯罪，遏制虚假信息传播。社交媒体实行实名制有助于网络信息传播的规范，使一些想要滥用网络信息传播自由权且不想承担相应责任的人，行为有所收敛；使攻击他人的人，行为有所减少；使一些网络诈骗事件得以有迹可循，方便跟踪追查，维护受害人的合法权益。同时，经过实名制认证的用户使用社交媒体发表言论将会变得谨慎，对于不宜言论或内容将会进行自我甄

[1] 张文祥，李丹林．网络实名制与匿名表达权 [J]. 当代传播，2013（4）：75-78.

[2] 宗乾进等．实名认证能遏制社交媒体谣言么？——来自新浪微博的证据 [J]. 情报资料工作，2017（3）：5-10.

别；对于未经证实的敏感信息会审慎转发，避免因传播对他人、机构或社会造成不良影响而承担相应的责任。在一定程度上，发挥了用户“自过滤”作用，有利于遏制网络虚假信息的传播。

第二，提升互联网企业公信力，提升发展潜力。实行社交媒体实名制，有助于提升网络企业的公信力。这是因为，大多数社交媒体都依托于各大网站，网络匿名制下的信息传播鱼龙混杂，用户难辨真假，严重影响了各大网站在用户中的信誉度和公信力。公信力的缺失将会使网站失去存在的根本，无法得到用户的认可和接受。另外，网络侵权的大量涌现，在一定程度上增加了网站的诉讼成本与资金成本，影响了网络企业进一步发展的潜力。社交媒体实名制有助于在一定程度上提高网络传播内容的质量和公信度，减少网络侵权现象，降低相关运营成本，同时有利于各大网站利用实名信息开发个性化产品、开展个性化服务，从而深度挖掘企业的发展潜力。

第三，促进网络文明环境构建。网络匿名表达虽然赋予了用户充分的意见表达权，但是也出现了大量不和谐的言论与不当行为，有些甚至已经严重影响了网络暴力受害者的正常生活。社交媒体上常见的负面、不文明的行为包括两大类：一是恶意谩骂、诽谤、污蔑等，这类信息的传播发生概率较高，如韩国艺人崔真实事件等，每每都引发双方粉丝的大肆骂战等；二是仇富、仇官以及破坏社会安全生产等煽动性言论，蛊惑用户、煽动情绪，造成不良的社会影响。实名制的实行将会使网民不能在社交媒体上肆意攻击他人，而且自己也不容易受到他人的攻击。

第四，增加人际信任度，提高沟通交流质量。社交媒体实名制为交流者之间创造了一个相对可信任的环境，虽然隐藏在屏幕后的交流者依然不认识，但是社交媒体平台已经对用户进行了实名登记与认证，掌握了用户一些必要的真实信息，能够对用户在平台的信息行为进行监控，故用户能够对平台建立一定的安全感与信任感，从而延伸至对交换信息者之间的信任感。他们在交换信息时能够提高彼此的信任感，将会减少交流成本，提高在单位时间内的交流质量。

第五，有助于培养网民自律性。社交媒体实名制将有利于网民社会责任感的回归与自律性的提升。实名制意味着每个网络 ID 都与用户的性别、年龄、职业等信息相关联，降低了追究不当言论责任的难度。实名制让用户在表达思想时，不再是肆意而为、为所欲为，不断强化责任意识，规范自己的言论与网络传播行为，不断提高用户自身网络应用行为的自律性。

四、社交媒体实名制管理的弊端

社交媒体实名制自推行实施以来，无论是国内还是国外，对其褒贬不一：从政府管理角度来讲、从降低网络暴力等层面来讲，支持与赞同者是很多的；但是从言论自由、个人信息安全等层面来看，也有诸多学者、从业者等指出了其存在的弊端。本书将社交媒体实名制管理的弊端归纳总结如下：

第一，不利于网络民意表达与监督职能的发挥。社交媒体的信息传播速度、内容的广度，已使其成为许多社会突发事件、热点事件真相发布的第一渠道，在某种程度上，发挥着社会公器的作用。社交媒体为广大用户提供了一个广阔的信息传播与交流平台，扩展了用户的表达空间。公众可以对社会公共事务畅所欲言，使社交媒体成为民意表达的宣泄口；使用户对政府公权力进行监督，包括政府、公职人员的不当行为、不当言论等，能够推动公权力在公平、公开的情况下运行。但是实名制的推行，将会带来对发言者的制约，使用户在表达意见时有所顾虑，担心其言论会引起非议或打击报复，这直接影响了用户发言的积极性与自主性。韩国在实施该制度后，诽谤跟帖数量从 13.9% 减少到 12.2%，以 IP 地址为基准，网络论坛的平均参与数从2585 人减少到737 人[1]。这严重影响了网站的发展，并且不利于公众对公权力的监督和用户对公共事务决策的参与。

第二，个人信息安全得不到有效保障。2011 年年末，中国技术社区 CSDN 用户数据泄露、天涯社区用户数据泄露[2]、12306 网站用户信息和密码泄漏，都让人心惊。当前，互联网应用日趋成熟，已经与人民的生活密切相关，然而用户

[1] 王艳红 . 微博实名制刍议 [J]. 西部广播电视 , 2013（13）：56-57.

[2] 罗楠 . 微博实名制之思 [J]. 学理论 , 2012（12）：117-119.

个人信息会大规模被窃，使用户对互联网信息安全充满疑虑。在广泛推广实名制的今天，如果社交媒体用户信息被窃，且被冒名发表不当言论，谁来承担这样两个相应的责任，是我们必须面对的问题。同时，用户个人有权自主管理和支配自己的信息，但实名制的推行，使网民自己决定在何时、以何种方式传播信息的权利受到侵犯。

韩国实名制对象牵涉两方面主体：个体用户和提供网络服务的网站。身份证号码是个人重要信息，将其置于网络环境中集中存储，增加了整个社会个人信息泄露的风险。而对通信服务商而言，其存储、保护以及应对泄露事故也大大加重其运营成本。同时，伴随着移动互联网的兴起，通过对位置信息、用户使用频率、用户信息捕捉和用户使用行为定义，就能形成更加完善的个人信息档案，个人隐私更易被攻陷。在一个可信度低的环境中，信息的收集、存储以及分析和处理都面临极高的风险。[1]因大规模数据泄露事件及公众抗议，韩国宪法法院判决，实施网络实名制的部分法律条文违宪，予以废除，判决生效后，网络实名制的范围大大缩小，仅限于政府机关、公共机构或公有企业提供信息通信服务并开办信息公告版业务的情况，而对于私营性信息通信服务提供商，则不再要求履行实名制义务。[2]

第三，网络谣言仍在继续，甚至影响力更甚。推行实名制的目的在于遏制谣言等在内的网络不良现象，但是据研究数据显示，微博认证用户介入“造谣”的倾向性明显。2011 年上半年并未出现认证用户蓄意制造谣言的情况，下半年则出现了 6 起；而仅在 2012 年上半年就达到了 8 起，相比较而言，2012 年上半年较 2011 年上半年谣言的产生率大幅增长[3]。

有学者以新浪微博举报大厅中已被证实为谣言的信息为样本，采用量化分析方法实证研究了实名认证能否遏制社交媒体谣言这一争议性话题。[4]研究发现，

---

[1] 董俊祺．韩国网络空间的主体博弈对我国信息安全治理的启示——以韩国网络实名制政策为例 [J]. 情报科学．2016（4）：153-157.

[2] 蔡雄山．网络信息保护—挑战中前行．转引自：腾讯研究院．互联网+时代的立法与公共政策[M].法律出版社，2016（4）：251.

[3] 王璐．实名制下的微博谣言传播现状分析及应对 [J]. 新闻界，2013（17）：6-15.

[4] 宗乾进等．实名认证能遏制社交媒体谣言么？——来自新浪微博的证据 [J]. 情报资料工作，2017（3）：5-10.

在造谣传谣方面，实名认证用户中造谣传谣的比率显著高于非实名认证用户中造谣传谣的比率。由此可见，实名制的实施虽然约束了谣言的传播，却没能遏制谣言的产生，源发性谣言增长和认证用户介入造谣，使谣言的影响力更甚。

第四，实名制有可能导致监视型社会形成。用户实名信息登记与注册，相当于将自己的个人信息完全曝光于社交媒体平台依托的各大网站和政府管理部门。用户的网络行为和意见表达实际上都处于各大网站的掌握与控制之中，一旦用户上传了不当的信息，身份会被马上确认。因此，社交媒体实名制可能会推动监视型社会的产生，这是因为社交媒体实名制更有利于政府进行监视、监督网络用户的网络信息行为❶。因此，网络用户将不会对重要问题提出异议与疑虑，只能说些不用承担法律责任的、无关痛痒的话。

总之，任何事情都有其两面性，社交媒体实名制亦是如此。因此我们应该在推行实名制的同时，努力克服实名制所带来的弊端，以便营造更好的社交网络环境，打造更好的社交媒体平台，塑造更好的网络舆论场。

虽然实名制被视为网络管理手段之一，但是当前网络实名制缺少必要的基本法支持，相关立法明显滞后，特别是网络个人隐私保护和网络管理权限等方面存在大量的空白空间。要加强对网络运营管理和网络内容建设进行法律法规制定，要加大依法管理力度，探索社交媒体管理的新模式，加强对网络犯罪的打击力度，把握好网络信息审查的尺度，从而将社交媒体实名制落实到实处，营造优良的网络生态环境。

此外，注册模式决定了谁掌握用户真正身份。实名制注册模式分为单级注册模式和多级注册模式两种。单级注册模式主要指用户直接向各大商业网站注册；两级模式主要是指用户先在政府指定的唯一实名制网站注册，获取用户自己的识别码，然后利用该识别码在各商业网站注册；如果在实名制网站和普通商业网站再加入其他环节，就构成了多级注册模式❷。单级注册模式混淆了用户基础身份信息和用户的社会身份信息，多级注册模式因用户信息掌握在政府手中，商

❶ 柳圣爱．韩国网络实名制的发展与式微 [J]. 行政管理改革，2013（4）：57-61.

❷ 王彤．网络实名制下的自主管理策略 [J]. 当代传播，2013（1）：48-50.

业网站只是掌握匿名用户的信息，这将会有效防止信息滥用。因此，应用分级注册模式，尤其是两级或是多级注册模式，将减少商业网站的运营成本，依托政府的强大实力，加强技术研发，用户的个人信息将得到最大限度的保护。

第二节 信息利用与个人信息保护的矛盾：以隐私保护为例

一、社交媒体的用户隐私危机

隐私权同整个人格权制度一样，是人类文明发展到一定历史阶段的必然产物，它是人类文明发展的标志。1890 年美国哈佛大学法学院路易斯 · 布兰迪斯和塞缪尔 ·沃伦教授在《哈佛法学评论》(Harvard Law Review) 上发表的题为《隐私权》(*The Right to Privacy*) 的论文提出了隐私权概念：每一个人都有权决定“他的思想、观点和情感在多大程度上与他人分享”。“在任何情况下，一个人都被赋予决定自己所有的是否公之于众的权利。”[1]

近年来，利用社交网络媒体发布侵犯隐私的现象较多，同时，由于其传播的快速性与防范性，使得去制止相关的隐私侵犯行为难度加大；当相关侵权事件发生后，侵权者可以立即删除相关内容，并且由于没有实现全面规模的实名制，因此在相关维权行为进行举证时变得十分困难[2]。

由于社交媒体企业缺乏对于用户信息的合理保护，当前社交媒体用户信息泄露事件频发，如 2018 年 12 月，社交问答平台略问的 1 亿条用户信息泄露，其中涉及用户姓名、邮箱、密码，以及网站分享内容。[3]2016 年，某体育公司私

---

[1] 王利明，杨立新. 人格权与新闻侵权 [M]. 北京：中国方正出版社，1995：400.
[2] 蹇阅 . 微博侵犯隐私权的特点及责任承担 [J]. 青年记者，2014（22）：87-88.
[3] 范昊等 . 国内外社交媒体个人信息保护政策研究及启示 [J]. 现代情报，2019（10）：136-144.

人健身教练将会员黄某微信朋友圈所发健身前后胖瘦对比照片擅自转发，用以宣传体育公司健身效果。其中包括了黄某配偶怀孕时照片及不满一岁儿子照片。黄某以该体育公司侵犯其肖像权、隐私权为由起诉到法院。法院依最高人民法院《关于利用信息网络侵害人身权益民事纠纷案件适用法律若干问题的规定》第16条规定，判决体育公司在其微信公众号上向黄某赔礼道歉、消除影响并赔偿黄某500元经济损失、精神损害抚慰金1000元❶。

当社交媒体平台通过算法掌握了使用者的一切喜好，包括饮食习惯，娱乐爱好，社交网络，政治立场等，它会成为虚拟空间上的另一个“虚拟用户”，甚至比使用者自身还更了解使用者❷。2018年3月，英美多家媒体发布重磅报道，曝光英国剑桥分析公司（Cambridge Analytica）非法使用从脸书（Facebook）获得的超过5000万用户的数据。一时引起舆论哗然。这一事件受影响的用户数量可能已经高达8700万，而非最初披露的5000万，其中有82%在美国，一时间激起了国际社会关于社交媒体可能被用来操纵政治选举、影响选民倾向、干预公共事务的讨论。❸没有人会否认，社交媒体存储了用户的大量隐私资料。用户越频繁地使用脸书，生产出来的数据越多，自己的劳动就越被对象化，就越创造出支配自己的力量，甚至连自己的选举行为和政治权利也面临被操纵的危险。因此，强调用户对于社交媒体平台的数据主权已经成为一种呼声。❹由此引发了诸多的质疑：数字公民权利如何得到伸张与保证？互联网国家的数据生产资料应该采取怎样的所有制？❺

❶ 宋迎娟．黄鑫文诉萍乡市维斯瑞国际体育发展有限公司肖像权、隐私权纠纷案——擅自转发他人微信朋友圈已发布照片是否构成侵犯肖像权、隐私权[M]//最高人民法院中国应用法学研究所．人民法院案例选：2018年第4辑，北京：人民法院出版社，2018：27.

❷ 水木．脸书正在看着你：社交媒体时代的数据隐私[EB/OL].（2018-03-25）. https://mp.weixin.qq.com/s/IaV7-N5YGLuKfToI0lcLvg.

❸ 水木．脸书正在看着你：社交媒体时代的数据隐私[EB/OL].（2018-03-25）. https://mp.weixin.qq.com/s/IaV7-N5YGLuKfToI0lcLvg.

❹ Tim Reutemann：The First Major Battle Between the Land and the Cloud［EB/OL］.（2018-4-20）. https://words.democracy.earth/the-firstmajor-battle-between-the-land-and-the-cloud-9300ad887f9a.

❺ 徐偲骕、姚建华．脸书是一个国家吗？——“Facebookistan”与社交媒体的国家化想象[J].新闻记者，2018（11）：15-25.

二、社交媒体用户隐私关注的实证研究

社交媒体用户在适应和利用互联网虚拟环境的过程中，往往依据自身感知（Perception）、能力边界（Capability）、信息需求（Information Need）、以及不同社交工具本身的客观特征（如功能配置、界面设计、隐私保护等），选择和使用不同类型的社交媒体[1]。

在社交媒体为用户提供日益丰富的信息服务之同时，网络欺凌、网络隐私泄露等社交媒体的负面影响也显得日益突出[2][3]。用户在通过各类社交媒体工具获取所需信息，并通过发布信息进行自我呈现的同时，也可能因隐私顾虑、隐私保护等原因减少对社交媒体的使用。由此可见，用户对社交媒体功能与服务的接入和使用，既受到了自我呈现和信息需求的推动，也受到了隐私关注和隐私隐患的限制。

为此，我们以微信用户为例，在探索和阐释社交媒体情境中用户的技术接受与持续使用行为时，从隐私关注和隐私权衡的视角出发，在信息披露、信息获取，以及隐私保护的博弈中对用户持续使用意向及潜在影响因素进行实证分析。

（一）验证性因子分析

在本研究的调查样本中，男性为150人，样本占比为36.4%；女性为262人，样本占比63.6%。在412人构成的样本中，18～34岁的青年用户共有241人，样本总占比为58.5%，此样本之构成与目前社交媒体用户的年龄构成基本符合，因而具有一定的样本代表性。

在构建结构方程模型前，本研究首先进行了验证性因子分析。在同一构念或维度中，因子载荷（Factor Loading）值越大，表明同一构念下不同问题项之

---

❶ Ngai E, Tao S, Moon K. Social media research：Theories, constructs, and conceptual frameworks [J]. International Journal of Information Management, 2015, 35（1）：33-44.

❷ Smith P K, Mahdavi J, Carvalho M, et al. Cyberbullying：Its nature and impact in secondary school pupils [J]. Journal of Child Psychology and Psychiatry, 2008, 49（4）：376-385.

❸ Hinduja S, Patchin J W. Cyberbullying：An exploratory analysis of factors related to offending and victimization [J]. Deviant Behavior, 2008, 29（2）：129-156.

间的收敛度越高。进一步地，每个问题项只能在一个构念下（即其所对应的潜变量）出现大于 0.5 的因子载荷，以保证不同构念之间具有必需的区别度。在旋转成分矩阵分析中，单个题目项在因子载荷最大的成分下应至少大于 0.5，且比第二大的因子载荷高出 0.2 以上，才能保证较好的收敛效度和区分效度。本研究将用户隐私关注、关系管理动机、自我呈现、社交规范、信息需求、信息披露意向以及持续使用意向等核心构念均纳入到了因子分析之中。数据分析结果如表 3.1 所示。

表 3.1　因子分析总表

构念 / 潜变量	题目项	因子载荷	AVE
隐私关注（PPC）	PPC1	0.839	0.707
	PPC2	0.869	
	PPC3	0.812	
	PPC4	0.843	
关系管理动机（MRM）	MRM1	0.703	0.519
	MRM2	0.640	
	MRM4	0.753	
	MRM5	0.778	
自我呈现（PUS）	PUS2	0.768	0.572
	PUS4	0.744	
主观社交规范（SSN）	SSN1	0.746	0.649
	SSN2	0.868	
	SSN3	0.798	
任务型信息需求（TIN）	TIN1	0.791	0.670
	TIN2	0.843	
	TIN3	0.821	
日常信息需求（ELIN）	ELIN2	0.797	0.622
	ELIN3	0.780	
个人信息披露意向（IPI）	IPI1	0.781	0.669
	IPI2	0.855	
	IPI3	0.816	

续表

构念 / 潜变量	题目项	因子载荷	AVE
信息呈现（CIUP）	CIUP2	0.752	0.557
	CIUP3	0.740	
信息获取（CIUR）	CIUR1	0.726	0.559
	CIUR2	0.796	
	CIUR3	0.798	
附加嵌入（CIUC）	CIUC1	0.782	0.692
	CIUC2	0.855	
	CIUC3	0.857	

如表 3.1 所示，因子载荷不符合要求的问题项均已被剔除（如 MRM3、PUS1、PUS3、SSN4、ELIN1、IPI4、CIUP1 等）；10 个因子的累积解释率为 73.296%，所提取的信息量已经达到要求（60% 以上）；每个构念下的不同问题均形成了不同的因子，且因子载荷都大于 0.5，AVE 值也均大于 0.5，表明问卷数据通过了结构效度的检验。

（二）结构方程模型构建

这里我们对持续使用意向模型及其假设路径进行了结构方程检验。借助 AMOS 17.0 软件对问卷数据进行了结构方程模型分析，并依据目标功能的不同分别构建了不同的统计模型。在模型构建和检验的过程中，由于模型拟合度较低、模型估计无法收敛等原因，部分假设关系被不断调整或删除，直至得到模型拟合度较好，模型的路径系数得以收敛的统计模型。

1. 信息呈现功能的持续使用意向模型

信息呈现功能的持续使用意向比接受行为更进一步，考察的是用户对此功能的依赖度以及未来留存于此社交媒体平台中的可能性。即使在同一分析框架下，用户对社交媒体功能的接受和持续使用意向也可能受到不同因素、不同方向以及不同程度的影响。基于 AMOS 17.0 软件的 MI（Modification indices）功能对模型的不断修正，模型与问卷数据之间的拟合度得以不断提高。修正后的模型如图 3.1 所示。

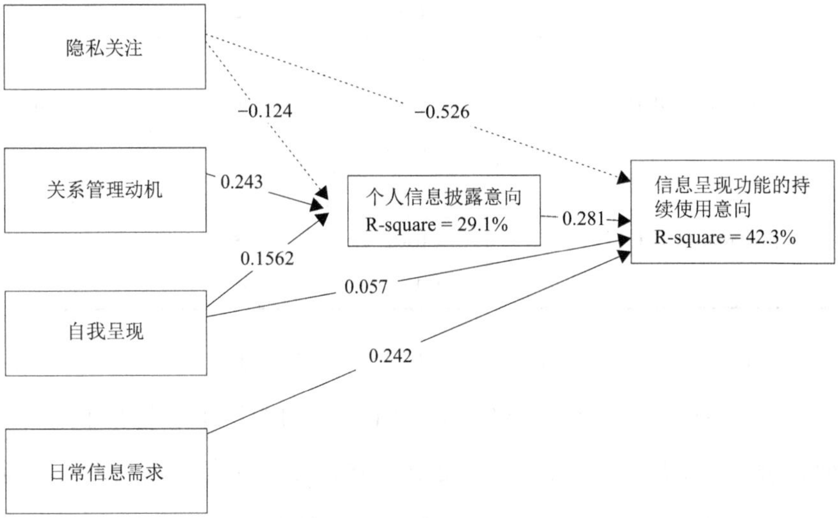

图 3.1　用户信息呈现功能的持续使用意向模型

上述统计模型中删去了不显著的假设关系，余下的统计显著影响关系及其路径系数均已在图中标出。其中路径系数最大，影响关系最为明显的路径是 PUS-CIUP，即：当用户认为社交媒体在呈现其形象、帮助其吸引他人注意等方面具有效用，该用户持续使用信息呈现功能的概率就越大。其他的显著影响关系（如 MRM-IPI，PPC-CIUP 等）将在研究假设检验中细致阐述。

在拟合度方面，表 3.2 给出了上述结构方程模型的各个拟合度指数。由表中数据可知，本研究中用户呈现功能持续使用意向 SEM 模型的拟合度在各项指标上均达到了可接受的水平，其模型统计结果（路径系数等）可以作为后续假设检验和理论分析的可靠经验依据。

表 3.2　信息呈现功能持续使用意向 SEM 模型拟合指数

指标	CMIN/DF	GFI	RMSEA	IFI	CFI	NFI
标准	<5	>0.7	<0.1	>0.7	>0.7	>0.7
实际值	4.916	0.719	0.091	0.762	0.761	0.733

2. 信息获取功能的持续使用意向模型

用户是否愿意留存于社交媒体平台中获取和分享信息，受到了多个层面因素的影响。信息获取功能的持续使用意向与前文中的功能接受行为不同，它考察的是用户对此功能的依赖度以及未来留存于此社交媒体平台中的可能性。即使在同一分析框架下，用户对社交媒体功能的接受和持续使用意向也可能受到不同因素、不同方向以及不同程度的影响。基于 AMOS 17.0 软件的 MI（Modification Indices）功能对模型的不断调整，修正后的模型如图 3.2 所示。

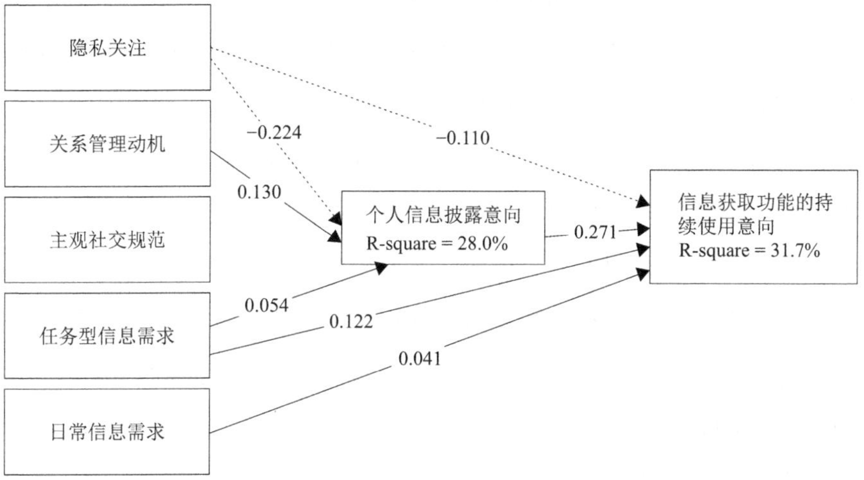

图 3.2 用户信息获取功能的持续使用意向模型

与信息呈现功能SEM模型类似，上述统计模型中删去了不显著的假设关系，余下的统计显著影响关系及其路径系数均已在图中标出。其中路径系数最大，影响关系最为明显的路径是 ELIN-CIUR，即：当用户认为社交媒体在获取日常信息、关注周边动态等方面具有效用，该用户持续使用信息获取功能的概率就越大。其他的显著影响关系（如 MRM-IPI，PPC-CIUR 等）将在研究假设检验中细致阐述。

在拟合度方面，表 3.3 给出了上述结构方程模型的各个拟合度指数。由表中数据可知，本研究中用户呈现功能持续使用意向 SEM 模型的拟合度在各项指标上均达到了可接受的水平，其模型统计结果（路径系数等）可以作为后续假设检验和理论分析的可靠经验依据。

表 3.3　信息获取功能持续使用意向 SEM 模型拟合指数

指标	CMIN/DF	GFI	RMSEA	IFI	CFI	NFI
标准	< 5	> 0.7	< 0.1	> 0.7	> 0.7	> 0.7
实际值	4.801	0.723	0.097	0.751	0.771	0.774

3. 附加嵌入功能的持续使用意向模型

随着社交媒体和大数据技术的飞速发展，社交媒体服务早已突破了信息获取、信息分享以及社交网络构建等传统范畴，并增加了很多附加嵌入功能。在诸多嵌入功能中，我们选取了与隐私关注视角联系十分紧密的个人金融服务功能（微信支付）作为切入点，分析“促进因素—阻碍因素”研究框架对附加嵌入功能持续使用意向的解释力。用户是否愿意留存于社交媒体平台中使用该平台提供的附加功能，受到了多个层面因素的影响。即使在同一分析框架下，用户对社交媒体功能的接受和持续使用意向也可能受到不同因素、不同方向以及不同程度的影响。在原有研究模型的基础上，研究者基于 AMOS 17.0 软件的 MI（Modification indices）功能对模型的不断调整，以期提高统计模型与问卷数据的拟合度。修正后的模型如图 3.3 所示。

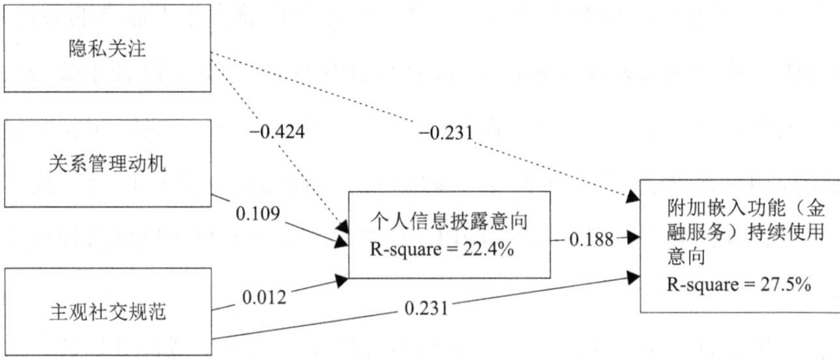

图 3.3　用户附加嵌入功能（金融服务）的持续使用意向模型

与前文所述的信息呈现功能 SEM 模型类似，上述统计模型中删去了不显著的假设关系，余下的统计显著影响关系及其路径系数均已在图中标出。其中路径系数最大，影响关系最为明显的路径是 IPI-CIUC，即：当用户在社交媒体中越放松对“关”的设置或越倾向于披露个人信息时，该用户持续使用金融服务这项附加嵌入功能的概率就越大。其他的显著影响关系（如 MRM-IPI，PPC-CIUC 等）将在研究假设检验中细致阐述。

在拟合度方面，表 3.4 给出了上述结构方程模型的各个拟合度指数。由表中数据可知，本研究中用户附加嵌入功能（金融服务）持续使用意向 SEM 模型的拟合度在各项指标上均达到了可接受的水平，其模型统计结果（路径系数等）可作为重要的经验依据支持后续的理论假设验证与研究意义分析。

表 3.4　附加嵌入功能（金融服务）持续使用意向 SEM 模型拟合指数

指标	CMIN/DF	GFI	RMSEA	IFI	CFI	NFI
标准	< 5	> 0.7	< 0.1	> 0.7	> 0.7	> 0.7
实际值	4.947	0.719	0.093	0.741	0.737	0.780

4. 研究假设检验

前文中的结构方程模型分析表明，原始研究模型所提出的假设关系和影响因素在三项功能持续使用的 SEM 模型中均得到了部分支持。在分析不同的功能持续使用意向时，研究者发现，用户的意向受到了不同因素在不同程度上的影响。相应地，原有研究模型的各项假设在不同功能情境下的 SEM 模型检验结果也不尽相同。依据结构方程模型路径系数和相关性检验数据分析的结果，本研究分别检验了原有研究模型中的理论假设是否成立。不同路径在不同的功能持续使用意向分析中的检验结果如表 3.5 和表 3.6 所示。

表 3.5　功能持续使用意向模型理论假设总表

序号	理论假设
H1	用户隐私关注与用户的社交媒体功能持续使用意向呈负相关
H2	用户的社交关系管理动机与用户的社交媒体功能持续使用意向呈正相关
H3	用户对社交媒体自我呈现功能的感知有用性与用户的社交媒体功能持续使用意向呈正相关

续表

序号	理论假设
H4	用户的主观社交规范与用户的社交媒体功能持续使用意向呈正相关
H5	用户的任务型信息需求与用户的社交媒体功能持续使用意向呈正相关
H6	用户的日常信息需求与用户的社交媒体功能持续使用意向呈正相关
H7	用户隐私关注与用户的个人信息披露意向呈负相关
H8	用户的社交关系管理动机与用户的个人信息披露意向呈正相关
H9	用户对社交媒体自我呈现功能的感知有用性与用户的个人信息披露意向呈正相关
H10	用户的主观社交规范与用户的个人信息披露意向呈正相关
H11	用户的任务型信息需求与用户的个人信息披露意向呈正相关
H12	用户的日常信息需求与用户的个人信息披露意向呈正相关
H13	用户的个人信息披露意向与用户的社交媒体功能持续使用意向呈正相关

表 3.6　功能持续使用意向 SEM 模型假设检验结果总表

理论假设	信息呈现（CIUP）	信息获取（CIUR）	附加嵌入（CIUC）
H1	成立	成立	成立
H2	不成立	不成立	不成立
H3	成立	不成立	不成立
H4	不成立	不成立	成立
H5	不成立	成立	不成立
H6	成立	成立	不成立
H7	成立	成立	成立
H8	成立	成立	成立
H9	成立	不成立	不成立
H10	不成立	成立	成立
H11	不成立	不成立	不成立
H12	不成立	不成立	不成立
H13	成立	成立	成立

结合表 3.5 和表 3.6 可知，原有研究模型中的理论假设在不同的功能持续使用意向情境中具有不同的统计检验结果。与此同时，部分理论假设具有功能间

性，它们在不同的功能情境下均能保持稳健的显著性，如H1（用户隐私关注对功能持续使用意向的影响）、H7（用户隐私关注对个人信息披露意向的影响）、H8（用户社交关系管理动机对个人信息披露意向的影响）以及H13（用户个人信息披露意向对用户功能持续使用意向的影响）。由此可见，即使在不同的功能使用情境下，同一社交媒体平台下的不同功能使用也具有不可忽视的共性。用户隐私关注、关系管理动机以及个人信息披露意向对社交媒体工具中不同功能的持续使用意向均能产生不同程度的影响。

除上述成立的理论假设外，大部分理论假设的检验结果与其所在的具体功能情境高度相关。例如，由理论假设H3的检验结果可知，用户对自我呈现功能的有用性感知仅在信息呈现功能的持续使用中具有显著的影响作用。在信息获取、附加金融服务等功能情境下，这种感知有用性并没有表现出相同的显著正向影响；由理论假设H4的检验结果可知，用户的主观社交规范对社交媒体持续使用意向的影响仅在附加嵌入功能情境下是统计显著的。在信息呈现、信息获取等功能的持续使用意向分析中，该项因素均未表现出统计意义上显著的影响作用；由理论假设H5和H6的检验结果可知，不同类型的信息需求对用户社交媒体功能持续使用意向的影响作用是不同的：用户的任务型信息需求仅对信息获取功能的持续使用意向有显著影响，但日常信息需求对信息呈现和信息获取功能的持续使用意向均有显著影响。由此可见，在社交媒体情境中，当行为研究细化到功能接受和使用的层次时，用户的日常信息需求可能比任务型信息需求具有更广泛的影响。这种影响范围和程度的差异性在模糊化的技术接受层面可能无法被发现。进一步地，由理论假设H9的检验结果可知，在信息呈现功能情境下，用户对社交媒体中自我呈现功能的有用性感知可以显著地影响其个人信息披露行为。当用户的该项有用性感知较高时，其对个人信息流的把关就倾向于宽松；由理论假设H10的检验结果可知，在信息呈现和信息获取功能情境下，用户的主观社交规范均对其个人信息披露意向有显著的正向影响。

值得注意的是，理论假设H2、H11和H13在三种功能持续使用意向分析中均不显著，说明该三项影响关系均不适合纳入社交媒体用户功能持续使用意向的分析模型之中。

这里的社交媒体功能持续使用意向分析依照模型构建部分所提出的研究模型进行，在不同的功能情境下分别构建了结构方程模型，并进行了变量间影响关系的路径分析。修正后的模型分析结果表明，“促进因素－阻碍因素”的基本框架在分析功能持续使用意向时均具有一定的解释力。用户的隐私关注在不同的功能情境下发挥了不同的影响作用，从而在持续使用意向的研究情境下验证了同一社交媒体平台中不同功能之间的异质性。

总体来看，用户在社交媒体情境中的隐私关注作为阻碍因素，降低了用户接受社交媒体功能或持续使用功能的可能性。在隐私保护方面，社交媒体应充分支持用户作为把关人的角色，为用户的信息把关活动提供技术支持：例如，微信中对朋友圈观看权限的设置、添加好友的设置等，都是为用户提供控制信息、把关信息的主动性。在其他的社交媒体中，这种设置和限制就相对较少，相应地，用户的隐私信息也就面临着更多的潜在威胁。在这种情况下，用户的隐私关注和隐私顾虑就可能降低用户的持续使用意向，从而使该社交媒体的参与度和活跃度整体降低。

三、社交媒体用户隐私声明的内容分析

（一）社交媒体隐私保护声明概述

1. 隐私政策声明来源及界定

为了使社交媒体用户减少对于隐私隐患的关注与自我调节控制其隐私的利用，互联网公司可以采用隐私政策声明的方式，告知用户隐私利用与保护情况。隐私政策（Privacy Policy）作为一种媒体自律性质的措施，发挥了重要的作用。埃瓦德（Awad）和克里斯南（Krishnan）认为隐私政策是在用户注册时，网站提供的阐述其信息收集与用途等信息实践的书面声明[1]；革拉赫（Gerlach）等

[1] Awad N F, Krishnan M S. The personalization privacy paradox：an empirical evaluation of information transparency and the willingness to be profiled on line for personalization [J]. MIS Quarterly, 2006, 30（1）：13-28.

人认为隐私政策是网络服务商告知用户其信息使用的声明[1]；谈咏梅认为，隐私政策是网站所有者或服务提供者在经营服务过程中，对用户资料合法收集、使用的一种承诺[2]。隐私政策一般通过公告（Privacy Notice）或者声明（Privacy Statement）的表述方式进行公示。米尔尼（Milne）和库尔兰（Culnan）认为隐私公告是网站告知用户其信息实践，最大程度降低二次交换风险的一种保护措施[3]。威尔（Vail）等人认为，隐私声明或者隐私政策是企业或组织在网站上公开的文件，描述组织对用户数据的收集、使用以及披露的方式[4]；周涛采用隐私声明的说法，认为隐私声明是网站进行隐私保护的一种方式，阐述其如何收集、存储和使用消费者隐私信息[5]。

隐私声明是指企业或组织对用户隐私信息进行收集、存储及使用等信息实践行为的书面声明。隐私声明阐述企业处理的个人数据以及处理个人数据的方式与目的。通过隐私声明，告知用户在使用企业产品、服务及其他应用程序时的信息安全问题，达成隐私保护的共识。

隐私声明主要有两方面的功能：一方面是告知的功能。通过隐私声明，明确地告诉用户，企业收集用户个人信息的范围、方式及目的，使用并共享个人数据的情况，以及用户对个人数据享有的权利；另一方面是制约功能，此功能是前一功能的必然延伸，公示的目的是为了向用户承诺对其信息的实践，平台自身需要接受公众的监督，遵守相应的游戏规则，而作为使用和享受服务的用户，也应该明确在此过程中拥有的权利和义务，如果信息服务商违反了相应的规则，其理应接受在法律上的相关后果。

---

[1] Jin G, Widjaja T, Buxmann P. Handle with care：How online social network providers' privacy policies impact users' information sharing behavior[J]. Journal of Strategic Information Systems, 2015, 24（1）：33–43.

[2] 谈咏梅，钱小平．我国网站隐私保护政策完善之建议 [J]. 现代情报，2006（1）：215-217.

[3] Milne G R, Culnan M J. Strategies for reducing online privacy risks：Why consumers read（or don' t read）online privacy notices[J]. Journal of Interactive Marketing, 2004, 18（3）：15-29.

[4] Vail M W, Earp J B, Anton A I. An empirical study of consumer perceptions and comprehension of web site privacy policies[J]. IEEE Transactions on Engineering Management, 2008, 55（3）：442-454.

[5] 周涛．基于内容分析法的网站隐私声明研究 [J]. 杭州电子科技大学学报：社科版，2009（3）：11-16.

2. 隐私声明类型

现有的隐私声明可分为两类：一类是单一的隐私保护承诺。一般多为内容介绍型网络服务商所采用。由于企业提供的网络服务较少或服务类型较少涉及用户数据的收集与使用，因此这类声明主要是企业单方面的数据使用保障与承诺，无须客户同意。目前采用此种性质隐私声明的网络服务商数量很少。

另一类隐私声明是网络服务商与用户之间由于服务、产品使用而产生的契约合同。用户需要提供个人数据以便使用产品或服务，网络服务商则需依法在合理范围内收集并使用相应数据，同时履行合同签订后对于用户个人信息安全保护的责任。移动互联网时代所具备的互动性与个性化特征，使得今天几乎所有网络服务在使用前均需获取数据隐私声明同意，无论是使用社交媒体，移动购物或者搜索引擎等。用户使用服务出于对服务的需要与认可，而这种认可方式包括一定程度的个人信息披露。因此，在服务使用前，通过隐私声明，建立起网络服务供应商与用户之间的桥梁，并且这座桥梁通过合同形式，受到双方的认可并具有法律保护效应。用户一旦同意隐私条款，即在双方之间产生了权利义务关系，隐私声明便成为双方当事人关于隐私权利义务关系的约定。

3. 隐私声明内容规范概述

隐私声明内容的建立往往是伴随着相关法律与政策的标准进行的，不同国家由于法律制度的不同，其内容的标准与原则上也有着很大的差异，见表 3.7。

表 3.7　隐私声明内容准则

	收集限制	利用限制	安全保护	访问更正	目的明确	责任明确	质量保证	数据遗忘	公开告知	个人同意	诚信履行	避免伤害
OECD《关于隐私保护与个人资料跨国流通的指针的建议》(1980)												
欧盟委员会《一般数据保护条例》(2018)												

续表

	收集限制	利用限制	安全保护	访问更正	目的明确	责任明确	质量保证	数据遗忘	公开告知	个人同意	诚信履行	避免伤害
美国联邦贸易委员会《公平信息实践》（1998）												
美国联邦政府《消费者隐私权法案》（2012）												
APEC 部长会议《隐私框架》（2004）												
工信部《个人信息保护指南》（2012）												

最早对个人信息收集与使用进行规范的机构是世界经济合作与发展组织（Organization for Economic Cooperation and Development，OECD）。早在 1980 年，OECD 通过的《关于隐私保护与个人资料跨国流通的指针的建议》（以下简称《建议》）是各成员国在隐私立法和隐私声明内容制定上的参考模范❶。1998 年，美国在 OECD 隐私保护原则的基础上，由美国联邦贸易委员会（FTC）出台了《公平信息实践》（FIP，fair information practice），要求网络信息服务提供商在其隐私声明中体现告知 / 了解、选择 / 同意、访问 / 参与、完整 / 安全、执行 / 赔偿这五项原则❷。2012 年，考虑到时代的发展，美国在原有的准则上进行了扩充，从五项原则扩充至现在的七项原则。

欧盟对隐私声明内容的规定则主要建立在《个人数据保护指令》中的相关规定。该指令与 OECD 提出的 8 项原则基本类似，从信息控制者和信息当事人两个方面强调了各自的责任与义务，规定了信息控制者的主要义务有保证资料的

❶ OECD. Guidelines on the protection of privacy and transborder flows of personal data[EB/OL].（1980-09-23）[2019-02-27]. http://www.oecd.org/internet/ieconomy/oecdguidelinesontheprotectionofprivacyandtransborder-flowsofpersonaldata.htm.

❷ Federal Trade Commission. Privacy Online：Fair Information Practices in the Electronic Marketplace：A Federal Trade Commission Report to Congress[EB/OL].（1995-05-27）[2019-02-27]. https://www.ftc.gov/reports/privacy-online-fair-information-practices-electronic-marketplace-federal-trade-commission.

品质、资料处理合法、敏感资料的禁止处理与告知当事人等。信息当事人则享有接触权利与反对权利，并有权更正、删除或封存其个人资料[1]。

除了欧美提出的相应准则之外，2004年APEC部长级会议上通过了《隐私框架》（*Privacy Framework*），并推进《框架》中的九大原则在成员经济国中实现[2]，从而实现个人信息的无障碍保护以及亚太地区跨境电商的发展。

在我国，则主要参考的是工信部在2012年11月颁布，并于2013年9月正式实施的《信息安全技术公共及商用服务信息系统个人信息保护指南》（以下简称《指南》）[3]。《指南》中明确提出，各企业在利用信息系统进行个人信息处理时，应自觉遵守八项原则：

①目的明确原则——处理个人信息具有特定、明确、合理的目的，不扩大使用范围，不在个人信息主体不知情的情况下改变处理个人信息的目的。

②最少够用原则——只处理与处理目的有关的最少信息，达到处理目的后，在最短时间内删除个人信息。

③公开告知原则——对个人信息主体要尽到告知、说明和警示的义务。以明确、易懂和适宜的方式如实向个人信息主体告知处理个人信息的目的、个人信息的收集和使用范围、个人信息保护措施等信息。

④个人同意原则——处理个人信息前要征得个人信息主体的同意。

⑤质量保证原则——保证处理过程中的个人信息保密、完整、可用，并处于最新状态。

⑥安全保障原则——采取适当的、与个人信息遭受损害的可能性和严重性相适应的管理措施和技术手段，保护个人信息安全，防止未经个人信息管理者授权的检索、披露及丢失、泄露、损毁和篡改个人信息。

⑦诚信履行原则——按照收集时的承诺，或基于法定事由处理个人信息，

---

[1] European Commission. General Data Protection Regulation [EB/OL].（2016-04-01）[2019-02-27]. http://ec.europa.eu/justice/data-protection/document/review2016/com_2016_04_en.pdf.

[2] Asia-Pacific Economic Coopperation. Privacy Framework[EB/OL].（2004-06-04）[2019-02-27]. http://www.apec.org/Press/News-Releases/2004/0604_privacyframework.aspx.

[3] 中华人民共和国工业和信息化部. 信息安全技术公共及商用服务信息系统个人信息保护指南. [EB/OL].（2013-09-01)[2019-02-27]. http://www.gov.cn/gongbao/content/2013/content_2473881.htm.

在达到既定目的后不再继续处理个人信息。

⑧责任明确原则——明确个人信息处理过程中的责任，采取相应的措施落实相关责任，并对个人信息处理过程进行记录以便于追溯。

《指南》的八项原则从根本上明确了信息系统管理者对个人信息处理的界限，在八项原则的基本指导之上，《指南》中提出企业在对个人信息收集、加工、转移、管理等环节中，需要对个人信息主体的各项权利包括知情权、选择权、更正权、保密权等在内的权利作出相应的保障。信息系统管理者必须对个人隐私信息的主体履行以下义务：

①个人信息管理者对个人信息主体应尽到告知、说明和警示的义务，也是用户拥有的最基本的知情权。在个人信息的收集之前，信息管理者至少告知收集个人信息的目的、使用范围、收集方式，不提供可能出现的后果、个人信息主体的权利、信息管理者的联系方式等。

②个人信息管理者应为个人信息主体的选择权的行使提供条件，并履行通知、说明和警示的义务。个人信息主体有权利选择如何利用他们的信息，如有权选择同意或拒绝，选择是否与第三方分享信息。如个人信息主体有权选择信息管理者对于个人信息的使用，可以选择是否接受信息管理者提供的邮件、推送等营销服务，还可以选择是否与第三方分享他们的信息。

③个人信息主体有权利再次访问提交的个人信息，信息管理者应该保证用户能够进行查看、修改、删除等操作。个人信息主体有权利要求个人信息管理者维护其信息的完整性和准确性，对错误的信息有权利要求个人信息管理者予以及时更正。与此同时，个人信息主体也有权利要求个人信息管理者屏蔽、删除其个人信息，信息管理者应该保证用户的个人信息控制权。

④个人信息管理者应按照法律法规的规定。《指南》要求和委托者的合同，采取必要的措施和手段，履行保护个人信息安全的义务，防止个人信息处理场所和个人信息存储介质的未授权访问、损坏和干扰，保证信息系统持续稳定运行，保证个人信息的保密性、真实性和完整性。应指定专门机构或人员负责内部的个人信息保护工作，加强个人信息风险管理，识别、分析、评估潜在的风险因素，

对于可能出现的泄露、丢失、损坏、篡改、不当使用等事件制定预案，接受个人信息主体的投诉与质询。

《指南》提出的原则为企业处理个人信息提供了指导标准与执行边界，而对于信息系统管理者提出的相应要求则明确了企业在制定隐私声明时的基本内容，也是目前大多数企业制定隐私声明时的重要参考。

（二）基于社交媒体 App 隐私声明内容的分析

隐私声明的内容反映了组织平台对用户隐私保护的一般情况。通过对隐私声明开展内容分析可以了解目前社交媒体 App 对用户隐私保护的基本情况，比较各 App 隐私声明的异同，通过与相关标准的对比了解目前的实施情况及存在的主要问题。以期为 App 经营者制定更合理、规范的隐私声明，为我国有关部门相关管理工作提供经验参考。

1. 隐私声明文本的选取

我们选取对象参照奥美在 2015 年 4 月发布的中国社交媒体分类图。之所以选择奥美的社交媒体分类图作为研究对象，是因为该图较为全面地概括了我国目前的社交媒体现状，也几乎囊括了目前所有的社交媒体 App 类型，包括 SNS、配对交友、图片社交、问答社交等多个社交媒体形式。并且，考虑社交媒体现今的发展情况，在原来的基础上做了调整：由于团购类与评价类的社交媒体之间的边界逐渐模糊，因此将原来分类中的团购与评价社交进行合并。在 LBS 地理位置社交中，添加我国目前在该领域较为主流的 App“探探”与“比邻”作为研究对象。

选取这 35 个社交媒体 App 的隐私声明作为研究对象，可以全面的了解目前社交媒体对个人隐私保护，隐私声明内容的基本情况以及相关差异。具体的研究对象研究见表 3.8。

表 3.8 社交媒体 App 隐私声明内容分析研究对象

社交媒体类型	具体研究对象	研究样本数量
SNS	人人	5
	微信	
	微博	
	豆瓣	
	QQ 空间	
职场社交	领英	2
	脉脉	
配对交友	世纪佳缘	3
	百合	
	花田	
图片社交	花瓣	3
	Nice	
	堆糖	
旅游社交	猫途鹰	3
	马蜂窝	
	蝉游记	
团购及评论	大众点评	3
	美团	
	百度糯米	
购物社交	美丽说	2
	蘑菇街	
wiki	百度百科	2
	互动百科	
问答社交	知乎	2
	百度知道	
视频分享	土豆	4
	秒拍	
	爱奇艺	
	优酷	

续表

社交媒体类型	具体研究对象	研究样本数量
论坛社区	猫扑	3
	贴吧	
	天涯	
地理位置社交	陌陌	3
	比邻	
	探探	

将这35个App的隐私声明保存为文本文件，同时下载每个App，记录下打开App主屏幕到隐私声明的路径步数。调查的问题大多数都是客观的，进行"是"与"否"的记录即可，而其他少数的问题如收集哪些信息，则通过作者对隐私声明进行阅读，对相应信息进行主观的判断和记录进行编码。由于问题的客观性相对较强，因此可以认为具有较高的信度。

2. 维度类目与分析单元

在确定好研究对象之后，就需要确定内容分析的维度类目以及分析单元。维度类目是需要调查的内容研究框架与标准，所有类目应该彼此互斥，且具有完备性和足够的信度。在确定好维度类目之后，还需要确定分析单元。分析单元是指在内容分析法中描述解释研究对象时，实际计量的最重要同时也是最小的元素，如单词或单个符号、主题、人物以及意义独立的词组，句子或段落等都可以作为分析单元。分析单元的选定主要取决于为了实现研究目标需要哪些信息，选择分析单元即寻找分析所需的各项考察因素，这些考察因素都与分析目的有一定的必然联系。

在对隐私声明的内容分析中，国内的学者提出了多个内容分析的框架。其中使用较多的是周涛在对国内51个代表性网站的研究中，其参考波莱赫（Pollach）的指标体系[1]，提出了"一般项目""信息的收集与存储""信息的使用

[1] Pollach I. Privacy statements as a means of uncertainty reduction in WWW interactions [J] .Journal of Organizational and End User Computing , 2006 , 18（1）: 23-49.

与共享”三个维度共计 20 个问题[1]。

我国工信部在 2013 年 2 月 1 日正式实施的《个人信息保护指南》中明确要求，在个人敏感信息在收集和利用之前，必须首先获得个人信息主体的明确授权，要采用个人信息主体易知悉的方式，向个人信息主体明确告知和警示如下事项：①处理个人信息的目的；②个人信息的收集方式和手段、收集的具体内容和留存时限；③个人信息的使用范围，包括披露或向其他组织和机构提供其个人信息的范围；④个人信息的保护措施；⑤个人信息管理者的名称、地址、联系方式等相关信息；⑥个人信息主体提供个人信息后可能存在的风险；⑦个人信息主体不提供个人信息可能出现的后果；⑧个人信息主体的投诉渠道；⑨如需将个人信息转移或委托于其他组织和机构，要向个人信息主体明确告知包括但不限于以下信息：转移或委托的目的、转移或委托个人信息的具体内容和使用范围、接受委托的个人信息获得者的名称、地址、联系方式等。

结合周涛提出的网站隐私声明内容分析的研究框架以及工信部出台的《个人信息保护指南》标准，并考虑到移动端与网页端的差距，构建了“总体情况”“信息的收集与更改”“信息的使用与共享”三个维度类目共计 25 个分析单元，见表 3.9。

表 3.9　内容分析维度项目与调查内容

分类	序号	调查内容
总体情况	1	是否有隐私声明？
	2	隐私声明文档的题目是什么？
	3	隐私声明字体大小是否自适应屏幕大小？
	4	隐私声明内容字数有多少？
	5	隐私声明在 App 中需要几步到达？
	6	隐私声明的最近一次更新是什么时候？
	7	是否有免责声明？
	8	是否说明了对未成年的保护？

[1] 周涛. 基于内容分析法的网站隐私声明研究 [J]. 杭州电子科技大学学报：社会科学版, 2009（3）：11-16.

续表

分类	序号	调查内容
信息的收集与存储	9	是否明确了收集用户信息的范围和类型？
	10	是否明确了处理个人信息的目的？
	11	是否明确个人信息的收集方式、手段、留存期限？
	12	是否说明了相应的信息安全保护？
	13	是否明确了提供相应个人信息的风险？
	14	是否明确了不提供相应信息可能出现的后果？
	15	是否明确了相应的投诉渠道？
	16	用户是否能查看与更新它们的信息？
	17	用户是否能删除它们的信息？
	18	是否使用 Cookie ？
	19	是否说明使用 Beacon ？
	20	是否可以禁用 Cookie ？
	21	是否说明了禁用 Cookie 带来的后果？
信息的使用与共享	22	是否会向第三方披露数据？
	23	是否会向合作伙伴、附属机构共享数据？
	24	是否告知共享的目的和数据范围？
	25	用户是否能停止相应的服务？

3. 社交媒体用户隐私声明的内容分析

一般项目部分主要调查了 35 家社交媒体 App 隐私声明的基本情况，主要包括 App 是否公开对隐私信息收集以及利用的说明，相应文档题目情况，隐私声明内容的表现形式（如字体大小、位置情况、篇幅长短），以及内容的更新时间，对特殊人群的保护以及免责说明情况。通过一般项目的调查，能够了解现阶段社交媒体在隐私声明重视程度、社交媒体 App 在用户隐私基本保护上的总体情况与具体差异，具体调查结果详见表 3.10。

表 3.10　总体情况调查结果

<table>
<tr><th>隐私声明有无（占比）</th><th>文档名称（占比）</th><th>字体大小自适应（占比）</th><th>字数（占比）</th></tr>
<tr><td rowspan="2">有（86%）</td><td>隐私声明（20%）</td><td rowspan="2">适应（43%）</td><td>1000 字以下（10%）</td></tr>
<tr><td>隐私政策（26%）</td><td>1000-3000 字（30%）</td></tr>
<tr><td rowspan="2">无（14%）</td><td>用户使用 / 服务协议（47%）</td><td rowspan="2">不适应（57%）</td><td>3000-6000 字（33%）</td></tr>
<tr><td>其他如总则，交友条款（7%）</td><td>6000 字以上（27%）</td></tr>
<tr><td>免责声明（占比）</td><td>未成年保护（占比）</td><td>更新时间（占比）</td><td>路径深度（个数）</td></tr>
<tr><td rowspan="2">有（63%）</td><td rowspan="2">有（43%）</td><td rowspan="2">有（20%）</td><td>4 步（9 个）</td></tr>
<tr><td>3 步（2 个）</td></tr>
<tr><td rowspan="2">无（37%）</td><td rowspan="2">无（57%）</td><td rowspan="2">无（80%）</td><td>5 步（1 个）</td></tr>
<tr><td>2 步（1 个）</td></tr>
</table>

在是否公布隐私声明的调查中，30 个（86%）社交媒体在下载或者注册时提供隐私声明，其中 wiki 类被调查的社交媒体“百度百科”与“互动百科”均无隐私声明的公告，而旅游社交类“蝉游记”、论坛社区类的“天涯”，以及地理位置社交类的“比邻”也没有提供隐私声明。进一步的研究发现，尽管大多数的社交媒体 App 在下载和注册时都张贴了相应的隐私声明，但用户如果想再回溯和查看相应的内容，只有 13 个社交媒体在 App 中能够找到。对这些能够在 App 中找到隐私声明的进行路径统计发现，用户要查找到相应内容并不便利，通常从主屏幕需要 4 步才可以找到，这种路径通常是：我的—设置—关于 ××—隐私声明。隐私声明位置的不明显也体现了社交媒体 App 在用户隐私信息保护上的不足，也有可能是为了故意的掩盖对用户隐私信息擅自利用的行为。但是值得注意的是，也有在这方面做得较好的社交媒体，如猫途鹰，在其 App 上，在主屏幕通过 2 步就能够找到对用户隐私保护的相关内容。

同时，在调查时发现，几乎所有社交媒体 App 的隐私声明都属于契约合同性质的隐私声明，这也是由于社交媒体的网络服务性质。但是契约合同性质的隐私声明要求是基于双方认可的情况之下。但是现阶段社交媒体的隐私声明普遍表示，用户如果不同意相应的隐私声明内容，就不能完成相应的注册程序，只能放弃使用社交媒体提供的相应服务。这也就意味着，即使用户发现社交媒体对于个人隐私的过分采集与滥用，为了使用服务也只能牺牲自己的隐私利益，用户没有任何的选择权以及议价能力。

在隐私声明文档名称的调查中发现，现阶段移动社交媒体对于隐私保护相关内容规定的命名不规范统一，并没有对用户起到很好的提示作用，这也在一定程度上反映了对于用户隐私保护意识的淡薄。调查结果发现，仅有46%的App使用了含有“隐私”这种较为明确、并且可见度较高的字眼，如“隐私政策”“隐私声明”“用户隐私协议”“隐私权保护声明”等。其余的大多数普遍使用“用户协议”“使用协议”“法律声明”“使用条款”等，用户隐私权保护的条款往往是作为呈现在其中的一部分内容。使用可见度较高的文档名称能够引起用户对于个人隐私情况的关注，便于用户发现相应的隐私保护内容和条款，从而辅助用户对App提供的隐私保护状况进行评估。从这个层面上来说，现阶段社交媒体对于用户隐私保护仍然缺乏足够的重视。值得注意的是，知乎作为目前国内主流并且受到广大用户关注的问答类社交媒体，其文档标题仅使用“知乎协议（草案）”来代替，可见其对用户包括隐私权在内的各项权利的忽视。

在隐私声明内容的呈现形式上，调查发现几乎所有的App都是通过网页URL的形式，这与网页端隐私声明的呈现方式并无差异。在移动端使用URL的表现形式无可厚非，但是考虑到移动屏幕的大小以及用户在移动端的碎片化阅读，我们发现在移动端隐私声明内容在呈现形式上仍然是存在着很大的问题。首先，在隐私声明内容的篇幅上，通过统计，平均每个隐私声明拥有3722个字，阅读速度按平均一分钟300字来算，读完一篇通常需要10分钟。在详略程度上，不同的App也表现出很大的差异，比如马蜂窝的隐私声明内容只有355字，这样的内容长度其实很难完全涵盖相关规定的要求；而最长的是领英，有17008字，在这样长的篇幅下，用户如若是想要找到他相关的内容，也是十分困难的。除了内容的长度篇幅之外，我们发现，由于移动端屏幕的限制，而隐私声明又是通过URL的形式呈现的，如果要想用户更好地了解和阅读隐私声明的相关内容，App至少应该对内容、字体的大小进行屏幕自适应的处理，方便用户的使用。但是调查结果显示，仅有43%（13个）社交媒体App提供屏幕自适应大小的字体，其他的通常就是照搬网页端的链接，字体较小，难以阅读，用户需要不停地放大拉动来阅读。从这两个方面上来看，现阶段移动社交媒体隐私声明的表现方式不佳，用户体验不好。

现阶段由于科学技术的日益发展，尤其是在互联网企业，往往在一两周之内就需要上线新的功能，新的功能往往意味着对于用户信息的再次收集、开发与利用。在新的功能与版本使用之时，企业都应该及时向用户更新与说明相应的改动以及新的信息实践情况。这也是工信部在《指南》中明确要求的，要求公用及商用信息系统商向用户明确其对个人信息处理的实践，并且注明每一次的更新时间。但是在调研发现，只有 6 个 App 对隐私声明的版本和时间进行了标注，大多数的都没有明确相应内容的有效时间。这也就意味着，现阶段用户同意的相关条款可能是一些已经不具有时效性的内容，大多数社交媒体 App 在对于用户隐私保护的实践上仍然存在着欠缺。

之前多个统计机构的数据调查都发现，社交媒体用户呈现年轻化的趋势，特别是对于一些新兴的社交媒体，其核心用户主要是一些 20 岁左右的年轻人，也包括不少十几岁的初高中生。因此，社交媒体需要格外注意对于未成年人的隐私保护，但是在被调查的 App 中，发现只有 43%（13 个）提到了对于未成年的隐私保护问题，如“未成年在阅读协议和使用相应功能时，请在监护人的陪同下进行”，“在收集未成年人的隐私信息之前，会事先询问监护人的意见”。这表明现阶段社交媒体对于像未成年这样的特殊人群保护力度不足。

而对于一些特殊情况的免责上，63% 的隐私声明中都提供了相应的免责情况说明。而在进一步对免责声明进行研读时发现，免责声明几乎成了社交媒体逃避相应责任的避风港，如爱奇艺表示，“如若用户资料遭到未授权的使用或修改，爱奇艺不承担任何责任，也不承担赔偿义务；爱奇艺在服务过程中可能会提供与其他国际互联网网站或任何第三方资源的链接，爱奇艺无法对第三方网站、资源所提供之服务进行控制，用户因使用上述网站或资源所产生的损失或损害，爱奇艺不承担任何责任；爱奇艺不保证服务不受干扰，及时、安全、可靠或不出现错误，本服务可能出现瑕疵，包括但不限于黑客入侵、网络中断、电信问题及其他不可抗力等。”

（1）信息的收集与存储。

信息的收集与存储维度主要调查现阶段社交媒体 App 对用户信息收集的一般情况、用户对信息的控制能力以及 App 对用户信息的保护情况。同时由于这一部分还融合了《指南》中对信息系统服务商收集过程的基本规定，通过 App 内容与相关标准的对比，也可以了解现阶段社交媒体 App 对相关规定的实施情况，并发现相应的问题。具体调查结果详见表 3.11。

表 3.11　信息收集与存储维度调查结果

收集的信息类型	
电话号码、电子邮件注册信息	93%（28）
用户提供的信息	93%（28）
位置信息	72%（21）
服务器日志信息	60%（18）
Cookie 信息	57%（17）
其他（银行卡信息）	20%（6）
告知收集信息的目的	60%（18）
告知收集信息的方式与留存	40%（12）
告知不提供可能出现的后果	
无法使用服务	83%（25）
告知可能存在的风险	40%（12）
用户对个人信息的控制	
能够查看、更新、删除相应信息	83%（25）
Cookie，Beacon 的使用	
使用 Cookie	57%（17）
可以被禁用	30%（9）
使用 Beacon	20%（6）
安全保护说明	
说明保护用户安全	80%（24）
说明具体措施（技术手段与管理措施）	27%（8）

续表

投诉渠道	
邮箱	17%（5）
客服电话	10%（3）
网址	10%（3）

工信部规定信息系统管理商在信息收集前，要采用个人信息主体易知悉的方式，至少向个人信息主体明确告知收集范围、目的、方式及留存时间、不提供相关信息可能出现的后果、可能存在的风险、个人信息的保护措施、用户的投诉渠道这几项规定，即内容分析中 9 ～ 15 共计 7 项的相关内容。但是研究结果表明，社交媒体 App 隐私声明内容与国家标准的要求仍然存在着一定的差距，现阶段实施情况并不理想。

在收集范围的告知上，移动社交媒体普遍做得较好。在调查的 35 个社交媒体中，有 30 个 App 有隐私声明，其中，93% 的 App 都明确告知了收集用户信息的类型。进一步对社交媒体收集的不同类型信息进行统计发现，几乎所有的 App 都表示会收集用户在注册时提供的手机号码和电子邮件信息，72% 的 App 会收集用户的地理位置信息，60% 的表示会收集服务器上存储的信息，包括用户的 IP 地址、硬件设备类型、登录时间、语言等，57% 的表示会收集 Cookie 采集到的用户信息。还有少量融合支付功能的 App，如微信、团购类社交媒体，表示会收集用户登录的银行卡信息。总体上来看，现阶段社交媒体明确告知用户会采集的信息已经涵盖了大量的用户隐私信息，而进一步研究发现，部分社交媒体仍然存在着越轨收集信息的现象，比如在地理位置信息的收集上，像 SNS、团购以及地理位置社交这类的社交媒体收集隐私信息情有可原，用户可能有基于位置交友、基于线下位置的生活服务等需求并且会使用相应的服务，而论坛类（如百度贴吧、天涯）和视频分享类（如秒拍、优酷）并未明确涉及相应位置服务的社交媒体，却表示会收集用户的地理位置信息，可能存在一定的越界行为。

在收集目的告知上，只有 60% 的 App 告知了用户收集信息的目的，并且大多数只做了笼统与含糊的说明，只有少部分明确了具体的目的。在调查中发现，大部分的App通常将收集目的笼统地阐述成“收集您的个人信息是为了向您提供更加优质的服务”。而只有少部分做得较好的，通常集中在发展较为完善、知名度较高的社交媒体，如微博、微信、领英、猫途鹰等。如新浪微博在隐私声明中声明：“新浪微博可能会将您的个人信息用于市场营销，使用方式包括但不限于：在新浪微博平台中向您展示或提供广告和促销资料，向您通告或推荐新浪微博的服务或产品信息。”

在收集的方式与留存的告知上，只有40%的App在隐私声明中告知了对各项个人隐私信息的收集方式，如微信明确表示：“您在注册我们的账户或使用我们的服务时，我们会收集您提供的相关个人信息，例如电话号码、电子邮件和银行卡号等”，“系统可能会通过Cookies、Web Beacon或其他方式自动采集的技术来收集您的日志信息”，“在您开启设备定位功能并使用我们基于位置提供的相关服务时，我们会收集有关您的位置信息”。

对于用户不提供相应的信息或者对于相关隐私声明有异议的情况，83%的被调研App表示，如果不提供相应信息，则无法使用服务。如大众点评明确表示“不同意或者不愿意接受本协议条款的，不得使用大众点评提供的网络服务”；世纪佳缘表示“如果您使用或继续使用我们的服务，都表示您同意我们按照本《隐私政策》收集、使用、储存和分享您的信息”。从这一点上，更能够看出，虽然隐私声明本身应该是基于双方意愿的合约，但是现阶段国内的隐私声明大多数都变成了霸王条约，对于隐私声明的相关内容与条款，用户几乎没有议价能力。

在相关风险的告知上，只有40%告知了可能存在的风险，这部分的App通常表示：“尽管存在着相应的安全措施，也请您注意在信息网络上不存在完善的安全措施”，或者：“请注意，您在我们的服务中所提供、上传或发布的内容和信息（如有关您社交活动的照片或信息），可能会泄露您的敏感个人信息。您需要谨慎地考虑，是否使用我们的服务披露您的敏感个人信息”。但是在安全保护说明上做得相对较好，80%社交媒体都表示会保护用户的信息安全，只是在详略程度上不一。大部分只是粗略地提到“会采取相应的管理手段与技术措施来保障用户的隐私安全，保证用户信息的完整性”。少部分的社交媒体则详细地阐述了具体的手段与方法。如微信明确说明会采用“SSL 加密方式来保证您的信息在移动设备上的安全”，领英说明了“会采用安全浏览方式，同时会定期进行系统安全检查，防止系统出现漏洞或遭黑客攻击”。

在个人投诉渠道的告知上，现阶段社交媒体做得较差。只有 37% 的提供了相应的投诉渠道及联系方式，通常情况下是公司官网、客服电话以及邮箱。

而在收集过程中，对于 Cookie 以及 Beacon 这种自动抓取数据技术的使用，17 个社交媒体 App 在隐私声明中明确会使用 Cookie 来收集用户的信息，但仅有 9 个 App 在声明中表示用户可以自主禁用 Cookie，并且提示“在禁用相应 Cookie 之后，相应的一些特色功能和服务可能会无法正常运行”。对于 Beacon 技术，仅有 5 个 App 表示会使用这种技术来收集用户信息。Beacon 通常是透明的、单像素的，可用来跟踪用户的活动，但与 Cookie 不同的是，Beacon 不能被禁用，因而对用户隐私来说是一个更大的威胁。

在完成了相关信息的收集之后，对于用户个人信息存储以及用户对个人信息控制的层面上，我们发现现阶段大部分社交媒体都做得较好。83% 的 App 赋予了用户对于个人信息完全的控制权，表示用户能够查看、更正和删除相应的个人信息。

（2）信息的使用与共享。

由于现阶段已经形成了隐私信息出售和贩卖的灰色产业链，这一部分通过调查社交媒体与第三方披露信息的情况及目的、用户相应的退出机制来了解现阶段社交媒体对于用户信息的保护情况（表 3.12）。

表 3.12　信息的使用与共享维度调查结果

和第三方披露信息	27%（8）
和合作伙伴、附属机构分享信息	43%（13）
共享的目的与范围	33%（10）
告知用户退出机制	77%（23）

社交媒体在用户个人信息的转移与共享的过程中，绝大多数的 App 均表示，“在未经法定许可或者用户同意的情况下，不会擅自向第三方、附属机构以及承

包商披露任何有关用户的信息”。只有8个社交媒体App在隐私声明中明确表示会向第三方和附属公司分享用户的个人信息。这说明大部分的社交媒体充分尊重用户的个人隐私，做出了相应的承诺，保证不会由于商业利益而擅自出售与利用用户的相关信息，用户可以缓解相应的担心。但是值得注意的是，尽管大多数的社交媒体App表示并不会向第三方披露相应的信息，但是对于他们的合作伙伴、附属机构等，43%的App都表示会向这些机构分享用户的个人信息。通常他们在隐私声明中这样表述“为了给您提供更好的产品及服务，我们可能会向我们的附属公司以及我们甄选过的合作伙伴分享您的相关信息”。

而对于向合作伙伴、附属机构分享信息的目的告知中，37%的App告知了分享个人信息可能的用途，但对于分享个人信息的目的的表述，不同App详略不一。大部分App表示“我们会向合作伙伴和第三方提供相应您的个人信息，旨在为您提供更好的产品和服务”。少部分App对于分享目的进行了详尽的阐述，如猫途鹰告知了“在处理用户的各项预订需求时，会向供应商和第三方服务商共享用户的相应信息”“用户如若是从其他网站被推荐过来的，可能会与推荐商分享用户的相应信息”“用户在使用本账户登录其他网站时，会与登录网站共享用户的相应信息”。

这样的调查结果表示，现阶段社交媒体对于用户的个人隐私信息还是相对重视，只有少数的会向第三方分享用户的相关信息，对于向合作伙伴和附属机构分享相应信息的情况，大部分的App也对分享的目的进行了说明。

而在用户与社交媒体的互动过程中，在默认的情况下，社交媒体会向用户推送相应的消息，提供如通讯录匹配、E-mail推荐等相应的服务。用户如果不愿意使用相应的功能和服务时，77%（23个）的社交媒体App都表示，用户可以自主地选择是否接受相应的服务和通知，如果不接受的话，可以通过相应的功能设置来退出相应的服务，这表示社交媒体还是比较重视用户的权利。

4. 社交媒体用户隐私声明的问题分析

面对越来越多的隐私越轨行为，国家相关政策与标准规定，信息系统服务商应该在收集用户信息之前履行相应的告知义务，对相关内容进行提醒与警示。由于社交媒体日益丰富的功能，为了缓解用户对个人隐私信息泄露的担心，越来越多的 App 通过隐私声明的方式，向用户公开其对于个人信息收集、利用以及处理的承诺，从而达到隐私保护的目的。隐私声明的内容在一定程度上反映了现阶段社交媒体 App 对于用户个人隐私保护的程度，而本章节通过具体内容的调查以及与国家相关要求的对比发现，现阶段，社交媒体 App 在隐私声明以及个人隐私保护上仍然存在着以下的问题：

第一，隐私声明重视程度不足，用户体验较差。在一般项目的调查中发现，社交媒体 App 对于用户隐私保护相关规定的命名极不统一，只有不到一半 App 的使用了带有“隐私”字眼的文档名称，做到对用户的有效提醒，其他的则将相关内容夹杂在如“用户使用协议”之类的文档之中。而研究发现，尽管 86% 的社交媒体 App 在注册时展示了隐私声明，但是只有不到一半的能够在 App 内部再次找到相应内容。对于这部分能够在 App 内部找到相关内容的社交媒体来说，从主屏幕平均需要 4 步才能够达到，用户在查找时并不便利，这也表现出现阶段社交媒体 App 对于用户隐私保护的不足。在进一步对隐私声明内容进行统计时发现，现阶段移动端隐私声明内容平均有 3722 字，以成年人的阅读速度来看，通篇读完一个隐私声明至少需要 10 分钟的时间，使得隐私声明内容的利用并不便利，这对于移动端的碎片化阅读来说更是一大挑战。除了冗长的篇幅之外，笔者调查还发现，由于移动端隐私声明内容都是通过 URL 的形式来展示的，这与网页端的隐私声明并无差异，但是由于移动屏幕大小的限制应该充分考虑到使用时的字体大小情况，但是调查结果显示仅有不到一半的做了字体自适应的处理，用户在阅读和使用的过程中需要不断的缩放、拖拉来了解相关内容，使用体验差。

第二，用户对个人隐私权利的谈判能力不足。在调查中发现，现阶段几乎所有的社交媒体 App 隐私声明都是格式合同性质。笔者发现，在注册时，即便用户对于隐私声明内容心有疑虑，或者是发现对个人信息不公正处理的情况，用户若还想要使用社交媒体的服务和其他功能，就不得不同意相关隐私声明的内容。而后面在“不提供相关内容出现的后果”这一项的调查中也发现，83% 的社交媒体 App 都表示，如果不同意相关内容，用户只能自行放弃 App 的使用。这两个方面都表示出现阶段社交媒体用户对于个人隐私权利的谈判能力严重不足，用户若想要使用相应的服务和功能就不得不牺牲自己的个人隐私信息，隐私声明的内容只是 App 本身一个单方面的承诺，而协议的效力也不是基于双方的意愿产生，而是单方面的霸王协议。

第三，个人隐私信息收集过多，部分 App 存在着“隐私越轨”的现象。在对个人隐私信息收集范围的调查中发现，93% 的社交媒体会收集用户在注册时提供的电话号码、电子邮件信息以及用户在使用的过程中提供和上传的任何信息。并且 72% 的会收集用户的地理位置信息，在调查中发现，对于一些完全不提供 LBS 相应功能的 App，如论坛类、视频类社交媒体，也会采集用户的地理位置信息，这属于隐私越轨的情况。而对于设备信息，包括用户使用的移动设备型号、版本、IMEI 号等，60% 的社交媒体 App 也会收集，同时超过一半的 App 会利用 Cookie 这种自动抓取技术来收集用户行为信息。因此整体上来说，现阶段社交媒体对于用户的个人隐私信息收集过多，部分 App 存在着隐私越轨的现象。

第四，对《指南》相应内容要求实施不足。工信部出台的首个个人信息保护国家标准中明确要求了公共及商用的个人信息管理者在收集敏感信息之前，必须获得个人信息主体的明确授权，并采用易知悉的方式向个人信息主体明确告知包括收集范围、目的、方式及留存等在内的共 7 项基本内容。但是在内容分析的研究中发现，现阶段社交媒体大多数只在收集范围和安全告知上做得较好，而在其他 5 个方面，只有不到一半左右的 App 进行了明确的告知，并且在内容上详略不一。调查显示，只有少数的大型知名社交媒体，如微信、微博、领英、猫途鹰等，能够完全达到《指南》相关内容的要求，对各个部分进行详细且具体的说明，对用户做到完全的告知与警示。

第五，大部分 App 在隐私信息保护上做得较好，不会出售和滥用用户信息。由于现阶段用户的隐私信息可以通过出售、广告推广的方式进行变现，不少急功近利的 App 平台会为了商业利益而放弃用户的隐私信息。在 35 家社交媒体 App

的隐私声明内容中，只有27%的App表示会与第三方分享用户的个人信息，其他则坚决表示，未经用户的同意，不会与任何第三方共享相关信息，这也表示大部分的社交媒体App还是充分尊重用户的隐私权利。但是尽管这样，还是有接近一半的表示可能会与合作伙伴以及附属机构分享用户信息，但是这些中的大多数也明确说明了相应的共享目的，即使有部分会用于“商业广告投放”，也在隐私声明中向用户明确告知。同时，对于App向用户电子邮件进行推送，默认情况下开启的一些功能，大部分的社交媒体也在隐私声明中明确了相应的退出机制，完全尊重用户的选择权。

第三节　网络信息共享与版权规制的矛盾

一、网络信息共享概述

网络信息的便利之处就是可以随意检索、浏览、使用各种信息，在过去一般仅仅局限于通过人际互借、书店报摊购买、图书馆借阅等方式来利用文化知识信息，但是现在可以通过网络浏览个人博客、阅读各种免费报刊，可以检索和利用各种经过集成汇总的数据库资料和数字图书馆资源，乃至庞大的在线百科全书、维基百科和百度知道等资源。但是，这些资源的使用有一个重要的前提，这些大多数享有著作权的资源都是需要征得许可并支付费用后发布到网络上的，如果需要获得这些资源或者下载以及复制、使用、转载，都需要征得许可和支付费用。而现实状况是由于相关法规还不能得到有效执行，社会版权意识的淡薄，导致信息使用上的法律纠纷不断。

与此同时，网络上由于资源的产权控制直接导致了信息爆炸、“鱼儿”不足或者“大鱼”不足的生态危机、信息侵权等问题，很多重要的知识信息不得不采取技术保护措施，这样就限制了人们直接通过网络来检索、浏览一些有价值的信息，导致网络越来越像一个目录系统。

由于社交媒体的互动性与分享特性，社交媒体上常常出现对原创作品的分享与转发却未注明出处的情况，导致作品创作者的著作权受损，童话大王郑渊洁状告微博网友的案件就是一个典型的社交媒体著作权侵犯的案例。在众多有关微博著作权的纠纷中，按照侵权的表现形式，社交媒体的侵权行为可以分为使用者的随意复制与转载，报刊杂志、出版书籍对社交媒体的引用，社交媒体使用者引用传统著作权保护范围内的作品这三种[1]。从侵权的主体上，社交媒体的侵权行为可以分为内容提供者、内容使用者、网络服务提供商这三种。尽管社交媒体上侵犯知识产权尤其是著作权的行为普遍存在，但是在相关权利的维权行动上仍然存在着很大的限制，譬如微博 140 字的内容是否构成作品，面对侵权后当事人的删除行为可否追查等。

二、社交媒体版权制度创新

社交媒体上的知识产权问题十分突出，其原因主要来自两个方面：一是社会性软件导致个体信息空间和公共信息空间的界限变得模糊，个体在网络上发布的信息和内容很容易被广泛传播和获取，由此导致信息内容生产商的复制权和传播权被侵犯；二是用户创造内容不仅包括用户原创内容，还包括利用多种商业作品进行混编的内容，这些内容常常未经版权所有者允许就被用户私自发布，由此导致内容的完整传播权被侵犯[2]。但是社交媒体信息如微博 140 字的作品信息是否应该享有版权，网友个人非营利目的的转载是否是著作权法律制度中的合理使用行为，微博运营商在微博引发的著作权侵权行为中是否应该承担责任等，都构成了社交媒体在进行知识产权问题规制时的巨大挑战[3]。

普通网民的社交媒体往往通过“大 V”的转发才能实现更大的影响，但是不少“大 V”并不注重在转发的过程中对原作者的内容保护，有些甚至对所转载

❶ 牛嘉琦 . 浅论微博著作权问题 [J]. 法制与经济：下旬 ,2011（8）：125-126.

❷ 郭淑娟 . 论社会性媒体的概念及发展中面临的问题 [J]. 新闻界 , 2011（3）：40-41.

❸ 杨成梅 . 对微博著作权侵权问题的几点思考 [J]. 法制与社会 , 2011（22）：255-256.

信息做出实质性修改，添加或者修改文章标题，导致其与内容严重不符甚至误导公众。

对于微博这种限制字数的社交媒体平台，其作品是否受到著作权的保护在过去产生了不少的争论。目前看来，著作权所保护的作品一定要具有原创性与独立性，只要符合作品的特点就应当受到著作权的保护。一般来说，微博 140 字足以构成作品，可以是微小说、微诗歌等多种文学形式的载体。因此在转载部分内容的时候需要及时地注明时间与出处，来保证内容所有人的著作权。虽然，目前社交平台上娱乐性的内容很多，真正有创新性的很少，经常都是互相转载的，但是作为意见领袖的公众人物要时刻明确自己的义务，注意自己的转发行为。

（一）社交媒体版权保护的困局

媒介技术和传播技术是版权制度建立的技术基础，因此版权制度也应随技术的不断发展而发展[1]。一般而言，各国的版权法都赋予作品权利人，即作者或传播者，在特定时期内的一系列排他性权利，从而鼓励作者创作的积极性，并在更大范围上促进文化和科学技术事业的发展。版权包括以人格利益为内容的人身权（精神权利）和以财产利益为内容的财产权（经济权利）两方面。现代社会中，版权制度既是维护作品创作者利益的制度保障，同时也是文化、娱乐等版权产业的基石。在网络传播发达之前，作者、传播者、使用者等参与者共同构建形成了以版权授权为核心的版权产业生态。而随着数字技术和网络传播技术的大规模快速普及，特别是社交媒体的大量使用，作品创作、制作、复制方式产生了巨大变化，新的作品传播途径使得原先版权产业所设立的监管机制不再有效，同时作品的创作者、传播者和使用者也发生了显著变化，这些因素使得原有的版权产业生态遭到了严重的挑战，最为直接的结果就是社交媒体环境下的版权保护陷入了严峻的困局。

[1] 张平 . 北大微讲堂：网络环境下的版权——保护与分享 [M]. 北京：北京大学出版社 , 2014.

1. 版权法规制对象出现错位

从历史上看，由于个人使用者通常不具备大规模印刷、传播的技术能力，所以对于作品版权的保护主要是针对专业使用者而言的，而个人使用者在很长一段时期内经常被忽略。换言之，在互联网普及之前，版权制度主要是针对作品的专业使用者而设计的。世界上第一部版权法《安妮法》，就是皇室用于赋予出版商禁止其他出版商再利用他们作品的特权。也就是说，版权法在过去都是针对专业机构的，包括广播公司、有线电视公司，以及非法的磁带、光盘生产商和销售商等[1]。

而数字和网络技术则改变了版权产业的生态，每一个网络用户既可以是作品使用者，又可以是作品传播者，同时也可以是作品的创作者，非专业的网络用户成为网络传播中的新兴力量。而与此同时，由于版权制度调整的滞后性，造成过去专门用来规制专业机构之间合同关系或对抗专业盗版的法律工具被用于对付非专业的网络用户[2]。其结果是，数以亿计的网络用户被视为违法者，大量的普通网络用户成为版权法的规制对象，出现严重的错位。

2. 数字和网络技术对传统“一对一”授权模式提出挑战

传统模式下，使用人要使用他人的作品，通常必须事先获得作品版权人的“一对一”（One by One）授权。版权人通常将作品的权利转让或许可给文化经纪公司或中介团体，再由后者将权利许可给使用人。然而，由于互联网上内容复制、传播的极大便利性，传统的“一对一”授权模式受到极大挑战。据统计，以美国为例，美国P2P网络上的80%以上的内容为非授权内容[3]。而事实上，对于网络个人用户而言，要在使用、传播网络内容之前取得版权人的“一对一”授权几乎是不现实的。适应互联网传播条件下的新型授权模式及商业模式亟待探索建立。

---

[1] 梅夏英，姜福晓．数字网络环境中著作权实现的困境与出路——基于 P2P 技术背景下美国音乐产业的实证分析 [J]. 北方法学，2014（2）：45-58.

[2] 姜福晓．数字网络技术背景下版权法的困境与出路 [D]. 北京：对外经济贸易大学，2014.

[3] 克里斯·安德森．长尾理论：第 3 版 [M]. 北京：中信出版社，2012.

3. 版权保护给公众获取公共知识带来障碍

为保障公众对于知识和信息的合理使用需要，各国版权制度中均设置了合理使用（或例外）原则，通过对作品权利人进行一定的权利限制来满足公共利益，体现了权利人合理垄断与社会公共需求之间的平衡[1]。但在互联网环境下，这种平衡格局被打破。一方面，互联网环境下，知识产品的公共性更加强化，互联网用户对知识获取的公共利益需求更为突出；另一方面，法律赋予作品权利人更大范围的垄断权利以及针对新技术的技术保护措施被大量使用，使得公众的合理使用需求难以得到保障[2]。因而，网络环境下，对于知识产品的私权保护与知识作品本身的公共性之间冲突更加剧烈[3]。

针对互联网环境下传统版权制度存在的种种问题，认为传统版权制度已经不再适用的声音并不鲜见。尼葛洛庞帝曾指出，“版权法已经完全过时了，它是谷登堡时代的产物。由于目前的版权保护完全是个被动的过程，或许我们在修正版权法之前，得先把它完全颠覆”[4]。日本学者中山信弘类似地指出，在信息的个人使用产生爆炸性增长的 21 世纪，权利人不得不接受这样的现实，即不受其控制的利用在不断增长。以这种不受控制的利用为前提，版权法必须重新构筑[5]。知识产权法专家张平也提出，版权保护应考虑互联网的开放、交互和共享精神[6]。

（二）社交媒体相关的版权保护立法进展

随着社交媒体环境下版权问题的大量出现，国际组织、各国政府在处理不断涌现的侵权案件的同时，已经着手对版权法及相关法律进行针对性的制订或修

[1] 张平. 北大微讲堂：网络环境下的版权——保护与分享 [M]. 北京：北京大学出版社，2014.

[2] 高敏. 网络版权保护的利益平衡机制研究 [D]. 天津：天津商业大学，2016.

[3] 孟兆平. 互联网环境中著作权规制基本原则研究 [J]. 电子知识产权，2013（4）：92-98.

[4] 尼葛洛庞帝. 数字化生存 [M]. 胡泳，范海燕，译. 海口：海南出版社，1996.
吴汉东. 知识产权制度基础理论研究 [M]. 北京：知识产权出版社，2009.

[5] 中山信弘. 多媒体与版权 [M]. 张玉瑞，译. 北京：专利文献出版社，1997.

[6] 张平. 北大微讲堂：网络环境下的版权——保护与分享 [M]. 北京：北京大学出版社，2014.

订。总的来看，国际组织和各国政府的做法延续了历史上版权保护应对新技术挑战的传统思路，即扩展版权的权利内容、扩大版权保护的范围，同时尽可能维护权利人与公共利益之间的利益平衡。

1. 世界知识产权组织版权及邻接权条约

1996 年 12 月 2—20 日，世界知识产权组织在日内瓦召开的关于版权与邻接权保护的外交会议上通过了被称为“互联网条约”的《世界知识产权组织版权条约》（WCT）和《世界知识产权组织表演和录音制品条约》（WPPT）。由于这两个条约主要是为了解决新技术，尤其是数字技术和电子环境下所引起的版权和邻接权保护的新问题，因而也被统称为“互联网条约”。

WCT 与 WPPT 认为，信息通信技术对文学艺术作品的创作、使用以及对表演和录音制品的制作、使用产生了深刻影响，并对版权人与邻接权人的权利内容进行了调整，重新澄清了传统版权法意义上的“复制权”“发行权”，创设了“出租权”和“向公众传播权”，使得作品的权利内容进一步扩展。同时，WCT 和 WPPT 要求缔约国增加对版权人、邻接权人的“技术措施”和“权利管理信息”的法律保护[1]。WCT 和 WPPT 于 2002 年 3 月 6 日、2002 年 5 月 20 日生效，到 2016 年 5 月，其缔约国已达到 94 个[2]。中国也于 2007 年 6 月正式加入了上述两个条约。

2. 美国网络版权相关立法进展

美国是互联网的发源地，同时也是现代版权制度较为完善的国家之一，因此其互联网上的版权制度较其他国家也较为领先。1993 年，美国政府组建“国家信息基础设施工作组”（National Information Infrastructure Task Force），对包括数字时代的版权政策在内的众多议题加以研究。工作组于 1994 年和 1995 年先后提交了名为《知识产权与国家信息基础设施》的绿皮书和白皮书。由于白皮书明

---

❶ 刘文晶 . 世界知识产权组织版权条约（WCT）与邻接权条约（WPPT）研究 [D]. 大连：大连海事大学 , 2005.

❷ WIPO. WIPO-Administered Treaties[EB/OL]. [2016-05-08]. https://www.wipo.int/treaties/en/ShowResults.jsp?lang=en&treaty_id=16.

显偏向版权人和版权产业，遭到了美国国内学校、图书馆等组织的反对[1]。

世界知识产权组织在 1996 年制定 WCT 和 WPPT 两项互联网条约之后，美国国会在 1998 年通过了著名的《千禧年数字版权法》（Digital Millennium Copyright Act，DMCA）。

DMCA 对互联网服务提供商（Internet Service Provider，ISP）的责任加以限定，首次确定了“避风港”原则。根据 DMCA 规定，互联网服务提供商适用“避风港”原则的免责条件为：①并不明知侵权；②在其确切知悉或在意识到明显侵权活动的事实情况下，或已接到符合 DMCA 的通知等情况下，迅速删除或切断获得材料的路径；③要么没有控制侵权活动的权利或能力，如果有的话，则没有直接因侵权活动获利。[2]

该法在免除互联网服务提供商责任的同时，也引入了技术措施保护等规则，强化了权利人的保护手段。DMCA 将版权技术保护措施分为“基础控制版权技术保护措施”和“权利控制技术保护措施”两类[3]，并禁止对版权作品技术措施保护的规避行为。

为了平衡各方利益，DMCA 规定了一些例外和豁免条款。例如，美国国会图书馆于 2010 年和 2012 年先后两次发布 DMCA 的豁免条款，承认苹果 iPhone 越狱的合法性[4]。DMCA 通过之后，美国出版界为进一步加强对网络侵权的限制和打击力度，于 2011 年先后提出《禁止网络盗版法案》（Stop Online Piracy Act，SOPA）和《保护知识产权法案》（Protect IP Act，PIPA）。为了制止国外网站的版权侵权，SOPA 增加了国内相关网站在执法程序中的协助义务[5]。但由于受到了图书馆和互联网公司的强烈反对，上述两个方案最终未能通过。为抗议 SOPA，维基百科英文网站在 2012 年 1 月 18 日关闭 1 天，以告诫世人“想象一下没有自由知识的世界”。

---

❶ 田双莉 . 网络服务商的版权审查义务研究 [D]. 厦门：厦门大学 , 2017.

❷ U.S. Copyright Office. The digital millennium copyright act of 1998[EB/OL].（1998-12-01）[2016-05-08]. https://www.copyright.gov/legislation/dmca.pdf.

❸ 姜福晓 . 数字网络技术背景下版权法的困境与出路 [D]. 北京：对外经济贸易大学 , 2014.

❹ 李鑫 . 中美网络版权保护制度比较研究 [D]. 天津：天津师范大学 , 2013.

❺ 管育鹰 . 美国 DMCA 后网络版权保护立法尝试 [J]. 中国版权 , 2014（1）：54-57.

3. 我国网络版权立法进展

1990年我国颁布第一部版权法，1991年颁布《计算机软件保护条例》。我国在2000年《最高人民法院关于审理涉及计算机网络版权纠纷案件适用法律若干问题的解释》及2001年新《版权法》中肯定了信息网络传播权。2006年国务院颁布了《信息网络传播权保护条例》，明确了我国的“避风港”原则。2009年，《中华人民共和国侵权责任法》做出规定，网络用户、网络服务提供者利用网络侵害他人民事权益应当承担侵权责任。此外，还有一些司法解释、部门规章亦涉及于此。自2011年起，我国启动对版权法第三次修改工作，在司法实践和吸收国际先进经验的基础上进一步完善，但到目前为止仍未正式出台。

综合考察我国网络版权相关立法，因数字和网络技术对传统版权制度的冲击，主要在法律规定上做出了以下调整：①间接确认了网络作品的版权客体地位；②扩张了版权人的权利，主要包括确立了信息网络传播权，规定了技术保护措施，对权利管理电子信息加以保护；③对网络版权进行了一定的限制；④规定了网络版权的侵权责任及纠纷处理机制，主要包括规定了网络服务提供者的侵权责任，规定了网络版权纠纷的处理机制；⑤建立了版权集体管理制度。[1]

（三）数字作品版权授权模式创新

在政府通过立法强化版权保护的同时，学术界和产业界从技术、经济、社会等视角持续研究网络时代版权保护困境，也从制度设计上积极寻求破解网络时代版权保护的创新模式。

1. 自由软件运动与Copyleft理念的产生

与版权（Copyright）相反的一种概念是Copyleft，中文有译为“著佐权”，大意是与版权许可相左的一种非版权理念。它产生于自由软件运动，美国自由软件基金会将Copyleft解释为“是一种让程序或其他作品保持自由的通用方法，并

[1] 叶甲生. 略论中国网络版权立法的现状及完善 [J]. 安徽广播电视大学学报, 2009（1）：17-21.

要求对 Copyleft 程序的任何修改和扩展都保持自由”[1]。国内学者主张根据其意义译为“版权开放”[2]。Copyleft 最早由理查得 · 斯托尔曼（Richard Stallman）提出，他创造了一套完全自由、免费、兼容于 Unix 的操作系统 GNU（Gnu's Not Unix）。为了防止商业公司利用 GNU 公开源代码的便利使其专有化，斯托尔曼使用了一个与 Copyright 相对立的词语“Copyleft”的授权方法，命名为 GNU 通用公共许可协议（General Public License，GPL）[3]。采用 GPL 授权的作品虽然允许他人进行修改，但前提是派生作品也必须接受 GPL 授权方式，也成为自由软件。Copyleft 并不否认版权，而是以承认版权作为存在的前提条件。

20 世纪 90 年代末，美国出现了开源软件（Open Source）的概念，并在互联网上兴起，很多软件公司也接受了这一概念。开源软件，主旨在于开放、共享，保留署名权并按照原开源许可证返回开源领域[4]。此外，一些组织还推出了与软件版权开放模式相类似的版权许可协议，例如，自由软件基金会的 GNU 自由文件许可协议（Free Documentation License，FDL）；英国广播公司的 Creative Archive 许可协议；音乐领域的 EFF 开放音频许可协议（EFF Open Audio License）及 Ethymonics 自由音乐许可协议（Ethymonics Free Music License）；开放出版许可协议（Open Publication License）、开放内容许可协议（Open Content License）[5]以及知识共享（Creative Commons）协议等。

2. 知识共享（Creative Commons）许可模式的产生与发展

知识共享（Creative Commons，CC）许可协议是 Copyleft 热潮下产生的开放内容许可协议之一，是目前发展最为迅速和完善、使用频繁的授权协议。知识共享由非营利性组织——知识共享项目组织发布。其主旨是，希望在不彻底改变现有版权法框架的前提下，鼓励版权人改“保留所有权利”为“保留部分权利”，

---

[1] FSF：What Is Copyleft?[EB/OL].（2019-02-16）[2019-05-09]. http://www.gnu.org/copyleft/copyleft.html.

[2] 徐剑 . 版权开放：Copyleft 的法学释义 [J]. 上海交通大学学报：哲学社会科学版 , 2003, 11（3）: 45-50.

[3] 温晓红 . Copyleft 思潮：对网络著作权扩张的反思 [J]. 现代传播：中国传媒大学学报 , 2009（2）: 112-115.

[4] 张平 . 网络环境下著作权许可模式的变革 [J]. 华东政法大学学报 , 2007（4）: 121-127.

[5] 龙丽 , 庞弘燊 . 基于 Copyleft 理念的 Creative Commons 发展 [J]. 图书馆学研究 , 2008（8）: 93-97.

将其作品开放给公共领域或者在特定条件和用途下允许公众对其作品自由使用。

2002年知识共享项目组织发布了第一版协议，并在全球越来越多地区被广泛采纳，其协议版本已发展到CC3.0。2004年以来，知识共享项目针对各国版权法存在的差异，帮助各国发展适应各自国内法律特点的知识共享许可协议版本。目前，全球已有50个国家基于知识共享许可协议发展出结合各自国情的不同协议版本。2004年，知识共享项目在中国获得推行，并将其中文名称确定为“知识共享”。2006年，知识共享项目协议2.5中国版正式发布；2012年年底，知识共享组织中国项目团队完成了知识共享3.0协议的本土化，并正式发布供公众使用。

知识共享协议包含四个核心要素：署名、非商业性使用、禁止演绎、相同方式共享，并根据不同要素的不同组合，形成了六种核心的授权方式。每一种许可都以三种格式表达：①普通文本，用通俗易懂的语言描述相关的条款，便于一般用户理解；②法律文本，用法律条款保证协议在法庭审理中的有效性；③数字代码，所用的为机读语言，有助于计算机和搜索引擎及其他应用程序辨识出采用CC协议的作品和授权条款[1]。作者可以选择最合适的许可方式，在线作品可以在网页上复制知识共享项目许可相关的html代码，离线作品则可以标识有相同名称的知识共享项目许可证图样。

知识共享许可协议实质上相当于一种格式合同。CC组织是提供协议文本的第三方，签署合同的缔约双方是选择CC协议的当事人。权利人选择知识共享协议的行为实质上是民法上的要约行为[2]。

采用知识共享许可协议的作品数量在第1年虽然不到1万件，但到了2010年，仅在雅虎旗下的Site Explorer和Flickr.com网站上采用知识共享许可形式的作品就超过了400万件，维基百科等诸多知名网站均已采用知识共享许可。据统计，全球已有超过5亿件作品以知识共享协议的方式在互联网上公开发布。知识共享许可已经成为开放获取科学文献运动的重要组成部分，被认为是保护作者权

[1] Creative Commons. About the licenses[EB/OL]. [2016-05-09]. https://creativecommons.org/licenses/.

[2] 张平 . 网络环境下著作权许可模式的变革 [J]. 华东政法大学学报 , 2007（4）：121-127.

利的理想工具❶。例如，国外开放获取的两大出版商——生物医学中心（BioMed Central，BMC）和科学公共图书馆（Public Library of Science）都采用了知识共享的“署名”许可协议（Creative Commons Attribution License）❷。

3. UGC 网站的侵权责任及服务商指导原则

进入 21 世纪，以社交网络为特点的 Web2.0 改变了人们利用互联网的方式，越来越多的网络用户将自己创造的内容上传到网络上，这种用户自己创作的内容被称为用户生成内容（User-Generated Content，UGC）。经合组织（OECD）将其定义为，由业余者通过非专业渠道制作的、包含一定的创造性劳动并且在网络上公开可用的内容❸。

通常，UGC 网站应当承担侵权责任的行为方式有两种：一是直接侵权，指 UGC 网站直接实施版权人专有权利；二是间接侵权，指 UGC 网站并没有直接发布侵权内容，但是辅助、替代或引诱他人通过网络侵权❹。

随着围绕用户生成内容所产生的版权侵权纠纷不断产生，用户生成内容网站开始寻求新的规避侵权风险的方法。2007 年，美国四家 UGC 网站（MySpace、Veoh、DailyMotion 和 Soapbox）与五家版权权利人（Disney、CBS、NBC、Fox 和 Viacom）起草创建了用户生成内容服务商指导原则（Principles for User-Generated Content Services，以下简称 PUGCS）。通过 PUGCS，商业版权所有人以及专业提供用户上传及用户制作的视听内容的服务商（UGC 服务商）达成了如下目标：①清除 UGC 平台上存在的侵权内容；②鼓励用户上传自己原创以及获得授权的用户制作的视听内容；③允许 UGC 平台上版权内容的合理使用；(4) 保护用户合法隐私权❺❻。

---

❶ 刘俊，齐爱民．CC 许可协议的国际化争议及中国化制度兼容性解析 [J]. 江西财经大学学报，2016（1）：118-128.

❷ 杨学春．开放存取的理论基础——兼论许可协议 [D]. 上海：华东师范大学，2008.

❸ Vickery G, Wunsch-Vincent S. Participative web and user-created content：Web 2.0 wikis and social networking[M]. Organization for Economic Cooperation and Development（OECD），2007.

❹ 赵铭宇．“避风港原则”在 ISP 版权侵权责任制度中的适用问题研究 [D]. 北京：北京工商大学，2010：7.

❺ 卢璐．用户生成内容（UGC）网站著作权问题探讨及应对策略 [D]. 上海：复旦大学，2012.

❻ 李妙玲，岳庆荣．用户生成内容的版权侵权问题治理模式研究 [J]. 图书馆建设，2015（10）：18-22.

根据 PUGCS，UGC 网站必须配合版权权利人，通过采取内容识别技术将用户上传的侵权内容加以屏蔽，其基本机制如下：首先，版权权利人向 UGC 服务商提供进行侵权内容过滤的“参考材料”（包括可与用户上传内容进行对比的参考数据、如何进行对比的指示、对内容享有合法权利的善意声明）；然后，UGC 服务商依据“参考材料”对用户上传内容进行过滤，一旦发现侵权内容，则在公众获得该内容之前对其加以屏蔽[1]。我国亦有网络服务提供商采纳PUGCS，以打击网络侵权，保护版权人的合法权益。

4. 海盗党及其信息自由主张

海盗党（Pirate Parties）是由主张互联网信息自由和免费获取者建立的政治性组织。世界上第一个海盗党于2003年诞生在瑞典[2]，并成为瑞典国内的第三大党派。2010 年 4 月，海盗党的国际政治组织联盟——海盗党国际在比利时布鲁塞尔宣布成立。目前海盗党在 69 个国家和地区组建了政治力量。[3]

海盗党的政治主张以信息自由和免费获取为核心内容，主要包括：①捍卫表达、传播、教育自由；尊重公民隐私权和公民权；②捍卫信息、知识和文化的自由流动；③主张版权和专利法改革；④拥护共同合作和最大程度的透明参与；⑤反对种族、出身、信仰和性别歧视；⑥反对暴力活动；⑦尽可能使用自由软件、自由硬件、DIY 和开放协议；⑧主张直接民主；⑨主张开放获取；⑩主张团结经济；⑪ 主张分享[4]。海盗党斥责商业行为中追求版权价值最大化的不合理行为，要求对现行版权制度进行彻底改革。

---

❶ 李妙玲 . 用户生成内容的版权侵权问题研究 [D]. 大连：辽宁师范大学 , 2014.

❷ 张鸽 , 张文洁 . 信息时代西方年轻人网络问政的组织平台——海盗党的发展现状及特征初探 [J]. 上海党史与党建 , 2012（11）：59-62.

❸ Pirate Parties International[EB/OL]. [2016-05-09]. https://pp-international.net/.

❹ Pirate Party[EB/OL]. [2016-06-02]. http://en.wikipedia.org/wiki/Pirate_Party.

第四节 视频类社交媒体的兴起、影响和规制挑战

互联网内容生态经历了以文字为代表的1.0时期和以图片为代表的2.0时期，现在发展到了以视频为代表的3.0时期，内容载体的不断深度融合，带来了互联网内容生态的多元丰富和趣味性，也推动了社交方式的不断升级，短视频和网络直播即是视频类社交媒体的两种主要形式。短视频以其形式的短化、传播的社交化、个性化、碎片化特点在网民中应用最为广泛；网络直播目前虽然进入瓶颈期，但因其强互动、强参与的特点，仍具有广泛的用户基础[1]。

一、短视频社交媒体的传播影响和规制矛盾

网络带宽的逐渐提升和网络资费的下调，以及移动智能设备使用的不断普及，为短视频的发展提供了巨大的用户市场。随着社会的不断发展进步，人们工作生活的节奏越来越快，时间碎片化成为普遍现象，短时间内能提供更多信息的短视频更符合用户的行为习惯。同时，人们越来越渴望进行自我表达，对自我展现的要求也越来越高，短视频制作、上传和分享的低门槛恰好为满足用户的这种需求提供了一个出口。在这样的背景下，短视频应运而生并迅速成为一种主要的网络服务。

目前学界对短视频还未有统一的定义，笔者所指的短视频是“一种视频长度以秒计数，主要依托于移动智能终端实现快速拍摄和美化编辑，可在社交媒体平台上实时分享和无缝对接的一种新型视频形式”[2]。

---

[1] CSM 媒介研究 . 短视频用户价值研究报告 2018-2019[R/OL].（2019-03-12）. http://www.sohu.com/a/300755521_483389.

[2] 艾瑞咨询 . 2016 年中国短视频行业发展研究报告 [R/OL].（2016-09-18）[2019-06-19]. http://report.iresearch.cn/report/201609/2643.shtml.

（一）短视频社交媒体发展现状概述

移动短视频社交应用诞生于美国。2011 年 4 月，被称为短视频版 Instagram 的移动短视频社交应用 Viddy 正式发布，它允许用户对不超过 15 秒的视频进行及时摄取、快速编辑和同步分享等，该产品上线一年既吸引用户超过 1000 万，后因自身定位不明于 2014 年年初被 Fullscreen 公司收购。2013 年年初，推特发布了视频分享应用 Vine，用户可以拍摄时长 6 秒的短视频。2013 年 6 月，图片社交产品 Instagram 也推出了自己的视频分享功能，支持拍摄最长 15 秒的短视频。在此之后，国外涌现出了许多类似的短视频社交应用，如 Givit、Threadlife、Keek 等。

国内移动短视频社交应用的兴起源于 2013 年，新浪微博在 8 月推出的新版本中内置短视频应用“秒拍”，支持用户拍摄、实时上传 10 秒短视频。依托于新浪微博的流量,“秒拍”迅速吸引了大量的用户。2014 年 8 月，借助慈善活动“冰桶挑战”的病毒式传播，秒拍日活用户达到 200 万[1]。2013 年 9 月，腾讯推出了定位于 8 秒短视频分享社区的“微视”，打通了 QQ、微信和腾讯微博等社交平台，可实现内容的多渠道分发。但由于其后续缺乏对用户的引导，又被微信 6.0 版上线的小视频功能分走了部分流量，“微视”表现不尽如人意，并在 2017 年 4 月被彻底关闭。2014 年 5 月，美图秀秀推出“美拍”，将配乐、滤镜和效果打包成不同风格的 MV 模板，供用户直接选择。当年 6 月，美拍发起“全民社会摇”话题，在全网迅速走红，短短两周就有 102 万人参与此项活动，微博阅读量更是突破了上亿次[2]。2012 年 11 月，快手由制作、分享 GIF 图片的工具型应用转型为短视频社区，2015 年 6 月，快手用户总数即突破了 1 亿。在经历了几年的缓慢发展后，短视频在 2017 年彻底爆发。快手日活跃用户数超过 1 亿，注册用户数超过

[1] 解夏 . 短视频发展简史：从 20 分钟到 15 秒的新秩序 [EB/OL].（2018-06-04）[2019-06-26]. https://www.huxiu.com/article/246839.html.

[2] 海西晨报 . 自创舞蹈视频集“全民社会摇”舞出吉尼斯纪录 [EB/OL].（2014-10-31）[2019-06-26]. https://fj.qq.com/a/20141031/010762.htm.

7亿，每天产生超过1000万条新视频内容[1]。可与快手相提并论的抖音也从这一年3月起迅速占领用户市场，上线365天内，即实现视频日均播放量超过10亿次，日活跃用户数过千万[2]。腾讯也在这一年推出了30亿元补贴计划重启微视。此外，西瓜视频、火山小视频等一系列移动短视频社交应用也紧随其后发展起来。但在进入2018年以后，短视频平台因内容违规不断遭遇监管处罚，发展势头有所放缓，目前抖音、快手独领风骚，各平台之间依然竞争激烈。

（二）短视频类媒体传播影响分析

从传播学角度看，社交是一种人际之间的信息传播活动。短视频的出现，进一步丰富了社交媒体形式，互联网传播生态产生了新的变化。

首先，在传播内容的产生方面，短视频的出现降低了视频的技术门槛，使得话语权进一步下沉。与以往的视频制作相比，短视频的生产不需要专业的摄影器材和严谨的故事脚本，也不需要大量的拍摄时间和复杂的后期制作，只需要一台智能终端和相应的应用程序，用户可以随时随地拍摄自己的身边事，自由选择滤镜和特效模板，加上配乐，即可制作完成一个短视频，在不同的社交平台上分享，真正实现了视频拍摄、编辑和发布的同步。这不仅让视频传播更加快速、高效、及时，而且极大地降低了视频的生产成本，也使得视频生产这一原本属于专业精英的技术变得平民化，技术赋能激发了普通大众个性创造和表达的欲望，普通用户拥有了更多的机会和平台通过视频这一更加立体丰富的信息载体自由发表观点、彰显态度，促进了网络舆论中话语权的继续下沉。

其次，在传播的过程方面，短视频给用户带来了更强的参与感和社群归属感。不论是“美拍”平台发起的拜年神舞“扭羊歌”，还是“抖音”平台的洗脑神曲《海草舞》，都引发了全民参与热潮。与其他社交媒体不同的是，用户在短视频社交平台上的参与形式不仅是对其他用户发布内容的评论、点赞、转发，更

---

[1] 快手日活超一亿，宿华说他的信仰是对用户好 [EB/OL].（2017-12-23）[2019-06-26]. http://news.chinabyte.com/csgg/379/14392379.shtml.

[2] 日播放量超过10亿的抖音，短短500天凭什么超越对手？ [EB/OL].（2018-06-17）[2019-06-26]. http://dy.163.com/v2/article/detail/DKGJV5AJ0511UCBI.html.

会对其进行模仿，拍摄同主题内容，在平台上传、发布。这种模仿创意与再生产的模式不仅强化了用户的参与感，而且为平台内容的生产提供了源源不断的动力。另外，用户参与跟拍，不只是为了获得趣味，更反映出一种心理认同。人的本质属性是社会性，人的内心都渴望与他人建立连接。在短视频社交平台上，同样的动作、符号可以塑造出一种集体认同，用户以亲自参与的方式向虚拟社群靠拢，从而获得社群归属感。

最后，在传播的效果方面，短视频呈现两面化的特点。一方面，短视频平台用户来自天南地北和各行各业，人们的生活千差万别，用户浏览此平台便可以做到“秀才不出门，便知天下事”。同时，平台本身的推荐功能又可以将用户喜欢的同类内容大量呈现给用户，人的猎奇心理和审美追求在此得到了很好的满足。另一方面，视觉至上带来的低俗内容屡禁不止，消费主义带来的虚荣、拜金内容层出不穷，作为工业文明产物的短视频虽然短，但是它通过感官刺激，让人们无限沉浸于其中，不断提高人的敏感阈值，逐渐弱化人的深度思考能力，使人习惯于浅层认知，更会强化“娱乐至死”的社会氛围。

（三）短视频社交媒体传播影响及问题

短视频作为一种新兴的社交媒体形式，它的发展路径还处于探索阶段，目前主要存在以下四方面问题。

一是短视频内容真伪难辨。技术的发展使得“眼见为实”的传统观念受到了极大的挑战，视频的真实性本应该更强，但是经过剪辑制作、移花接木后，视频有了更强的迷惑性。“发明隐身衣”“南大校园惊现野猪”“棉花制作肉松”……这些虚假短视频都曾在网民中引起广泛关注，它们或为吸引流量、借机牟利，或为好玩儿，或为造谣惑众、故意诋毁，但不管出于何种目的，这些短视频都扰乱了正常的社会秩序，破坏了社会诚信。此外，还有一些网红通过短视频展示各种名牌手表、服装等产品以出售给网友，但这些产品实际没有任何鉴定，真假难辨，消费者的合法权益难以得到保障。

二是低俗有害内容频繁出现。在注意力经济的刺激下，一些短视频制作者为争取点击量和关注度，不惜哗众取宠、触碰红线，有的生吃猪肉，暴饮暴食；有的女性衣着暴露，以不雅动作挑逗男性；有的恐吓路人，蓄意破坏他人财物……这些内容的广泛传播背离了主流流行文化，挑战了社会的公序良俗，也会误导网民产生错误的认知和价值判断，产生恶劣的社会影响。

三是个人隐私泄露带来风险。用户在利用短视频进行更加丰富多元自我表达的同时，不可避免地会连带周围的环境信息，甚至常常环境也成为自我标识的一部分。虽然环境中蕴含着很多的个人隐私，但是环境在表达中默认是被用户忽略的，所以用户在无意识中就会泄露自己的个人隐私。对于受众而言，在接收短视频时，并不会刻意区分主体信息和环境信息，加上人本身具有的窥探隐私的心理，受众的注意力反而更容易被环境中的隐私信息所吸引。2018 年 6 月“抖音”平台出现的“小女孩直播妈妈洗澡”的短视频就是个人隐私泄露的典型案例。视频中，小女孩本来是用手机录歌曲，背景中却出现了正在浴室洗澡的妈妈。小女孩并不是故意拍摄妈妈洗澡的场景，而妈妈对此事也毫不知情，视频发布到平台后，受众发现了这一点，开始疯狂传播，这无疑会对小女孩和妈妈都造成非常大的伤害。

四是未成年人沉迷难自制。2018 年发布的《中国青少年互联网使用及网络安全情况调研报告》显示，接近半数的青少年每天上网时长都能控制在两小时以内，24% 的青少年每天上网时长达到 2 ～ 4 小时。短视频是深得青少年喜爱的娱乐休闲方式，有 20% 的青少年表示“几乎总是”在看短视频，“每天看几次”的比例也接近 10%[1]。未成年人自控力低，极易被短视频平台上眼花缭乱的大千世界所吸引，加上短视频社交应用本身产品设计给用户营造的沉浸感，很容易让未成年人使用上瘾。同时，平台上低俗、暴力、虚假信息的传播，也会对未成年人的健康成长造成威胁。尽管多款短视频产品均针对青少年推出了防沉迷功能，却可被轻易破解，这也使该功能收效甚微。

---

[1] 央广网 .《中国青少年互联网使用及网络安全情况调研报告》发布 [EB/OL].（2018-05-31）[2019-07-03]. https://baijiahao.baidu.com/s?id=1601973878130131292.

（四）短视频社交媒体规制挑战

近年来，针对短视频行业出现的各种违规、内容劣质等问题，国家相关监管部门相继采取了多种措施进行治理，整个行业进入整改、规范期。

首先是一系列政策文件的出台。根据《互联网视听节目服务管理规定》，从事互联网短视频服务需持有《信息网络传播视听节目许可证》。2018 年 3 月，原国家新闻出版广电总局（简称“广电总局”）下发特急文件《关于进一步规范网络视听节目传播秩序的通知》，对短视频版权和视听节目许可证提出要求。2018 年 11 月，国家互联网信息办公室和公安部发布《具有舆论属性或社会动员能力的互联网信息服务安全评估规定》，督促指导具有舆论属性或社会动员能力的信息服务提供者履行法律规定的安全管理义务，维护网上信息安全、秩序稳定，防范谣言和虚假信息等违法信息传播带来危害。2019 年 5 月，国家网信办统筹指导 14 家短视频平台统一上线“青少年防沉迷系统”。

接着是对违规平台进行处罚。2018 年 4 月，国家网信办依法约谈火山小视频、快手相关负责人，提出严肃批评，责令全面进行整改，要求暂停有关算法推荐功能。国家广电总局对今日头条、快手两家网站的主要负责人进行了约谈，要求全面清查库存节目，对网站上的低俗、暴力、血腥、色情、有害问题节目要立即下线，并追究相关人员责任；责令永久关停“内涵段子”客户端软件及公众号。2018 年 7 月，针对一些网络短视频格调低下、价值导向偏离和低俗恶搞、盗版侵权、“标题党”突出等问题，国家网信办会同工信部、公安部、文化和旅游部、广电总局、全国“扫黄打非”办公室五部门，开展网络短视频行业集中整治，依法处置一批违法违规网络短视频平台，约谈 16 款短视频 App 责任人，12 款短视频 App 被下架。2018 年 9 月，针对重点短视频平台企业在“剑网 2018”专项整治中的自查自纠情况和存在的突出版权问题，国家版权局约谈了 15 家重点短视频平台企业。约谈、整改、下架、永久关停，政府有关部门对短视频的监管力度不断加强，逐渐形成健全的网络综合治理体系。

除政府的规制外，短视频平台自身也做出了一些行动来自我约束和规范。

一是加强对内容审核的投入。2018 年 4 月，快手在全国范围扩招多达 3000 人的内容审核编辑。2018 年 7 月,“抖音”启动“向日葵计划”，升级未成年人审核模型、组建未成年人专项审核团队。同时，设置未成年人安全相关的专项举报入口、顶格惩罚侵害未成年人权益的行为。二是优化产品设计。2018 年 4 月，快手平台首家上线“家长控制模式”，可以过滤掉不适宜未成年人观看的内容，关掉了打赏、钱包等功能。随后，“抖音”也在平台上设置未成年人保护工具，包括时间锁和青少年模式。时间锁开启后，单日累计使用时间达到两小时应用程序就会自动锁定，需要输入密码才能解锁，这一功能可以帮助家长管理孩子的使用时间。青少年模式可根据后台的内容分类，过滤掉不适宜青少年浏览的内容。三是出台行业公约。2019 年 1 月，中国网络视听节目服务协会发布《网络短视频平台管理规范》和《网络短视频内容审核标准细则》，从机构把关和内容审核两个层面为规范短视频传播秩序提供了依据。行业自律与自治也是网络治理体系不可或缺的重要组成部分。

媒体对行业乱象的报道也起到了舆论监督作用。2018 年 3 月 31 日，央视《新闻直播间》节目报道了包括快手在内的短视频平台出现大量未成年怀孕视频，以未成年生子为噱头广泛传播，引发了社会热议。在被央视点名之后，火山小视频、快手分别发布声明公开致歉。人民日报从多个角度发表评论文章，探讨了短视频发展存在的问题，产生了广泛的社会影响。

短视频作为互联网经济的新兴产物，它的发展涉及众多利益方，既有平台企业、专业内容生产机构，又有政府、普通民众，它暴露出的问题均属于复杂的社会现象，需要各利益方以及社会协同解决。从以上的分析可见，目前各方均已采取了多种措施，虽然取得了比较好的效果，但是还应该从法制层面加强对短视频的规范管理，从而形成完整的网络治理体系，促进短视频健康长效发展。

二、网络直播的媒体影响和规制问题

根据第 43 次《中国互联网络发展状况统计报告》，截至 2018 年 12 月，我国网络直播的用户规模已超过3.9亿，网民使用率达到47.9%[1]。网络直播已经成为网民休闲娱乐的主要方式之一。网络直播是指主播在网络直播平台上，通过视频录制工具，实时为受众进行表演的活动，利用网页技术和客户端技术，受众可以通过弹幕与主播互动，也可以通过虚拟道具对主播进行打赏。网络直播有多种类型，根据直播内容的专业性，可以分为全民直播和垂直直播；根据直播内容的类别，可以分为秀场直播、游戏直播、泛娱乐直播；根据收看直播的设备，可以分为PC直播和移动直播。

（一）网络直播发展现状概述

随着用户对网络社交需求的升级换代和移动支付习惯的养成，以及4G网络的普及和内容生产技术的进步，加上资本市场的青睐，网络直播迎来了发展的爆发期，2016年被称为中国的“移动直播元年”，但其实网络直播的发展已经经过了三次迭代。2005年，原专注于语音的YY和专注于陌生人视频社交的9158开始发展PC端美女主播聊天室；2010年，视频网站六间房转型为签约主播的秀场模式。揭开了以PC秀场直播为核心的直播1.0时代的序幕。2013年进入PC秀场直播的黄金期，YY、9158和六间房纷纷上市，新浪、网易、搜狐等门户也开始布局秀场直播。之后随着移动互联网的发展，秀场直播由PC端向移动端转移。2011年，美国Twitch TV从视频直播平台Justin TV分离，独立成为首家游戏直播平台，引爆市场，每年覆盖人数以千万量级增加。受此启发，中国以游戏直播为核心的直播2.0时代到来。2012年，YY推出游戏直播业务。2014年，游戏直播从YY剥离，单独成立虎牙直播。同年，A站旗下的生放送直播更名为斗鱼TV，专注游戏直播。随后，又涌现出了如龙珠、熊猫等一大批游戏直播平台。目前，在国内游戏市场快速扩张的影响下，游戏直播已经成为游戏产业中的重要一环。2015年，主打“陪伴”与“分享”的移动泛娱乐直播平台受到了市场追捧，以映客、花椒、一直播等为代表的全民直播和垂直直播App层出不穷，直

---

[1] 中国互联网络信息中心. 第43次《中国互联网络发展状况统计报告》[R/OL].（2019-02-28）[2019-07-15]. http://www.cac.gov.cn/2019-02/28/c_1124175677.htm.

播进入移动直播、泛娱乐“直播+”的3.0时代。目前，随着VR技术的不断成熟，业界普遍认为直播即将进入VR直播的4.0时代[1]。

（二）网络直播媒体传播影响分析

网络直播不同于传统的广播直播和电视直播，后者是属于权力部门专业化团队运作的一种公共空间传播模式，而前者是一种私人化、个性化特质的展示。[2]因此，网络直播形态的出现，会对人际互动产生比较大的影响。

（1）内容丰富不确定，满足了用户的好奇心。直播为受众提供了多种多样的内容，从秀场才艺表演到美食制作，从运动健身到脱口秀，从时尚穿搭到明星互动……受众可根据自己的喜好，自由选择观看的内容。内容种类的丰富性，可极大地满足受众的猎奇和求知心理。此外，直播的实时性使得受众并不知道下一秒会发生什么，网络直播在内容生产方面最大的特点就是主播和受众共同生产内容，主播生产表演，受众生产弹幕，主播会根据受众的弹幕调整自己的表演，受众的弹幕是对主播表演的反馈，表演和弹幕相互依存，直播的不可预测性能勾起主播和受众对刺激感的追逐。网络直播平台能对用户产生足够的吸引力，因而能够聚集网民，形成一个又一个网络社区，构成社交的基础。

（2）低门槛易理解，表达去中心化。任何人只要在一部智能手机或一台电脑上下载一个直播软件，注册后即可开始直播，主播不需要掌握非常规范的画面构图方法，也不需要花费很大精力撰写故事脚本，随时随地、各种各样的场景都可以进行直播。极低的技术门槛为主播自由表达自我提供了条件，直播不再是技术精英的“特权”。网络直播声画兼备、动态及时的形式也为主播充分、立体地展示自我提供了机会，可以帮助其他用户更容易地接收主播的吸引力，而吸引力正是社交的开端。

（3）互动性与真实性强，更容易传达情感。实时互动是网络直播的天然优

[1] 腾讯研究院．直播时代：社交、网红和注意力的未来 [EB/OL].（2017-05-16）[2019-07-15]. https://www.tisi.org/4731_52.

[2] 严小芳．场景传播视阈下的网络直播探析 [J]. 新闻界，2016（15）：51-54.

势，主播和受众之间可以以对话形式直接交流，受众可以向主播提问或回答主播的问题，主播还可以通过动作等其他形式对受众的要求做出回应，使得沟通变得更有效率。透过直播画面，受众可以看到主播本人的状态和其所处的真实环境，产生身临其境之感。直播的及时互动和真实场景拉近了主播与受众的距离，使受众获得的信息与客观现实达到了最大程度的吻合，最大限度地打破了“拟态环境”。在直播过程中，主播可以通过语气、表情、动作等将自己的情绪传达给受众，受众对此做出回应，主播和受众形成共情，这是更贴近现实的情感表达方式，也是更人性化的人际交往方式。基于直播创造的互动和真实效果，主播与受众通过情感上的连结，进一步稳固了彼此之间的社交关系。

（三）网络直播媒体传播存在的问题分析

网络直播在快速兴起的过程中出现了不少问题，不仅使直播常常陷入舆论的讨伐之中，也成为其健康发展的拦路虎。

（1）劣质信息泛滥。网络直播内容的劣质首先表现为低俗违法。众多直播平台多次出现女主播为了吸引人气，获得更多的打赏而不断降低尺度，“涉黄”现象屡禁不止。如2016年1月，斗鱼一位名叫“放纵不羁123”的主播直播的视频在网上疯传，造成了恶劣的社会影响。在泛娱乐的众多直播品类中，吃饭直播成为粉丝关注的热点之一，甚至出现了“吃播”这样的专有名词，但是有的主播却通过食用奇特物品来搞噱头、博出位。2016年6月，一位名叫“吃货凤姐”的大龄网红为增加点击量，表演了活吞金鱼、灯泡、仙人掌等自虐行为。暴力言行也能成为网络直播内容。2017年10月，知名游戏主播“死亡宣告”在直播时掀翻桌子，咆哮咒骂女友，不断对其进行人身威胁。网络直播是典型的注意力经济，行业内竞争非常激烈，主播要想取胜，他的内容必须要能吸引眼球，这种内容要么是非常优质的，要么是非常劣质的，具备优质内容生产能力的主播相对较少，所以，一部分主播走向了另一个极端，他们利用受众的猎奇、围观心理，不断生产突破下限的内容，严重污染了网络环境。

直播内容劣质的第二大表现是虚假。2016 年 10 月，快手主播“杰哥”被爆在四川凉山的公益直播结束后，又将钱物收回，“假公益”事件引发广泛关注，而这样的假公益直播团队在凉山还有多个。2017 年 7 月，吉林省吉林市一农民在直播中编造当地洪灾死亡人数，并谎称因洪灾造成的灾区通信网络中断是政府为了隐瞒灾情而故意屏蔽，严重扰乱社会秩序。网络直播的一大优势就是内容的真实性，而这种经过导演编排、捏造的直播无疑是与真实相矛盾的，它所营造的“拟态环境”对人的欺骗性更强。

如果不对网络直播的内容加以规制，任由劣质内容泛滥，那么网络直播这种大众传播方式就会失调，带来一系列的负作用，廉价占用人的自由与时间，把人变成丧失辨别力和顺从现状的单面人，使人处于虚幻的满足状态从而丧失行动能力，带来审美情趣及文化素养的普遍平庸化。

（2）直播内容的同质化现象严重。与其他自媒体形式的发展相仿，网络直播的内容也面临着同质化的问题，同种内容在同一个平台上就有很多主播在同时直播，这主要是内容生产创造性的乏力以及主播跟风模仿导致的。内容生产是极富创造性的活动，对主播的知识阅历积累、表达技巧和持续性地内容生产都有一定要求。此外，为了吸引粉丝关注，一些主播也会对知名主播的表演进行模仿，因而他们产出的内容不可避免地具有同质化的特征，很容易会造成受众的审美疲劳，也是在浪费受众的时间。

（3）青少年健康成长受到威胁。网络直播的受众用户以 30 岁以下的人群为主，“00 后”所占的比例也不容忽视。视频形式可以给人带来视觉和听觉的双重刺激，加上青少年正处于身心成长阶段，好奇心非常强，而判断力和抵抗力比较弱，导致他们极易被色情、暴力、拜金等劣质网络直播内容诱惑，沉迷其中，危害很大。另外，直播的盈利模式也会给青少年带来不良影响。2016 年 12 月，浙江一对打工夫妇辛苦攒下的 3 万元积蓄都被 14 岁儿子打赏给了 5 名游戏主播，而这并不是个例。青少年的消费观和金钱观都正处于培养阶段，禁不起诱惑，快捷支付的便利性和打赏礼物的虚拟性减弱了他们对消费的实际感知，助长了不良消费习惯的养成。

（4）主播素质良莠不齐。网络直播平台对直播用户的准入门槛设置极低，一般用户只要填写个人信息，上传身份证扫描件，提供银行卡就可以成为平台的主播，这是网络直播作为一种大众社交产品的基本要求。但是，它同时带来的一个问题就是主播的素质良莠不齐，导致内容生产也是泥沙俱下，一些主播甚至出于商业利益，无视道德底线，故意生产劣质内容。2018 年 2 月，央视《焦点访谈》点名批评知名主播 MC 天佑，其在直播中不断提及色情话题，并用说唱形式详细描述吸毒感受，随后天佑被跨平台封禁。他在各大直播平台约有 4000 万粉丝，其内容传播的危害面很广。因此，如何平衡大众参与和优质内容之间的关系，是网络直播健康发展必须要解决的问题。

（5）内容监管难度加大。直播这种形式给内容监管带来了巨大的挑战。第一，社交媒体产生的数据量是巨大的，人工可以监管的内容有限，大部分工作都需要机器来完成，机器对文字、图片的监管技术已经很成熟，但是对视频内容的识别还处于起步阶段；第二，文字、图片发布之后达到一定的传播量，通常都有一个时间差，即文字、图片的发布与接收不是一个实时的过程，而直播的信息发布与接收是实时的，所以，监管部门可以在文字、图片信息传播的起始阶段就实施拦截，而对直播内容的传播实施拦截具有滞后性，因而直播的劣质内容产生的负面影响也更大；第三，直播具有不确定性，无法对直播内容进行预判，不能提前做准备措施。

（四）网络直播媒体的规制

针对网络直播出现的种种问题，政府监管部门和直播平台企业自身都采取了一些措施，已经取得了很大成效。

2016 年 11 月，国家互联网信息办公室发布了《互联网直播服务管理规定》，对直播实施分级分类管理，建立互联网直播发布者信用等级管理体系，建立黑名单管理制度。2018 年 8 月，全国“扫黄打非”办会同工业和信息化部、公安部、文化和旅游部、国家广播电视总局、国家互联网信息办公室联合下发《关于加强网络直播服务管理工作的通知》。通知要求，落实用户实名制度，加强网络主播管理，建立主播黑名单制度，健全完善直播内容监看、审查制度和违法有害内容处置措施。

在行政监管和行业自律的共同努力下，网络直播行业的不良风气已经有了很大改善。但是，由于网络直播具有融合性、跨区域和主体多元化的特征，其行政监管涉及多个行业管理部门，目前在行政监管实际中，“政出多门”现象比较突出，而且行政监管具有运动式的特点，在监管的长期有效性上存在缺陷，因此，对网络直播的规制还应该从立法角度进行完善，使网络直播的监管标准化、程序化。

第四章

我国社交媒体规制现状与问题

从广义来说，媒体的控制方式包括很多不同方面，如政府的行政及政治利益控制；媒体的法制形式控制主要包括宪法、行政法、民法、刑法等媒介法律体系；通过媒体的投资与经营来影响媒体的传播内容与导向的经济控制；还有社会团体及受众的社会监督控制以及传播媒介的自我控制。这些控制就是一种规制手段，其中主要是指政府机构、社会组织、行业管理部门及司法机关通过制定政策、标准、规范、法律法规来控制社会经济活动的行动及结果。媒体的传播规制涉及诸多层面的问题，如内容规制、平台规制、传输设备规制、电子商务管理、消费者利益、未成年人保护、版权保护、标准等；采取的规制手段也是多元化的，主要包括政策、法律及社会规制等。这些规制内容从宏观上也属于信息规制范畴，信息规制是调整、控制和规定信息活动准则与行为的各类信息管理措施和手段的总称，其主要形式包括信息政策、信息法律、法规、标准和信息伦理等。

基于互联网的监管模式是基于互联网具有的通信技术通道属性和媒体内容传播属性而形成双重监管机制，这一机制表现为技术中立与内容审查。如斯通（Stone）[1] 认为需要从内容中立（the content-neutral）和基于内容（the content-based）两种模式。这一判断说明一部分的内容监管法规是限制与内容无关的通信情境（ 内容中立），而另一部分的法规却是通过限制信息内容来规范通信活动

[1] Geoffrey R.Stone. Content Regulation and the First Amendment. WM.&MARY L.Rev. 1983, 转引自：马费成、李小宇、张斌 . 中国互联网内容监管体制结构、功能与演化分析 [J]. 情报学报 ,2013（11）：1124-1137.

（基于内容）。同样的，布伦纳（Brenner）[1] 将媒体中的内容监管分为行为监管（behavioral ）和结构监管（structual），分别表示对信息内容和信息发布者的监管。

社交网络与传统的媒体不同的地方在于其传播模式并非线性的传播流程，因此，难以通过经典的把关模式进行事先审核和过滤，很多信息是通过较为密切的朋友之间分享、转发和关注等方式进行网络节点式传播扩散的，因此是一个蜂巢式传播模式。这一模式没有中心控制节点，因此其传播规制有别于传统模式，传媒的一些三审把关或者媒体的专业规范难以适用。从目前规制体系角度来看，对于这一模式的规制管理机制也同样存在诸多弊端。

劳伦斯 · 莱斯格认为网络空间的规制通常有四种方式：市场、架构、法律与社会规范。市场通过价格来进行规制，架构通过施加物理负担来进行约束（即通过技术来进行规制），法律通过惩罚的威慑来进行规制，社会规范通过施加声誉影响来进行约束（即伦理通过施加社会影响来进行规制）[2]，其中，市场规制广义上一般通过政策行政干预实现管理规范，而其架构则涉及行政和行业自律机制。因此社交媒体的规制手段也可以参照这个来进行，可以分为行政管理、立法、行业自律及网民道德规范等几个方面来实现规制。

第一节　社交媒体法律法规规制及问题

社交媒体的法治化规制主要是指通过立法、司法与执法来促进、规范社交媒体的运营与管理。社交媒体涉及的法律问题主要是社交媒体的主体运营规范、权利义务和法律责任等。

---

[1] Brenner D L. Ownership and Content Regulation in Merging and Emerging Media. DePaul Law Review. 1996, 转引自：马费成，李小宇，张斌 . 中国互联网内容监管体制结构、功能与演化分析 [J]. 情报学报 ,2013（11）：1124-1137.

[2] 劳伦斯 · 莱斯格 . 代码——塑造网络空间的法律 [M]. 北京：中信出版社 , 2004：111.

一、社交媒体的法律法规规范概述

社交媒体主要是通过网络传播平台完成的。网络一般分为网络连接服务商（ISP）和网络内容服务商（ICP），也分为政府、科研、公共、商业等类型网站，以及经营性和非经营性网络服务商。

过去的传播主体具有专业化、制度化等特点，属于漏斗形把关机制下的过滤机制；现在的传播主体有民营的乃至个人的，被称为私媒体或者自媒体，其法律挑战是国家管理机制的控制力下降，管制成本提升，内容失控。社交媒体传播主体体现出多元化、个性化、匿名性、交互性、全球化特征。

社交媒体规制目前存在的争议焦点是：监管主体之争（如手机电视由广电把关还是电信掌权）、网络管制与言论自由的尺度问题（如垃圾短信、实名制问题、人肉搜索问题）、网络服务商的责任问题（如搜索引擎的法律定位）、虚拟主体的法律责任问题（如红颜静案件）等。

对于微博信息传播的管理来说，不仅要提高信息发布者的自身媒介素养、道德意识和社会责任意识，还要建立一定的法律法规体系作为保障。

（一）世界各国或地区的社交媒体立法概述

利用社交媒体进行各类违法传播将会受到法律的规制，世界各国均对恐怖主义宣传，宣扬种族仇恨，传播虚假信息以及侮辱诽谤等内容的传播进行限制和严格禁止。据 BBC 的一项分析发现，在 2017 年和 2018 年，由 WhatsApp 及社交媒体上的谣言引发的暴徒袭击造成至少 31 人死亡。[1]美国国会于 2015 年 12 月 9 日出台《打击恐怖主义使用社交媒体法》（*Combat Terrorist Use of Social Media Act*）。法案包括评估激进社交媒体在美国发挥的作用，分析恐怖分子和恐怖组织使用社交媒体的方式和趋势，分类评估恐怖分子和组织使用社交媒体发布

[1] 辛小天，杨玥祺，“Facebook”们在印度将面临的新数据监管要求 [OL]. 2020-03-05. http://www.deheng.com.cn/ywly/info/15882?code=wanglou.

内容的价值[1]。

通过各类媒体进行诽谤，将会面临诽谤诉讼，在美国，构成诽谤被诉讼，一般由五个要素构成：①该言论必须确实具有中伤性——它必须是有很高的可能性伤害某人的名誉。②言论必须明确提到可能的受害者，或者是直接点名或者是其他能被受害者以外的人意识到谁是受害者。③言论必须实际地通过发表或播放等形式进行传播，除受害者和施害者以外不止一人看到或听到过它。④在大多数情况下，还必须存在错误（美国最高法院规定，在围绕公众关注的议题的诽谤案中必须有证据证明传播了错误的内容以及出版者存在实际恶意或至少是有疏忽责任）。⑤如果受害者不能证明传播是出于实质恶意，则必须有损害赔偿费（即可用金钱作弥补的损失额）的证明。在最高法院加入这项要求前，州法院有时认定媒体需对诽谤性言论负全责，不需任何实质伤害存在的证据就假定损害的成立。[2]

2016年12月，奥巴马总统签署了《波特曼－墨菲反宣传法案》，意图从两个方面推动所谓的反外国宣传计划：第一，构建国家层面反外国宣传的领导协调机构——“反外国宣传和虚假新闻中心”即“全球接触中心”；第二，与非政府专业人士和团体合作，让这些机构或个人具有更强的能力来识别和分析外国最新的宣传与信息造假技术。[3]

在法国，社交网络的言论与其他形式的言论一样受言论自由的保护，但如果出现违法言论，发布言论的网民最高可获判4.5万欧元的罚款和一年监禁。网络上出现的煽动种族仇恨、侮辱、诽谤、歧视等内容均属违法，无论是照片、视频、文字，社交网站和即时通讯软件平台均有责任将其删除，否则将通过司法程序解决争端，社交网站可能会面临高额罚金[4]。这一法律规定了无论是网民还是社交网站自身对于在网络上发布的内容均负有责任。

---

[1] Senate-Homeland Security and Governmental Affairs. S.2517-Combat terrorist use of social media act of 2016[EB/OL].（2016-02-09）[2018-05-11]. https://congress.gov/bill/114th-congress/senate-bill/2517/summary/00.

[2] 媒介法原理 [M]. 周庆山，等，译，北京大学出版社，2011（9）：126.

[3] 胡晓剑 . 美国《波特曼—墨菲反宣传法案》解读，载《国际研究参考》2017 年第 7 期。转引自：黄志雄 . 互联网监管的“道路之争”及其规则意蕴 [J]. 法学评论 . 2019（5）：133-144.

[4] 邢雪 . 社交网络与用户责任共担 法国监控管理双管齐下 [EB/OL].（2014-09-24）. http://world.chinadaily.com.cn/2014-09/24/content_18654328.htm.

2003 年 7 月 15 日正式生效的英国《传播法案》（Communications Act 2003）是英国通信、传媒甚至公民言论领域的一部规范法典。涉及社交媒体使用的内容主要是该法律的第 127 款：通过公共电子通信网络（包含网络社交媒体）发布恶意冒犯、猥亵、伤风败俗或者恐吓威胁等性质的信息将构成犯罪。该意见强调，只有那些非常具有冒犯性、下流、粗俗或虚假的言论才会在被视为有必要的情况下受到起诉，而在社交媒体上转发和散布该言论也要负连带法律责任[1]。

德国 2017 年开始实施的《社交媒体管理法》（原文为《改进社交网络中法律执行的法案》，简称“网络执行法”）于 2018 年 1 月 1 日起施行，该法调整的违法内容是指该法列举的违反刑法的言论内容，分为仇恨言论、煽动性言论和虚假新闻造谣三部分。[2]该法规定，用户数量在 200 万以上的社交媒体平台应制定规范控制非法信息内容，在一周之内删除举报的非法信息，举报后 24 小时内应删除或者屏蔽明显的违法信息，并承担不履行义务引发的法律责任，违法个人可能面临高达 500 万欧元的罚款，公司则可能面临高达 5000 万欧元罚款。同时，还须每半年公布用户举报数量及处理情况的相关报告，这为媒体自律提供了法律依据[3]。2019 年，脸书因未能披露其平台上共享的非法内容的充分信息，而被罚款 200 万欧元（230 万美元），24 小时之内删除明显违法的信息。在这项新法律实行的第一年里，据报有来自 714 个网友的投诉，社交网站没有在规定时间内删除或屏蔽违法内容。德国司法部门则认为这个数字比他们预期的每年 25000 个投诉要少得多。[4]

虽然诽谤曾被认为只与出版商和新闻媒体有关，但一名澳大利亚悉尼律师表示社交媒体正在成为澳诽谤起诉日益多发的领域，律师事务所的数据显示，在过去一个财年，48% 的诽谤起诉与在社交媒体发布的内容有关，其中大多数都

---

[1] 凡杰，赵雪湄．突破争议 英国社交媒体法律“与时俱进 "[EB/OL].（2014-09-16）. http://world.huanqiu.com/exclusive/2014-09/5139153.html.

[2] 贾茵．德国《网络执行法》开启“监管风暴”[J]. 中国信息安全，2018（2）.

[3] 德国施行《社交媒体管理法》强化社交网络平台管理责任 [EB/OL].（2018-01-28）. https://china.chinadaily.com.cn/2018-01/28/content_35598673.htm.

[4] 王茜，马修 · 英格拉姆．社交媒体的内容监管与立法之路 [J]. 青年记者 ,2020（7）：84-85.

发表在脸书上。[1]在2019年脸书视频直播射击者在新西兰基督城的枪击事件发生后不久，澳大利亚通过了《散播邪恶暴力内容法》，违规的社交媒体公司将面临制裁，公司技术主管将可能因此被判长达3年的监禁，以及高达相当于该公司全球范围内营业额10%的罚款。澳大利亚网络安全管理机构可以向社交媒体公司发出要求违法内容必须在48小时内删除的通牒，违规公司将面临高达52.5万澳元的罚款。个人上传违法内容可能被罚款高达10.5万澳元。早在2015年，澳大利亚已经实施了加强网络安全法，要求社交媒体公司撤除骚扰和霸凌内容。2018年，有关立法又扩大到包括报复性色情图文内容。[2]

2006年7月，俄罗斯国家杜马修订通过了新版《信息、信息技术和信息保护法》，为后续互联网监管立法奠定了基础。此后，国家杜马先后通过了多个修正案以规范互联网信息活动。为方便行政机关有效实施监管，修正案规定任何日访问量超过3000人的公开网站或网页均被视为类似报纸的媒体，它们及搜索引擎、社交网络、论坛等平台，必须保留过去6个月内在俄境内发布的所有的电子记录。[3]因此，社交网站、各类个人网站甚至博客等均可能成为被规范的主体。例如，2015年5月，俄罗斯媒体监管机构致函谷歌、推特和脸书等科技业巨头，要求它们遵守俄罗斯法案，交出法律所规定的博主姓名，同时删除由俄罗斯总检察官认定的“极端主义信息”。[4]

1991年12月27日，俄罗斯国家杜马颁布了《俄罗斯联邦大众传媒法》，国家杜马多次对其进行了修正，主要表现为增加了一些禁止性和取缔性规定设立了更高的外资参与互联网传媒的门槛，促进传媒机构“本土化”。2010年12月21日，由国家杜马通过了《防止青少年接触有害其健康和发展的信息法》，确立了“互联网内容分级”制度和“黑名单登记”制度。[5]

---

[1] 数据称澳近半数诽谤案与在社交媒体发表言论有关 [OL]. 中国新闻网 , 2015 年 8 月 26 日 , http://www.chinanews.com/gj/2015/08-26/7490401.shtml.

[2] 王茜，马修 · 英格拉姆 . 社交媒体的内容监管与立法之路 [J]. 青年记者 ,2020（7）：84-85.

[3] TSELIKOV A. The Tightening Web of R ussian Internet R egulation［EB/OL］.（2014-11-22)［2018-12-20］. http：/ /ssrn. com/abstract = 2527603.

[4] 李彦 . 俄罗斯互联网监管：立法、机构设置及启示 [J]. 重庆邮电大学学报（社会科学版）. 2019（6）：59-72.

[5] 李彦 . 俄罗斯互联网监管：立法、机构设置及启示 [J]. 重庆邮电大学学报（社会科学版）. 2019（6）：59-72.

早在 1996 年 7 月，新加坡广播管理局就通过了管理互联网的相关法规，其中提出了网络服务商和网络内容服务商的注册、申请许可执照、分类许可制度，是一种自动取得许可执照的制度，并将互联网服务商（ISP）分为三类，即网络连接服务商、定点网络服务转售商（如网吧、图书馆、社区服务中心和学校等）和非定点网络服务转售商（指获得连接权后转售给公众的网络服务者）。新加坡专门制定了《互联网络内容指导原则》，其中对三大类内容作了要求，主要包括治安和国防、种族和宗教和谐、公共道德。新加坡的网络、手机、后台均采取实名注册制。新加坡的《国内安全法》《煽动法》以及有关种族问题的规定等，适用于个人在社交网络上的发言。比如，33 岁的新加坡男性公民鄞义林在博客发表一系列质疑新加坡政府不正当使用公民公积金的文章，遭到了李显龙总理的“诽谤”起诉。李显龙指控鄞义林影射李总理身为新加坡政府投资局主席，失信于新加坡国人，要求鄞义林删除文章，公开致歉并要求诽谤损害赔偿[1]。

据美国财经媒体 CBNC 报道，2019 年 4 月，新加坡通过一项法律，或将迫使网站在政府认为虚假的内容上附加政府的“更正通知”，新的法律也可能会影响脸书和推特等社交媒体公司在该国的运营方式。该法律名为《在线谎言与操纵规避法案》（*Protection from Online Falsehoods and Manipulation Bill*）。根据该法律，政府可以发布所谓的“删除”命令，要求社交媒体公司、新闻机构或个人删除已发布的内容。大多数情况下，政府将决定什么对“虚假”内容采取行动。网站有权要求对政府发布的更正或删除命令进行司法审查，但仅能在命令发布后行使该权利[2]。

日本 2003 年 9 月 13 日开始实施《交友类网站限制》。法律规定，利用社交媒体发布不良信息，可判处 100 万日元以下罚款。对于使用者在社交媒体上的行为，日本警方把 8 类行为规定为社交媒体上的违法行为：公开陈列淫秽物品；公开陈列儿童色情物品；提供违法卖淫广告；制作违法交友约会网站；在网上销售

---

[1] 叶依宁，邱明达，刘柳．实名制管理 新加坡多方面促进社交媒体健康发展 [EB/OL].（2014-09-23）. https://world.huanqiu.com/article/9CaKrnJFAXO.

[2] 小白．新加坡出台假新闻法案 要求社交媒体及时发布更正 [EB/OL].（2019-04-02）. https://www.cnbeta.com/articles/tech/833279.htm.

以及使用毒品；提供违规药物广告；贩卖银行户头等；销售、转让匿名手机等。与此同时，日本各级警察部门与民间团体合作一同监控社交媒体上的信息，并在各级警察部门设立举报电话，一旦发现违法或有害信息，警方可以要求网络服务供应商或管理者予以删除。对于那些不做处理的网络服务商，警方可以依法追究他们的刑事责任[1]。

印度针对互联网的法律规范也非常严格，修订后的《信息技术法》赋予政府主管部门查封网站、删除内容的权力，明确网络运营商在内容管理方面的责任，并对违规发布信息内容的个人的处罚做出了明确规定[2]。印度《个人数据保护法（2019）》特地强调像脸书、推特类似业务的社交媒体运营商作为“社交媒体中介”这一责任主体需要承担相应的法律责任。这与印度社交媒体在短时间内的快速普及带来的一系列监管与适应性问题息息相关，立法目的与理由陈述部分第四条第（vi）项说明，规制“社交媒体中介”的行为活动对民主选举、国家安全、公共秩序或印度主权和统一有重要的影响。印度对于该类行业界定和规制是针对通过社交媒体在印度广泛传播的虚假新闻与信息引发的恶劣社会事件与刑事案件。根据《印度斯坦时报》报道，在2019年印度大选开始之前，印度人民党曾计划安排约90万人参与WhatsApp的本地化竞选活动。而来自尼赫鲁—甘地政治王朝的国大党正专注于在脸书上传竞选内容，并通过WhatsApp发布。两党都被指控在网上散布虚假或误导信息，进行虚假陈述。[3]

在社交媒体保护隐私方面，欧盟公布了《通用数据保护条例》（GDPR），该条例对于收集、处理和使用涉及欧盟公民个人数据的社交媒体运营给予了具体明确而又非常严格的规范。

总体来看，世界各国或地区在社交媒体规制方面，多是以基础法律体系作为保障，同时也针对社交媒体特殊性通过各种治理措施，确保其合规和良性运

---

[1] 蒋丰．日本官民大联合净化网络社交媒体[EB/OL].（2014-09-15）. http://world.chinadaily.com.cn/2014-09/15/content_18599293_2.htm.

[2] 薛国林．国外微博管理经验借鉴[J]. 决策探索：上半月，2012（3）：37-38.

[3] 辛小天，杨玥棋．“Facebook”们在印度将面临的新数据监管要求[OL]. http://www.deheng.com.cn/ywly/info/15882?code=wanglou,2020-03-05.

行。但是，社交媒体的规制仍然存在着各个国家规制原则、标准和措施的不协调、不一致和不透明的问题。即使在美国，社交媒体的规范也存在诸多漏洞和问题。2012 年，美国学者丽贝卡·麦金农（Rebecca MacKinnnon）在《网络的知情同意权：互联网自由的全球斗争》（*Consent of the Networked*: *The Worldwide Struggle For Internet Freedom*）一书中首次提出了“脸书斯坦”一词，将脸书公司与一个国家进行比较，她的重点在于批判脸书公司在制定用户政策以及管理其平台内事务时所采取的自上而下、家长式作风和完全不透明的治理结构，如同极权主义（totalitarianism）的统治一般。一旦用户接受服务条款，并选择继续使用，他们发布的讯息便要严格遵守公司的规定。在叙利亚，脸书对当地用户的规定远远超过当地的法律。这些规定往往模仿宪法文件的语气，以“你不得”开头的条款来明确用户的义务，却没有详述他们对等的权利。❶

（二）我国社交媒体法律法规概述

随着网络传播的井喷式增长，相关的传播管理和规范问题日益突出，我国相继出台了一系列网络法规。以 2000 年为例，在一年内就颁布了多个专项法规：2000 年 4 月 7 日，国家广播电影电视总局颁布《信息网络传播广播电影电视类节目监督管理暂行办法》；2000 年 9 月 30 日，国务院颁布《电信条例》和《互联网信息服务管理办法》两个行政法规。根据学者进行的“政策引用网络应用网络中心性测量”研究表明，❷《互联网信息服务管理办法》这一政策处于整个监管体系的核心位置。

2000 年 12 月 28 日，全国人大常委会颁布《关于维护互联网安全的决定》。其中，旨在严厉打击各类互联网犯罪从而维护国家安全和社会公益的《关于维护互联网安全的决定》，可以认作我国政府迄今为止针对互联网监管制定的最强力法律规范，它在事实上扩大了《刑法》的打击范围，被称为是中国的“网络刑法”。

---

❶ 徐偲骕、姚建华.脸书是一个国家吗？——“Facebookistan”与社交媒体的国家化想象 [J]. 新闻记者,2018(11)：15-25.

❷ 马费成、李小宇、张斌.中国互联网内容监管体制结构、功能与演化分析 [J]. 情报学报,2013（11）：1124-1137.

而《互联网信息服务管理办法》《互联网电子公告服务管理规定》颁发的主旨本身，就是为了规范网络内容和言论。

2000 年 9 月 20 日国务院颁布实施了《互联网信息服务管理办法》（以下简称“办法”），《办法》将互联网信息服务分为经营性和非经营性两类。经营性互联网信息服务是指通过互联网向上网用户有偿提供信息或者网页制作等服务活动，国家实行许可证制度；非经营性互联网信息服务是指通过互联网向上网用户无偿提供具有公开性、共享性信息的服务活动，国家实行备案制度。

2005 年 9 月国务院新闻办公室、信息产业部联合颁布了《互联网新闻信息服务管理规定》，其中明确新闻信息是指时政类新闻信息，包括有关政治、经济、军事、外交等社会公共事务的报道、评论，以及有关社会突发事件的报道、评论。互联网新闻信息服务，包括通过互联网登载新闻信息、提供时政类电子公告服务和向公众发送时政类通讯信息。新闻单位是指依法设立的报社、广播电台、电视台和通讯社；其中，中央新闻单位包括中央国家机关各部门设立的新闻单位。

《互联网视听节目服务管理规定》经国家广播电影电视总局、信息产业部审议通过，2008 年 1 月 31 日起施行。对于通过网络集成视音频播放、网络直播、短视频播放等做了相关的规范。

2014 年 10 月由最高人民法院发布《最高人民法院关于审理利用信息网络侵害人身权益民事纠纷案件适用法律若干问题的规定》，其中，针对社交媒体上的转载等二次传播，《规定》明确帮助他人发布、转发网络信息将承担连带责任，并由过错及程度来认定问题。人民法院对过错程度的认定，应当综合以下因素：转载主体所承担的与其性质、影响范围相适应的注意义务；所转载信息侵害他人人身权益的明显程度；对所转载信息是否做出实质性修改，是否添加或者修改文章标题，导致其与内容严重不符以及误导公众的可能性。同时明确，作为网络意见领袖，其承担着的网络信息责任比普通网民更多，应该知晓其一言一行带来的后果，在法律上具有更高的注意力，如果犯下了相关的错误，其过错程度更大，可能承担的法律责任会更加严重。

社交媒体是互联网传播形态中的一个生态子系统，因此，专门针对社交媒体进行法律层面的立法较少，但是政策法规方面的管理规范还是比较多的，其中主要包括国家互联网信息办公室颁布的一些相关政策法规。

2014 年 8 月 7 日，国家互联网信息办公室发布《即时通信工具公众信息服务发展管理暂行规定》，规定将即时通信工具界定为是指基于互联网面向终端使用者提供即时信息交流服务的应用。规定所称公众信息服务是指通过即时通信工具的公众账号及其他形式向公众发布信息的活动。

2016 年 6 月 28 日，国家互联网信息办公室发布《移动互联网应用程序信息服务管理规定》，自 2016 年 8 月 1 日起实施。在社交媒体上，通过移动互联网应用程序提供信息服务，从事互联网应用商店服务，应当遵守该规定。其中界定了移动互联网应用程序，即是指通过预装、下载等方式获取并运行在移动智能终端上、向用户提供信息服务的应用软件。其中将移动互联网应用程序提供者界定为提供信息服务的移动互联网应用程序所有者或运营者。互联网应用商店被界定为是指通过互联网提供应用软件浏览、搜索、下载或开发工具和产品发布服务的平台。11 月 4 日，《互联网直播服务管理规定》由国家互联网信息办公室发布，自 2016 年 12 月 1 日起施行。《互联网直播服务管理规定》明确禁止互联网直播服务提供者和使用者利用互联网直播服务从事危害国家安全、破坏社会稳定、扰乱社会秩序、侵犯他人合法权益、传播淫秽色情等活动。

2017 年 10 月 1 日起施行的《互联网跟帖评论服务管理规定》，对用户真实身份登记、个人信息保护、违法信息处置、用户行为规范、网站主体责任、属地管理责任、社会监督和法律责任等作了规定。其中界定了跟帖评论服务，即是指互联网站、应用程序、互动传播平台以及其他具有新闻舆论属性和社会动员功能的传播平台，以发帖、回复、留言、“弹幕”等方式，为用户提供发表文字、符号、表情、图片、音视频等信息的服务。与此同时实施的还有《互联网论坛社区服务管理规定》，其中界定了互联网论坛社区服务，即是指在互联网上以论坛、贴吧、社区等形式，为用户提供互动式信息发布社区平台的服务。《规定》要求，互联网论坛社区服务提供者应当落实主体责任，建立健全信息审核、公共信息实时巡查、应急处置及个人信息保护等信息安全管理制度，不得利用互联网论坛社区服务发布、传播法律法规禁止的信息；互联网论坛社区服务提供者应当按照“后台实名、前台自愿”的原则，要求用户通过真实身份信息认证后注册账号，并对版块发起者和管理者严格实施真实身份信息备案、定期核验等；互联网论坛社区服务提供者及其从业人员，不得通过发布、转载、删除信息或者干预呈现结果等手段，谋取不正当利益。

2017 年 10 月 8 日实施的《互联网用户公众账号信息服务管理规定》（以下简称“规定”）共计 18 条，包括互联网用户公众账号信息服务提供者及使用者主体责任、个人信息及权益保护、账号处置、行业自律、公众监督、行政监管及违法处置等条款。其中，规范了互联网用户的公共账号信息服务，《规定》将互联网用户公众账号信息服务界定为，通过互联网站、应用程序等网络平台以注册用户公众账号形式，向社会公众发布文字、图片、音视频等信息的服务。在各类社交网站和客户端开设的用户公众账号，如腾讯微信公众号、新浪微博账号；百度的百家号、网易的网易号，今日头条的头条号、一点资讯的一点号；在知乎、分答等互动平台开设的对公众答复的用户公众账号等，均在该规定适用范围内。与此同时实施的还有《互联网群组信息服务管理规定》，互联网群组，是指互联网用户通过互联网站、移动互联网应用程序等建立的，用于群体在线交流信息的网络空间。如微信群、QQ 群、微博群、贴吧群、陌陌群、支付宝群聊等各类互联网群组。该规定所称互联网群组信息服务提供者，是指提供互联网群组信息服务的平台。规定所称互联网群组信息服务使用者，包括群组建立者、管理者和成员。《规定》要求，互联网群组信息服务提供者应当落实信息内容安全管理主体责任，配备与服务规模相适应的专业人员和技术能力，建立健全用户注册、信息审核、应急处置、安全防护等管理制度。

2018 年 2 月 2 日国家网信办发布了《微博客信息服务管理规定》，3 月 20 日起施行。该《规定》共 18 条，包括微博客服务提供者主体责任、真实身份信息认证、分级分类管理、辟谣机制、行业自律、社会监督及行政管理等条款。其中将微博客界定为是指基于使用者关注机制，主要以简短文字、图片、视频等形式实现信息传播、获取的社交网络服务。

在社交媒体服务的安全规范方面，2018 年 11 月 15 日，国家互联网信息办公室发布了《具有舆论属性或社会动员能力的互联网信息服务安全评估规定》。

总之，我国的社交媒体政策规范正在逐步走向体系化和具体化，从而为规制社交媒体提供了清晰的指南，除此之外，社交媒体的法律规范可以沿用很多网络刑事、民事侵权的相关法律规范，也适用《网络安全法》《电子商务法》等相关法律。其中，最重要的原则是针对网络服务商的平台责任做了明确的规范。2014 年 8 月实施的《即时通信工具公众信息服务发展管理暂行规定》，十条规定条款中有六条针对的是“即时通信服务的提供者”，对社交服务运营商的规范是其核心所在。

2014 年 12 月，一微信公众账号因刊登两篇安利企业谣言文章，其账号运营者被安利（中国）日用品有限公司告上法庭。最终，双方达成调解协议，谣言文章被删除，账号运营者在其微信公众账号上发布道歉信，并向安利公司支付 1 元人民币的赔偿金。此案成为中国首起微信传谣诉讼案，首开以法律治理微信谣言的先河[1]。

二、社交媒体法律规制存在问题分析

（一）社交媒体规制法律体系尚不完善

社交媒体规制立法尚未形成一个严密体系，其中很多规范散见于民法、刑法、保护未成年人法律、新闻出版管理条例以及广播电视管理条例、电影管理条例等之中，这些法律法规牵涉的行政执法主体多元，相互协调成为一个难题。

我国属于大陆法系国家，政策法规在制定程序和权威效力上具有严格的层级性。一般而言，宪法、法律、行政法规、部委规章的效力依次降低，且后者不能与前者冲突。规制立法出现明显的滞后性，导致我国目前规制立法层次较低，

[1] 匡文波，郭育丰．基于微信的网络谣言的量化研究（2014）[M]// 唐绪军．中国新媒体发展报告 No.6（2015）．北京：社会科学文献出版社，2015：258-266.

规制依据多见于部门规章，且各部门规章交叉重叠，容易发生规制冲突。

（二）面向融合化的法律规制有待完善

条块结合、系统内管理等，显然已不适应视听新媒体监管的需要。只靠广播电视与信息产业部门进行规范已经无法解决问题，应当尽快研究出台《电信法》来作为政策工具推进管制模式创新变革。2019 年年初，电信法立法专家组又一次召开研讨会，但历时 39 年的《电信法》仍然难产[1]。

统一的媒体规制基本法也亟待建立。我们现在的法律，比如《广电法》《新闻出版法》或者《微博条例》，都是单独的。我们需要一部统一的法律，像美国的《电信法案》、英国的《通信法》那样，来对日趋融合的媒介进行规制。应当借鉴美国的经验，在制定《电信法》的基础上，组建一个具有明确法律地位的、较强独立性和权威性的电信业管制机构，并建立统一的面向“三网（电信网、计算机网和广播电视网）融合”的监管体制，促进产业融合和管制创新。因此，有必要在国家信息化领导小组层面或者国务院层面来加以规范，这就需要整合不同的部门利益和要求，建立国家文化传播委员会（类似美国的 FCC），通过一些创新性的管制措施，而不是仅仅出台一些限制措施一禁了之。政府不能用管制广播电视的方式去管制互联网，要坚持放宽市场准入，侧重事后监管的原则。从这个意义上来说，这个规定的出台有其局限性和过渡性。

（三）法律法规的可操作性和执行效率有待完善

在不少相关的网络法中，一些关键性的概念模糊，内容宽泛粗糙，条文不够精细，监管的责权部门界定不清，处罚措施不够细化，这都严重削弱了法律法规的可操作性。在执行过程中，法律法规的普及率不高、与网络技术特点结合不够紧密，以及我国整体法治环境欠佳，都造成法律法规的可操作性降低[2]。

---

[1] 岳明．历时 39 年而难产：工信部召开电信法立法专家组研讨会 [EB/OL].（2019-01-30）. http://www.c114.com.cn/4app/3543/a1078351.html.

[2] 贾金玺．网络视频内容管制研究 [D]. 北京：中国社会科学院研究生院，2010.

此外，目前在制定法律法规方面，制定者和执法者之间存在着利益相关性，造成了在治理中缺乏互相监督和利益超脱，更缺乏固有的科学性、客观性和公正性[1]。这些法规管理职能有所区别，但又不可避免地形成重叠管理、多头管理的结果，造成了效率降低，甚至出现无人管理的局面。

虽然当前社交媒体内容亟待规制，但是数字传播内容规制应避免过度规制。规制体制的不完善、规制方法的不灵活，就会导致社交媒体内容规制存在重规制、轻发展的问题。

在立法目的上，侧重于强调规范秩序、维护安全、促进互联网业发展等方面，却忽视了对各网络主体权利的保护。同时，政府的义务和法律责任鲜有规定。这样，当个人、法人和其他组织在被政府不正当行政行为侵害时，相应的诉诸司法获得救济的机会都被剥夺了。在立法内容上，存在重复建设，但也有不少立法盲区，例如，在美英等国，儿童保护是立法的关注重点[2]，而我国网络立法中尚缺乏相关的法律。

市场竞争与防止垄断方面的立法也须完善。随着社交电商、社交营销等基于社交媒体属性开展的新一轮媒体竞争态势愈演愈烈，社交媒体服务蕴藏着巨大商机和市场。与此同时，媒体的内容也被用来成为新的营销手段，从而导致内容娱乐化、媒体产业化和广告泛化的问题，对媒体的法律监管构成了严峻挑战，比如信息流广告无视广告法对于广告要具有可识别性的要求，造成了受众利用过程中误将广告视为一般传播的内容；有些水军策划下的营销故事和内容，被无意识的受众转发和分享，却并不知情。

社交媒体是因技术创新而生，有很多问题是过去的通行法律所不能覆盖的，有必要对此制定专门法规。我国围绕网络管理在法律规范和行政管理等方面出台了一系列法律、法规和规章，但相对于互联网产业的飞速发展，法律法规建设仍然滞后。我国应根据社交媒体的现状与发展，制定和修改相关的法律政策。具体的法律、法规、条例、办法，可在宪法以及社交媒体通则的指导下制定和完善，

[1] 张小罗．论网络媒体之政府管制 [M]. 北京：知识产权出版社，2009：193-195.

[2] 贾金玺．网络视频内容管制研究 [D]. 北京：中国社会科学院研究生院，2010.

对社交媒体相关各方的权利和义务进行界定。若制定社交媒体专门法规条件不成熟，则需要改善已有的法律法规，同时加强对现有法律适用于社交媒体管理的延伸和司法解释工作。当然，法律如不执行就是一纸空文。除了健全法制之外，还应当加强对社交媒体管理的执法工作，对传播违法和有害信息、侵犯他人隐私和权利信息等行为实行严厉处罚，提高违法成本，提升法律威慑力。

第二节　社交媒体行政监管模式现状及问题

网络媒体的行政管理手段包括了对网络媒体资源流动的协调、对网络媒体行政监管的加强、对网络媒体发展的政策性引导、扩大本国经济文化在网络上的影响因子等内容[1]。

社交媒体的行政监管模式，是国家互联网传播媒体监管的重要组成部分。在监管中，一般来说，采取分层面和分属性进行分类管理。其中，属于技术应用、基础设施、产业发展方面的，一般通过工信部进行政策规范，主要是促进产业发展，实现其经济效益为主要目标。

由于网络技术及其应用主要是通过企业化市场运作来实现的，从而形成了网络经济产业。因此，这一领域作为电信产业管理的主要目标是促进产业发展与公平竞争，一般依据电信法案及经济法律如反不正当竞争法及反垄断法加以规制。

与此同时，针对社交媒体的新闻、时政、信息、娱乐等等媒体内容的传媒管理，主要通过国家网信办进行管理。与此同时，我国的宣传、广电、新闻出版、文化以及商务、公安等等也分别进行相关内容的管理。

在行政监管中，国家互联网信息办公室、地方互联网信息办公室建立的互

[1] 黄寰．网络伦理危机及对策 [M]. 北京：科学出版社，2003：294.

联网新闻信息服务单位约谈制度是一种独特的约谈方式，形成了一个有效的行政监管与媒体自律的联系机制。2015 年 4 月 28 日，国家互联网信息办公室发布《互联网新闻信息服务单位约谈工作规定》（以下简称“规定”）。该《规定》共 10 条，由国家互联网信息办公室负责解释，自 2015 年 6 月 1 日起实施。规定所称约谈，是指国家互联网信息办公室、地方互联网信息办公室在互联网新闻信息服务单位发生严重违法违规情形时，约见其相关负责人，进行警示谈话、指出问题、责令整改纠正的行政行为。

《规定》还具体规定了约谈程序，国家互联网信息办公室、地方互联网信息办公室对互联网新闻信息服务单位实施约谈，应当提前告知约谈事由，并约定时间、地点和参加人员等。国家互联网信息办公室、地方互联网信息办公室实施约谈时，应当由两名以上执法人员参加，主动出示证件，并记录约谈情况。可将与互联网新闻信息服务单位的约谈情况向社会公开。约谈情况记入互联网新闻信息服务单位日常考核和年检档案。从这一规定可以了解到，行政监管的约谈制度，规范了行政执法程序和手段，也提高了行政管理效率。

一、社交媒体的行政管理规制

以微博、微信为代表的社交媒体借助移动互联网和智能手机、平板电脑等终端快速发展。正如詹姆斯·卡伦在论述新媒体和权力的关系时指出，新型传播方式往往会引发权利的转移。社会化媒体现已成为人们进行社会话语表达、社会利益诉求的重要平台[1]。因此，加强对社交媒体的管理非常重要且十分必要。

美国国务院公共事务局（Bureau of Public Affairs）快速反应处（Rapid Response Unit）就专设了一个工作组，负责监控社交媒体上那些可能影响美国国家利益的事件、动态及网民反应，每天发布一份简报。[2] 美国政府还在多年前就开始通过 IQT 公司，来控制以谷歌和脸书为代表的诸多互联网公司。IQT 公

[1] 郑满宁．微博时代的群体动员机制及管理对策 [J]. 重庆大学学报：社会科学版．2014, 20（1）：154-156.

[2] Fergus Hanson，“Baked In and Wired：eDiplomacy @State，” Brookings Institute，2012：20, 转引自：来向武，韩晓莹．国际社交媒体的本土化与信息管控：从内在矛盾到规则提升 [J]. 人文杂志 ,2019（7）：122-128.

司甚至曾说："对政府机构来说，对社交媒体的监控已快速成长为其重要的工作之一。"[1]

对于未成年用户来说，建立长效机制防范色情、暴力的影响是十分必要的。美国在这方面进行了一定的探索，形成了多达49州和哥伦比亚特区的跨州协议，协议主要是针对社交网站设置了40多项安全限制。限制与规范对象主要是成年社交网站用户的注册、搜索行为等，有性犯罪前科的用户是不允许注册和登录社交网站的，成年用户是不能搜索未满18岁的用户信息的。这份跨州协议有助于保护未成年用户远离网络犯罪和不良内容[2]。

（一）微博的行政管理规制

微博是社交媒体，因此对于它的行政管理规制，也要结合微博舆情传播影响因素来进行。据张玥等对打砸日系车突发公共事件进行的研究，他们认为微博传播效果产生影响的因素主要包括：粉丝数量、微博V认证、微博会员身份等。粉丝数量的增加会有助于传播效果的扩大，会员身份的清晰度与知名度会对转发数和评论数产生直接影响[3]。由此可判断，微博信源的权威性、可靠性、知名度等特征在博文扩散的传播效果影响力上要远远大于博文的信息形式所发挥的作用。因此，可以通过加强对社交媒体平台引导与规制，提升平台信源的管理力度，对"大V"认证用户和拥有巨量粉丝数的草根用户进行规制，引导和规范他们的言论。

掌握微博信息扩散规律，对于对微博进行有效的行政管理规制也是非常必要的。据刘丹等研究发现：微博信息的转发周期为8天；微博转发上升拐点为微博发出后第3天，从第3天之后转发量开始呈现爆炸式的增长；微博转发下降拐点为微博发出后的第4.5天，其后转发量呈断崖式下降直至零转发[4]。因此，对

[1] 张笑容．第五空间战略：大国间的网络博弈 [M]. 机械工业出版社，2013：37.

[2] 陈泯伊，黄柳君．国外管理社交媒体的主要措施——以美德韩为例 [J]. 未来英才，2017（11）：173.

[3] 张玥，孙霄凌，浦正宁，等．微博舆情传播影响因素研究——基于信源特征和信息形式的视角 [J]. 情报资料工作，2014（3）：59-64.

[4] 刘丹，殷亚文，宋明．基于SIR模型的微博信息扩散规律仿真分析 [J]. 北京邮电大学学报：社会科学版，2014，16（3）：28-33.

微博进行行政管理规制就要尊重信息扩散规律，政府管理部门要根据信息扩散的周期性特征，抓住微博转发上升拐点和下降拐点，制定相应的管理措施和开发管理工具，实现对微博信息的有效管理。

针对微博信息传播产生的问题，结合微博信息传播的自身特点与影响因素，对微博进行行政管理可以从以下几个方面着手。

第一，营造舆论场，进行积极引导。微博自身的自媒体特点使普通大众有机会成为新闻与信息的发布者、传播者。由于微博的匿名性特征和网民责任感缺失或不强，造成对传播内容所带来的问题认识不清，把关意识偏弱，直接造成虚假信息的传播，造成不良社会影响。因此，需要建立一套完善的机制，包括加强政府权威信息发布与传统媒体重要信息发布的机制，形成庞大的舆论场，对议题进行引导与规制，消除虚假信息的危害。政府部门和传统媒体微博一定要根据微博信息扩散规律，在信息转发陡然上升前，及时发布信息，同时充分发挥“大V”在互联网上的正面影响力，构筑社会舆论场，进行有力辟谣，以政府公信力与媒体品牌的影响力去消除虚假信息的影响，起到以正视听的作用。

第二，加强微博管理，形成长效机制。管理对象主要是官方微博（以下简称官微）及主要微博运营平台。由于我国的传统媒体都是经过严格的审批而设立的，事实上，无论是官微，还是微博运营平台，对于微博信息的发布与传播都要共同遵守政治原则、法律法规和公共道德。对于政府微博而言，要建立一支优良的管理团队，负责微博信息的采集与发布，对发布的信息进行分级、分类管理，建立一套相对完善的审核机制，做好敏感事件与突发事件的工作预案与发布方案，加强微博账号管理，探索新的互动模式，建立与网民互动的机制，及时回复处理民众意见等❶。对于媒体微博而言，媒体微博运营部门要建立“四位一体”的管理机制，即微博认证监管制度、信息发布授权制度、内容审核机制、舆情监测和应对机制❷，实现与网民的良好互动。

第三，加强技术管理，提高管理水平。微博的信息传播离不开网络与技术

❶ 刁生富，黄智贤．论微博的社会问题与社会控制 [J]. 佛山科学技术学院学报：社会科学版，2014（3）：7-13.

❷ 刘鹏飞．媒体微博发展中的问题与规范化管理 [J]. 新闻与写作，2013（8）：17-19.

的支持，主要包括两个层面：政府层面和网络运营平台层面。从政府层面来看，主要包括通过代码调整来规制网络行为和采用高效的信息过滤技术来实现对微博的管理。互联网世界的架构是代码，它决定了网络行为的可规制性，可以通过改变网络基本结构，将某些规制性要求暗含到协议或者程序当中，实现网络治理的目标[1]。同时政府要采用高效的信息过滤技术，以实现对微博等社交媒体的控制。目前能够应用的信息过滤技术包括名单过滤技术、关键词过滤技术、图像过滤技术、模板过滤技术和智能过滤技术等[2]。从微博运营平台来看，依据“谁主办、谁负责，谁经营、谁负责”的原则，在应用过滤软件的同时，还要应用记录软件和对敏感词汇进行屏蔽，筛查不良信息，最大限度限制不良信息传播[3]；此外，还要加大网络信息安全技术应用，保障已实名注册的用户信息安全。

（二）微信的行政管理规制

相对于微博而言，微信的出现晚于微博，因此，成熟度自然也就相对滞后。实际上，对于微信的行政管理规制与微博有很大的相似性，也涉及法律法规的建设、技术应用等，重复的内容在本部分中不再赘述。

第一，加强对应法律法规建设，使规制有据可循。国家互联网信息办公室于2014年发布的《即时通信工具公众信息服务发展管理暂行规定》对以微信为代表的即时通信工具的信息服务进行规范，主要以服务平台、使用者、使用行为等层面为着力点，推进管理工作[4]。为打击借助微信等社交媒体进行网络犯罪、制造和传播网络谣言提供了法律依据。

第二，加强对微信公众账号管理，严格执行注册认证制度。由于微信公众号在早期阶段，缺少完备的审核机制，审核程序过于简单，不少假冒政务微信账号几乎可以以假乱真[5]。甚至还出现公众号被抢注的情况，如“平安桂林”就被

---

[1] 蔡之国，卢婷婷．海外微博管理对中国的启示[J]．今传媒：学术版，2013（5）：16-18.
[2] 刁生富，黄智贤．论微博的社会问题与社会控制[J]．佛山科学技术学院学报：社会科学版，2014（3）：7-13.
[3] 薛瑞汉．微博信息传播面临的新问题及路径选择[J]．河南社会科学，2012（8）：88-90.
[4] 本刊综合．“微信十条”放晴网络空间[J]．晚霞，2014（18）：25.
[5] 蒋天民，胡新平．政务微信的发展现状、问题分析及展望[J]．现代情报，2014, 34（10）：88-95.

长春市桂林路派出所先注册，致使桂林市公安局无法注册和使用“平安桂林”这个名称，被迫改为“桂林公安”[1]。无论是政务公众号还是传统媒体公众号，都代表着政府和媒体的公信力，如果被假冒或抢注，经这些公众号发出的信息被不明真相的网民进行传播，就会形成不良影响。因此，一定要严格执行注册认证制度，对于早期的公众号，应该进行完善、补充注册认证资料，如发现非常不合适使用公众号的情况，要立即纠正。

第三，提升舆论引导主体的微信传播能力。如今很多信息都是由社交媒体第一时间发出的。传统媒体要第一时间将正确的声音发出去。这样才能有力地阻止谣言的扩散、错误信息的传播。同时，要建立风险管理机制和预警机制，提高预防网络病毒和黑客侵入的能力，确保信息安全。

第四，强化微信运营平台管理，构建合理管理机制。相对于微博运营平台由多家网站分立构成来说，微信的运营平台仅有腾讯一家，这样就更便于管理和政策法规的执行与落实。微信运营平台首先要从源头上利用人工手段、嗅查软件等，组建信息实时过滤系统，加强对内容的管理，保证微信传播内容政治方向的正确；其次要建立辟谣专区或公众号，设立不良信息举报电话等，与广大用户形成互动机制，共同抵制低俗、错误的内容等。

二、我国社交媒体监管机制存在问题分析

（一）条块化、垂直化规制体系不适应平台化、扁平化的网络形态

互联网技术广泛应用和发展已经开始逐步形成以平台服务为核心的形态，由此带来了社会关系多元、行为多元、主体多元，因此，产生的信息管理问题错综复杂，依据传统线性信息论控制模式不能适应网络生态控制模式下的权利义务要求。亟须建构一个系统的、统一的监管体系。

现在的社交媒体管制模式主要是依靠政府主导和市场调节、中央集权和地

[1] 吴杰．广西政务微信公共服务的现状分析 [J]. 企业科技与发展，2014（22）：5-9.

方分级管理的复合型管理模式。它最大的特点是把信息的内容分门别类进行管理，所以新闻出版署、国家广播电视总局、工信部、文化部等各司其职。但是新兴的媒体内容已经消除了传统的类别界限，所以就出现了管理上的多头与交叉现象。

网络内容的融合化及多元化趋势在监管上涉及不同的行政部门，这些部门之间的协调配合问题。如短视频内容的监管就不仅涉及网信部门，还涉及广电管理部门、公安部、工信部、文化部、新闻出版署、国家工商行政管理总局等部门。

从横向体系看，对互联网监管工作涉及多个管理部门，虽有职责分工，但也不可避免存在管理边界交叉，加大了协同沟通与行政管理成本。多部门都管，也可能造成多部门都不管，容易产生管理漏洞。社交媒体作为互联网发展迅猛的业务之一，传统的互联网管理方式与方法很难适应社交媒体的管理。各管理部门根据本部门的管理职责，对社交媒体进行管理，但是缺乏整体配合，缺乏平台间、监测系统、监管系统间数据的交换与融合，易造成重复管理，产生监管成本和行政管理资源的浪费，监管的效果也难达理想水平。

社交媒体内容类似传统新闻广播电视节目形态特征，借助网络基础设施及技术条件进行数字内容的制作、加工、传播及服务形成了数字内容产业。由于涉及意识形态、文化观念、社会思潮及公共舆论等内容，其对社会政治与文化价值有重要影响。同时，社交媒体内容不仅要作为产业内容加以推进，还需要照顾到公共服务领域。随着信息技术的发展，依托于互联网、移动通信、数字技术的新媒体空前勃兴，新媒体已经并将继续深刻改变媒体格局、舆论生态及人们的生活方式。但新媒体在释放出巨大正能量的同时，也给新媒体管理工作带来挑战。

社交媒体服务作为融合媒介，受到信息经济形态各种市场主体的瞩目，加之市场对新技术、新服务的自然选择，三网融合的步伐不可阻挡。我们应该积极借鉴国外的做法，探索设立统一的内容监管机构来实施管理的可能性。随着移动终端和与之相联系的社交媒体的迅猛发展，智能手机传播形态使得社交媒体的传播主体也发生了变化，视频内容的传播者、视频数量都极大增加，监管的难度越来越大。由于这一变化，通信运营商也加入监管主体。在监管主体增加的情况下，监管内容和监管范围将可能面临着新的任务划分，如何明确各监管主体具体责权，避免出现新的监管盲区和互相推诿的现象，需要细致考虑。同时，通信运营商的根本目标是追求商业利益，这与其管制责任有冲突的地方，应进一步协调好这一利益矛盾。

近年来，社交媒体的短视频传播日益引发关注，这些短视频存在很多的不良和违法内容。在不良视频内容的传播过程中存在利益链条，有运营商、手机网站、内容提供商（者）、广告联盟等利益均沾者。他们通过业务合作、手机网站内容接入、服务器层层转租、手机代收费等手段来共同获益。这其中到底应该追究谁的责任，目前还缺乏比较明确的条文规定。厘清责任判定，并把追究责任落到实处，才能推动手机网络产业的健康发展[1]。

目前我国需要建立网络治理管理体系，明确实施管理的主体部门以及配合部门，建立统一工作机制，共同面对网络跨平台、跨行业的特殊属性以及由此带来的管理问题，以此推动中央与地方网络管理部门之间的协同配合，整体推进网络管理治理工作。对于新媒体平台的管理来说，同样需要国家建立统一管理体系，无论是设立新的管理部门，还是创办新的行业组织，都需要在统一管理体系的领导下进行，最大限度地发挥行政管理效能，开创新媒体管理的新局面。

（二）监管标准和执法规范有待完善

目前，社交媒体内容五花八门，内容的社会影响和危害也不好统一处理，如何对低俗内容进行判别和处理，没有明确的标准，难以严加管理。在内容监管的操作层面，我国网络现行的监管标准和法律依据显得粗疏，有些内容尚无法做出明确的认定和处理。如法律上明令禁止淫秽内容的转播，禁止色情内容对未成年人的传播，但是对于低俗内容的界定依旧是个难题。因此，需要建立一套更加科学合理的标准。这一标准既要有主观标准，也要具备一些客观性的标准。如欧

[1] 贾金玺．网络视频内容管制研究 [D]. 北京：中国社会科学院研究生院，2010.

盟委员会颁布的《互联网非法和不良内容管理条例》，就试图借助“非法”和“不良”信息的“二分法”，对互联网的内容进行分类处理[1]。

目前行政监管的方式还需要形成程序化、标准化的体系，做到有法可依，有据可查，经得住法律检验。目前，我国网络媒体监管的规范化日益完善，很多过去没有纳入规范程序的也都通过政策法规纳入规范程序。2015 年 2 月 2 日和 4 月 10 日，国家网信办及北京市网信办对违法违规情形严重的网易、新浪进行了约谈，收到了良好效果，也得到了网民的支持。正是在这些实际工作的基础上，2015 年 4 月 28 日，国家互联网信息办公室发布，自 2015 年 6 月 1 日起实施的《互联网新闻信息服务单位约谈工作规定》建立了规范化的约谈制度，明确了约谈的条件、方式和程序等，旨在推动约谈工作进一步程序化、规范化，更好地规范行政行为，依法行政，更好地促进互联网新闻信息服务单位依法办网、文明办网。这一制度一改以前的刚性惩戒制度，采取一种较为柔性的手段，起到了警示作用，避免了很多后续的违规事件的进一步蔓延，也能够将约谈制度规范化，程序化。

类似约谈制度这样的行政治理创新，还有很多，有些做法还需要加强与相关法律法规的衔接和一致化，并考虑到实践中的客观影响问题。2019 年 7 月 22 日，国家网信办起草了《互联网信息服务严重失信主体信用信息管理办法（征求意见稿）》，向社会公开征求意见。一些领域已经建立了黑名单制度，如网络主播黑名单制度等，这一制度从企业或个人信用惩戒角度进行处罚，是一种行之有效的规制手段，其影响可能比一般的约谈、警告、罚款等还严重，因为这直接影响了企业的招投标和运营的商业信誉，但是这一黑名单制度还需要考虑其做法的法律依据以及黑名单撤出程序等相关问题。

尽管有了很多管理程序方面的制度建设，但是还是有很多不够完善之处，如有些管理手段如口头通知、临时措施应尽可能纳入到规范化层面；有些删帖封号手段过于简单化，没有预先提示或告知，导致用户不知道这一措施的来源、原

[1] 郭小平，管玲 . 2008 广电新媒体的监管融合发展与社会影响研究 [J]. 今传媒杂志，2009（2）：30.

因和后续的申诉渠道等信息。因此，任何监管方式都应有必要的流程和程序，避免出现监管粗疏带来的网络管理不可预测和无法可依的问题。

有些规制手段需要进一步在法律依据和国际通行惯例方面寻找最大共识，减少网络服务商的不必要成本，如在管理大数据推送方面，要求对信息进行人工审核，必须对内容属性进行标签标记，个人数据需征得用户许可的规定，在管理上显然规范过严。一般来说，在美国只有政治类广告才需要进行标记管理，2018年5月，脸书在其社交网络上标记政治和热点问题广告，这一举措旨在阻止外国政府购买可能给美国选民带来影响的广告。用户若遇到尚未标记的政治广告可以将其报告给脸书，脸书的工作人员将使用算法对广告进行审查。如果广告商没有在脸书上进行验证并被发现投放政治广告，那么他们将不能再继续投放政治广告，直到他们在脸书上完成注册为止[1]。

目前政府主导的监管模式中，网络监管能力建设还是个短板，执法的规范以及执法监督方面还不完善，如缺乏专门的立法监督机构；缺乏统一的监督授权立法的法律规定；作为事前监督方式的批准、备案制度尚不完善，对不执行者没有具体的处理办法；缺乏立法监督法律责任的规定[2]。

网络监管必然存在着与网络自由的矛盾，很多网民并不理解一些行政措施是否科学合理，其程序是否符合规范，有时行政监管出面执法的时候，存在着没有及时采取行政措施的问题。因此，应该建立规模适度、职能明确的政策法规制定与执行的监督管理机制，使之在有效可控范围内正常运作；需要建立必要的监督行政执法的程序、责任和规范，建立、健全各种目标责任制，严格内部纪律，奖勤罚懒，优胜劣汰。

（三）政府与网络服务商责权分工边界不够明确

社交媒体传播的内容哪些需要政府来管理，哪些需要网络服务商来解决，

---

[1] 白鲸出海．脸书标记政治广告，防止再次发生“俄罗斯问题”[EB/OL].（2018-05-29）. https://www.baijingapp.com/article/16586.

[2] 杨海平．信息政策法规的执法与监督制度保障研究 [J]. 图书馆理论与实践，2008（2）：36-38.

相互之间的分工机制如何建立，这些问题是目前一个急需解决的现实操作难题。

由于政治、文化背景的不同，在内容治理模式上，东西方国家仍有差异。西方国家更多的是“自治模式”，举报中心多由行业自发建立，作为一个自律组织，向组织成员发出的删除通知并不具备强制效力；而东方国家则更多为“共同治理”模式，强调政府参与[1]。由于分工协调上的不清晰，容易造成网络服务商基于利益考虑放松监管自律，政府部门限于资源和管理条件无法有效实施监管。

与此同时，社交媒体平台的自我审查机制需要规范化、标准化和合规化，这就需要通过建立科学的操作指南和标准化审查细则。美国在这方面有许多值得借鉴之处，在美国，作为网络生态的运营主体，社交媒体公司会根据用户和企业的价值取向建立各自的内容审查标准。虽然舆论长期呼吁互联网平台内容过滤的透明公开化，但社交媒体审核和过滤的细节作为商业机密并未公开，负责内容审查工作的员工被公司要求签订长期保密协议，无论在职还是离职都不能公开具体工作细节，因此几乎无人知晓他们如何制定内容审查标准。据报道，脸书、Pinterest、YouTube、Linkedin 等拥有领先其他社交媒体 10 年的内容审核建设经验，在过滤机制的建立和发展方面形成自己的规则与条例。[2]

第三节　社交媒体的社会化监督规制现状及问题

社交媒体时代的规制仅靠立法和国家行政监管是远远不够的。自媒体的特征是人人都是媒体，因此，媒体的规制应建立社会化规制机制，社会化监督机制主要是指通过社会组织建立举报机制、舆论监督、行业监督自律、公民素养教育等发挥影响作用的非行政及法规的外在机制。

---

❶ 李文明 . 论网络视听节目的监督与管理 [J]. 现代视听 , 2009（9）：55.

❷ 孙萍，刘瑞生 . 网络生态视角下社交媒体的内容管理探析 [J]. 现代传播（中国传媒大学学报）,2019（12）：50-53.

一、社交媒体的社会监督机制现状

社会监督是相对政府行政监管、网络组织机构自身以及网络平台自我监管而言的第三方监管模式，这一模式包括了新闻媒体、社会组织、中介机构、行业协会、社会公众等组织，他们通过新闻报道、建立举报系统、组织行业自律机制、组织公众监督员等多种方式开展监督活动。如据北京市消费者协会微信公号“北京消协”消息，2019 年 7 月 22 日，北京市消费者协会联合海淀区消费者协会约谈新浪微博相关负责人，原因是自 7 月 16 日起，消协 96315 投诉、咨询热线陆续接到多起因新浪微博明星停榜引发的退款投诉，消费者反映为参加新浪微博“明星势力榜”的某明星打榜而购买虚拟鲜花，存在退花不退款、拖延退款等行为，要求主办方尽快退款[1]。消费者协会的这一做法，就充分发挥了社会监督、维护消费者合法权益的积极作用。

（一）社会监督举报制度

在社交媒体企业规制方面，建立有害信息举报中心对于遏制信息违法行为有重要作用。《微博客信息服务管理规定》中明确规定，微博客服务要自觉接受社会公众和行业组织监督，设置便捷的投诉举报入口，及时处理公众投诉举报。此外，《规定》明确，各级党政机关、企事业单位、人民团体和新闻媒体等组织机构对所开设的前台实名认证账号发布的信息内容及其跟帖评论负有管理责任。

以新浪微博为例，新浪微博在 2012 年率先推出官方“微博管理员”，微博管理员鼓励普通网民针对微博中的虚假信息、恶意人身攻击、抄袭等不良行为直接进行举报。对于受到举报的信息，在经过微博管理员的仔细审核后，会按照情节的严重程度来实施不同的惩罚，轻则让被举报对象删除相关微博并发表正式道歉，重则实施 7 日“禁言”“禁关注”等强制措施。群众举报的形式能够有效地利用网民的力量对不法行为进行整治，随后逐步从新浪拓展开来，延伸到人人、

[1] 北京消协 . 北京消协联合海淀区消协就“明星势力榜”投诉问题约谈新浪微博 [EB/OL].（2019-07-22）. https://mp.weixin.qq.com/s/rkUQt3fdlYIcVofAtDNY3Q.

微信、QQ 等多个社交媒体平台。

2018 年以来，在北京地区，131 家网站累计受理社会公众举报信息 1 亿余件。其中，低俗、色情信息仍是网民举报的主要内容，占总体有效举报的 73%。相关网站已在第一时间，对有效举报信息依法依规进行处置[1]。

与此同时，引入公众力量参与社交媒体的纠纷裁决也是发挥社会监督力量的有效方式，使结果更具有公信力。如新浪微博建立的“社区委员会”制度和淘宝的“大众评审”制度，新浪微博的“社区委员会”建立于 2012 年，由微博用户担任纠纷裁判者，对不实信息、泄露隐私、人身攻击、内容抄袭、冒充他人、骚扰他人等接受举报，并公开裁判。淘宝 2013 年建立的“大众评审制度”，通过公开招募，由淘宝用户担任大众评审员，重点对卖家的违规行为，交易纠纷等进行评审。国外比较典型的是 Youtube 的“超级标记者”项目，概念项目自 2012 年建立，开放对极端视频进行举报。[2]

（二）行业自律机制建设情况

行业自律指的是私人行为体在互联网监管中的“使用软法律、软权力、非法律解决方案（如标准）”。[3]网络社交媒体行业自律机制主要是通过相关专业协会和具体网络企业的自我规范来实现的。主要包括行业标准规范、行业规约以及行业制度规范等。

在社交媒体的发展过程中，存在着很多违反相关法律法规的问题，造成较大的侵权风险和法律诉讼，因此，很多社交媒体都制定了相关的规范准则。在社交媒体的管理方面，一般来说，法律是底线，仅仅依靠法律是不够的。事实上，社交媒体更多依赖媒体的自我规范和制定相关使用和发布信息的规则，从而既规

[1] 尹星云 . 2018 年度北京互联网社会监督工作总结会召开 [EB/OL].（2018-12-13）. http://bj.people.com.cn/n2/2018/1213/c82840-32407371.html.

[2] 杨乐 . 互联网的合作治理模式，选自：腾讯研究院 . 互联网 + 时代的立法与公共政策 [M]. 法律出版社，2016（4）：169.

[3] Brown, Ian, and Chris Marsden. 2007. Co - Regulating Internet Security：the London Action Plan. http://www.academia.edu/686684/Coregulating_Internet_security_the_London_Action_Plan [accessed May 7, 2020]. 转引自钱忆亲、陈昌凤 . 互联网治理：一种综合路径的探索 [J]. 全球传媒学刊 ,2017（2）：4-31.

范了媒体自身，也严格要求使用这一平台的组织机构和个人遵守相关规范。

在社交媒体的传播结构中，专业的信息采集、加工及把关机制较为薄弱。在信息的传播环节中，还加入了社会各类不同的主体乃至个人，这些多元化的传播节点传播专业素养良莠不齐，导致信息的传播难以完全依靠一整套传统媒体的专业伦理规则加以规范。因此，建构适合社交媒体结构特色的自律机制是当务之急。

在这一机制中，需要充分考虑到社交媒体的一些独特性，比如用户生产内容、社群化分享机制、算法驱动、个性化推送、个人信息的大量采集和利用等因素。因而，这就需要我们在自律机制中，不仅应当加大对社交媒体平台的规范，还需要针对用户的伦理规范有所考虑。而这正是最难解决的痛点所在，用户的诉求较为复杂，既有对于信息利用的权利性，又有作为自媒体和分享信息主体的义务责任；同时，作为个人用户，缺乏组织机制的自我约束，常常难以依靠他们的自我约束加以规范。

在美国，脸书、推特等社交网站在与用户签订协议，并列明权责声明，保护用户隐私和安全的同时，要求用户承担相应义务，违规者将受到处罚。如脸书就做了很多明确的自律规定，这些作为内部操作手册多到上百种，如其中的用户使用声明第 14 条规定，若用户发布不良信息，违反社交媒体法规条例，将全部或部分停止提供服务[1]。

自律机制一般通过自我审查进行信息内容的把关。面对庞大海量的信息，在信息处理上难以采取前置把关机制，而往往只能采取技术和后置化措施。以脸书为例，主要采取技术自动过滤一些暴力色情内容，以及采取技术侦测和大数据分析方式进行检测，并成立专责小组进行审查和删除非法内容，同时根据举报投诉进行审核或处理。

此外，鉴于政府和各类组织机构利用社交媒体发布信息，因此，自律机制也应通过这些机构进行规范。如美国陆军《社交媒体手册》规定了军人使用社交媒体所要注意的保密事项：不要暴露有关你自己的敏感信息，如记事表和发生事

[1] 达洁玉 . 美国社交媒体管理措施及其特色梳理 [J]. 传播力研究 , 2017（5）: 38.

件的地点；地理标签是会把你的位置暴露给网络中其他人的一种特征，要考虑把智能手机和数码相机的 GPS 功能关闭等。美国环境保护署（EPA）相继发布《社交媒体政策》《利用社交媒体与公众沟通》等政策性指导文件。各州政府也加强了社交媒体账号的管理。如纽约市政府颁布了《社交媒体应急草案》，要求政府社交媒体在使用中务必规范化，其中规定包括：在公共危机中，政府部门通过社交媒体发布的相关信息须经市政厅审核通过；在危机中，社交媒体账号不发布与危机无关的信息等[1]。

在保护个人隐私方面，2010 年 10 月，微软、法国社交网站 Viadeo 等与法国立法部门签署了一份公约，承诺保障网民拥有"被遗忘权"以保护网络上的个人隐私。这份公约主要包括了六个部分的内容：加强网民对个人信息的保护意识，保护网民个人信息不被搜索引擎检索，简化个人信息管理方式，开发适应未成年人使用的方式，增设投诉工具和投诉办公室，开放转移个人信息服务[2]。

日本本土的社交网络公司 Line，已经与日本 Docomo、au、软银等三大手机运营商年龄认证系统联动，如果无法确认是 18 岁以上的用户的话，将会对该账户采取一些诸如无法进行用户检索等限制。此外，Line 公司在网站上专门设置了一个针对学生的建议页面。该页面的第一建议就是绝对不要与陌生人见面。第二是遵守网络礼貌。该公司针对网络礼貌的建议主要有以下几点：不说他人坏话，不随便上传个人及他人的照片，不发淫秽照片以及文字，不去扩散虚假信息或者不知是否是事实的内容[3]。

新加坡也在互联网管理中大力提倡行业自律。2001 年 2 月，经过政府管理部门、互联网业界的协商和对用户意见的调查，一套自愿性质的行业自律规范——《行业内容操作守则》制定完成。新加坡政府还于 2012 年 8 月成立了媒体素养理事会（Media Literacy Council）。理事会一方面极力推广互联网，尤其是

[1] 卢永春，雷雷，徐一．美国政府社交媒体及其管理制度研究 [J]. 电子政务，2017（1）：102-116.

[2] 邢雪．社交网络与用户责任共担 法国监控管理双管齐下 [EB/OL].（2014-09-24）. http://world.chinadaily.com.cn/2014-09/24/content_18654328.htm.

[3] 蒋丰．日本官民大联合净化网络社交媒体 [EB/OL].（2014-09-15）. http://world.chinadaily.com.cn/2014-09/15/content_18599293_2.htm.

社交网络的健康使用教育，引导公众对网络媒体的认知；另一方面协助政府推出适宜产业发展的政策。21 位理事会成员都是来自商界、社交媒体从业者、教育界和社区组织的代表，他们主要负责使用开放和透明的方式咨询媒体从业人员、社交媒体意见领袖、社区等主要利益相关者，了解他们的关注点和诉求。2014 年 7 月，新加坡媒体素养理事会与脸书合作，推出了一份面向本地青年的社交媒体手册——“分享前三思”（Think Before You Share），旨在让青少年了解如何更安全且负责地使用社交网络，避免所分享信息中的不当内容给自己或者他人带来伤害[1]。

2016 年，新加坡开始实施《社交媒体广告指南》，规定要求社交媒体的文章要具体指明文章内容到底是不是广告，也即是有偿的或有赞助的报道，还是自由写作的内容。此外，针对草根营销和有偿点赞也做了相应的规范，草根营销指的是有人买通大量水军去支持某个产品或是服务，水军收费后的好评就是草根营销的典型案例[2]。

在行业自律工作方面，我国网络媒体领域已经出台了多个相关自律公约，比如已出台的《中国互联网行业自律公约》《互联网站禁止传播淫秽、色情等不良信息自律规范》。自律机制中还有重要的部分就是制定网络信息伦理守则，信息生态的建设需要伦理规范作为基本价值理念，而计算机网络信息生态则更需要相关伦理规范机制的调节与控制，其核心便是伦理守则的制订和实施。

目前我国已经出台《博客服务自律公约》，新浪微博则制定了《新浪微博社区公约》，公约中明确了相关的违规行为及相应的惩罚措施，并且首次提出了信用积分的概念。新浪会给每一个用户一个信用积分，如果用户发生了相关的违规行为，则会扣除相应的分数，若用户的信用积分低于某额度，则面临着系统删除账户的危险。

而对于新浪微博上过度营销的现象，新浪微博开通微博营销平台“微任务”，

---

[1] 叶依宁，邱明达，刘柳．实名制管理 新加坡多方面促进社交媒体健康发展 [EB/OL].（2014-09-23）. https://world.huanqiu.com/article/9CaKrnJFAXO.

[2] Peng Hwa Ang, 陕少霞，曹书乐．新加坡的社交媒体广告规制 [J]. 全球传媒学刊，2017, 4（2）：47-57.

为第三方服务商提供虚假信息过滤、账号价值评估、推广支持和专业销售托管等方面的专业服务。同时对发布过不实信息或者假冒商品的广告信息、被用户举报的微博账号以及未经过微任务平台发布过商业广告信息的微博账号进行监控。与此同时，新浪微博也推出《新浪微博商业行为规范办法》，明确规定对于用户举报的违规商业行为，新浪有权进行相关的处置；同时，对于过度营销这种妨碍用户体验或影响微博正常运营的商业行为，将其视为“垃圾广告”，新浪同样可以按照相关条例做出惩罚。

近几年来，媒体相继出台了一些措施来规范从业人员使用微博等社交媒体的行为。如 2011 年 5 月，人民日报社推出了《人民日报编辑记者互联网使用守则（2011）》，对编辑记者使用网络信息和使用微博、博客等社交媒体的注意事项进行了规范。

从行业自律机制来看，一般通过媒体内容保护政策声明的方式进行公示，但是这一方式存在着同质化现象，值得注意。以个人信息保护政策声明为例，相较于国外社交媒体，国内社交媒体个人信息保护政策覆盖面与完整性较高，对于个人信息保护各方面皆有涉及，但是相关条例相似度较高，应针对自身产品和服务特点制定政策，国内相关政策未明确未成年个人信息保护的具体举措，但国外部分社交媒体制定有未成年个人信息保护的具体举措与指导原则。[1]

此外，网络社会监督工作者在打击互联网违法和不良信息工作中发挥了不可或缺的作用。如北京通过建立社会监督的网络监督志愿者、妈妈评审团和网站自律专员等方式，形成了卓有成效的社会监督队伍。在北京举报中心的指导下，网络社会监督工作者积极参与了涉“儿童邪典视频”有害信息、涉歪曲丑化英烈违法信息等多个专项举报工作。截至 2018 年 11 月底，网络监督志愿者与妈妈评审员通过举报平台累计举报违法和不良信息 27711 件，其中有效举报 25054 件，有效率达 90.41%。网站自律专员累计处置违法和不良信息达 2000 余万条[2]。

[1] 范昊，等 . 国内外社交媒体个人信息保护政策研究及启示 [J]. 现代情报 ,2019（10）：136-144.

[2] 尹星云 . 2018 年度北京互联网社会监督工作总结会召开 [EB/OL].（2018-12-13）. http://bj.people.com.cn/n2/2018/1213/c82840-32407371.html.

二、社会化监督规制存在的问题

社交媒体社会化监督机制的建立目前仍然存在监督手段单一，滞后性突出，监督缺乏连续性和长效机制，治标不治本等问题。仅仅通过媒体的舆论报道以及举报机制无法有效解决社交媒体存在的很多问题。很多问题在出现之后才会纳入监督，导致产生不良的甚至严重的后果，缺少监督的预测性和及时性。

我国的行业组织在发挥社会监管责任方面也没有发挥有效作用。第一，缺乏监督和制裁手段，很多协会变成了学会，仅仅起到了业界事务性交流、学术研讨等职能，权利义务职能缺位，也得不到网络各类组织主体的认同。第二，行业组织没有发挥好政府和网络组织的桥梁作用，反而成为政府权力的延伸。事实上，行业组织应该能够代表行业的各类互联网机构行使应有的利益诉求权、经营自主权和相应的社会责任。

解决这一问题需要建立较为多元化的社会监督体系，特别是要逐步建立完善第三方机构监管和认证制度。如在隐私保护方面，美国对那些保护隐私较好的网站，由第三方认证机构发放 TRUSTE 标签，网友们可以放心使用拥有该标签的网站。第三方认证机构是客观、中立的，建立权威的认证机构，由它们从事一些互联网治理行动，可以避免互联网行政干预过多问题。美国著名的隐私保护认证机构主要有 TRUSTe 和 BBBOnLine，前者为美国第一家民间认证机构，后者为促进良好商业顾问局委员会发起的认证计划，这两个认证机构的认证对象为网站。日本个人信息保护评价制度 PrivacyMark（简称 P-mark）由非官方第三方机构日本情报处理开发协会（Japan Information Processing Development Corporation，JIPDEC）建立，通过该制度认证的民间企业被授予隐私标识，企业有权在商业活动期间展示这一隐私标识。

自律机制如同媒体的制度规范理论中对于媒体自由与责任理论的质疑一样，单纯依靠自律机制，是难以实现社交媒体有效监管和治理的。西方一些国家长期依靠“网络自治”和互联网公司的“自律管理”模式，德国也一向采取相对被动的监管姿态。但是，根据德国青少年保护网（www.jugendschutz.net）2017 年的一项调研，YouTube 上 90% 的“涉嫌违法内容”能得到及时清理，但脸书上只有 39% 被及时清理，推特上则只有 1% 被及时清理。早在 2015 年，德国司法部就曾成立一个处理社交网络犯罪内容的工作组，但独木难支的执法力量和相关法律依据的缺失都使这项工作开展乏力。实践证明，仅靠互联网公司自律和单个工作组都没能成功解决网络极端言论等内容监管难题。[1]

---

[1] 贾茵 . 德国《网络执行法》开启“监管风暴”[J]. 中国信息安全 ,2018（2）.

第五章

社交媒体的自组织规制原理

第一节　自组织基本原理与自组织规制概说

一、系统、自组织与他组织

自组织与系统概念具有相关关系。因此，要说明自组织概念，必须首先了解系统概念的含义。

1. 系统

尽管“系统”一词频繁出现在社会生活和学术领域中，但迄今为止对“系统”的内涵并没有明确统一的界定，不同的人在不同的场合往往赋予它不同的含义。“系统”一词来自古希腊语，本用以表示“群体”和“集合”等抽象概念。现代系统研究开创者贝塔朗菲对系统的定义是：系统是相互联系、相互作用的诸元素的综合体。对该定义进一步精确化，系统可以表述为：如果一个对象集合中至少有两个可以区分的对象，所有对象按照可以辨认的特有方式相互联系在一起，就称该集合为一个系统。集合中包含的对象称为系统的组分（组成部分），最小的不需要再细分的组分称为系统的元素或要素[1]。

宇宙万物，虽然本质上差别很大，但都以系统形式存在着。一个原子、一

---

[1] 王京山，王锦贵．按照先进文化的要求 推进图书馆管理机制改革——论图书馆自组织管理的理念及其实施 [J]. 山东图书馆季刊，2005（4）：1-4, 13.

个分子、一个生物体、一台机器、一个社会组织，乃至一篇文章，一句话，都是一定的系统。而人们习惯上所称呼的生产系统、消费系统、经济系统、教育系统、卫生系统、服务系统等，都是一些系统形式。这些系统既从属于更大的系统，又能内分为若干更小的子系统（或分系统）。包括网络用户在内的整体网络传播可被视作一个系统，其内部又可以分为不同层次的系统。网络社交媒体也是一个复杂的系统。

2. 自组织与他组织的定义

系统的稳定是相对的，一个相对稳定的系统都会具备有序的结构和特定的功能。从足够大的时间尺度看，任何系统的结构、状态、特性、行为、功能等都会随着时间的推移而发生变化，也就是系统的演化。根据系统演化的动力来源及演化模式的不同，我们可以将系统分为自组织系统和他组织系统[1]。

协同学（Synergetics）创始人哈肯对自组织下过一个经典定义："如果系统在获得空间的、时间的或功能的结构过程中，没有外界的特定干预，我们便说系统是自组织的。这里的'特定'一词是指，那种结构和功能并非外界强加给系统的，而且外界是以非特定的方式作用于系统的[2]。"哈肯举了一个例子：有一群工人，如果没有外部命令，而是靠某种相互默契，工人们协同工作，各尽职责来生产产品，这种过程就是自组织[3]。由此我们可以认为，自组织即是系统自行、自我组织起来的过程或现象。

与自组织相对应，他组织是指系统在获得空间的、时间的或功能的结构过程中，存在外界的特定干预，其结构和功能都是外界加给系统的，而外界也是以特定方式作用于系统的。如一群工人，每个工人在工头发出的外部命令下按完全确定的方式行动，这样的系统即为他组织系统。

在自组织系统中，各组分难以明确区分组织者和被组织者，其行动具有自

---

[1] 王京山，王锦贵．按照先进文化的要求 推进图书馆管理机制改革——论图书馆自组织管理的理念及其实施[J]．山东图书馆季刊，2005（4）：1-4，13.

[2] H. 哈肯．信息与自组织[M]．成都：四川教育出版社，1988：29.

[3] H. 哈肯．协同学引论[M]．北京：原子能出版社，1984：241.

发性和盲目性，所有组分发挥的作用大体相同，但整体上却能够形成、维持、发展和改变有序结构。而他组织则与此相反，在系统的有序化发展过程中，能够明确区分组织者和被组织者，组织者拥有全局性的组织力，组织者能够形成、维持或改变系统的有序结构，进而改变系统的属性、功能、行为模式等[1]，因此他组织的演化方向相对比较明确，可以由组织者的意图和行为方式大体推断出来。

自组织与他组织的重要区别，在于他组织必须有一个组织者，组织者控制、管理系统使其朝向预定的计划、方案变化，达到预定的目标。而自组织系统的演化动力在系统内部各组分之间相互作用，从外部找不到系统的组织者，并且其演变方向也是不能事先确定的。

因此我们可以这样理解，自组织现象就是一个系统在没有外在组织者以特定方式干预的情况下，由系统内部各组分之间复杂的相互作用而自行走向有序化，自行产生特定结构和功能的过程或现象[2]。

自组织系统广泛存在于现实世界。人脑系统、人体系统、社会系统、自然界系统、地理环境系统等都是自组织系统，形成了极为复杂的嵌套现象。每一个系统都是自组织系统，同时又是上一级自组织系统的子系统。其中由人组成的社会系统就是最复杂的自组织系统。

3. 自组织与他组织的辩证关系

自组织与他组织存在复杂的辩证关系。首先，自组织和他组织的划分是相对的，二者可以互相转化。在自组织系统和过程中可能存在他组织，在他组织系统和过程中也可能存在自组织。如市场经济和计划经济，市场经济主要是自组织的过程，但其中往往包括局部的或短期的他组织；计划经济主要是他组织过程，但计划经济不可能计划到社会系统的方方面面，其中必然要包括自组织。市场经济和计划经济在某种程度上就是相辅相成、互相补充的关系[3]。

---

[1] 苗东升．系统科学大学讲稿 [M]. 北京：中国人民大学出版社，2007：248-250.

[2] 王京山，王锦贵．按照先进文化的要求 推进图书馆管理机制改革——论图书馆自组织管理的理念及其实施 [J]. 山东图书馆季刊，2005（4）：1-4，13.

[3] 屈晗．基于自组织理论的校园网络文化建设研究 [D]. 青岛：青岛理工大学，2012：3.

其次，现实中的系统往往是自组织与他组织的统一。具体的系统内部可能既有自组织因素，也有他组织因素，越是复杂的系统越是如此。只是自组织与他组织因素的表现方式、作用强度、影响大小各有不同，系统本身表现出自组织或他组织的特性。因此，复杂的系统内部往往会分为若干层次，各组分之间的关系千变万化，往往自组织因素和他组织因素兼有，系统整体则会表现出较强的自组织特性。

自组织与他组织都可以发挥积极的作用，也都具有不利的因素，都会产生消极的效果。一般而言，自组织系统的演化要优于他组织系统的演化，对于复杂系统而言更是如此。如人类构建婚姻家庭可以通过自由恋爱或包办婚姻两种方式，前者是自组织，后者是他组织。虽然结果都走向婚姻，而且有时包办婚姻会比自由恋爱更符合当事人的长远利益，夫妻关系更和睦稳定，但是毫无疑问，绝大多数情况下自由恋爱优于包办婚姻。再如市场经济与计划经济，一个主要是自组织，一个主要是他组织，但是演化的结构、演化的结果以及可持续发展的潜力明显不同。

与他组织系统相比，按照自组织原则构建运行的系统会有以下优点：

（1）更强的驾驭复杂性的能力：非常复杂的行为模式可以由大量相互作用的、相对简单的系统组分来实现。

（2）更强的适应环境的能力：系统各组分可以自作主张，见机行事，而不必待命或听命于某个指挥中心。因此，自组织系统对于环境的随机变化和突然扰动，具有更为灵活机动的响应特性，因之具有更强的适应环境扰动的能力。

（3）更强的自行趋优的能力：自组织系统具有一种“自提升”的功能，能够而且必须在内部机制的作用下，不断地优化其组织结构，完善其运行模式[1]。

自组织和他组织可以互相补充，以达到最佳的有序状态。现实中的确存在以他组织方式组织起来的事物可以按照自组织方式长期有序运行的情况。如都江堰是几千年前建造的水利系统，其建设无疑是他组织的过程，但它遵循了成都附

[1] 吴彤. 自组织方法论论纲 [J]. 系统科学学报, 2001（2）: 4-10.

近岷江的自然环境条件和自然运行规律。都江堰虽然是以他组织的方式建立起来的，但其运行是以自组织规律为基础的。经过人们的努力，几千年来都江堰的系统性能实现了最优化，至今它仍然运行良好。这说明，即使是他组织系统，其高效运行的基础仍然是遵循系统自组织的规律。

自组织与他组织的相互关系，不仅是本体论、认识论的问题，同样也是方法论的重要问题。而对自组织方法以及他组织规律的透彻认识与把握，有助于人类了解和掌握在什么情况、什么条件下运用何种方法，如何进行有效的转化，才能取得最优化、最有价值的结果[1]。

二、自组织管理

一提起管理、管理方法和管理模式，人们很自然地将传统的外部宏观管理模式视作当然。事实上，外部宏观管理模式是一种他组织管理模式。与系统自组织运行的要求相比，这种外部管理模式是外部强加的机械式管理，不利于系统内部组分积极性的发挥，因此长期来看管理效果是有局限的。他组织管理下的系统可能很有秩序，但缺乏活力。这是因为，传统的管理思想根据静态的认知方法，把系统看成是封闭的简单系统，一般很少考虑外界环境对系统的影响。管理模式容易倾向于“头痛医头、脚痛医脚”的应对式管理，一旦外部管理控制力度减弱，系统秩序就会重归混乱。所以，他组织管理模式难以实现系统的长期和谐有序发展。事实上，现实世界处处都存在开放系统，系统通过开放与外界环境不断地交换物质、能量和信息，因此现实世界中所要管理的系统肯定不会是恒定不变的。尤其是像变化多端的网络传播系统，其管理机制要实现创新，应该充分认识和尊重网络传播系统的自组织运行机制，实施自组织管理，最终需要建立自组织与他组织相结合的管理机制。

考察人类管理思想和管理理论的发展历史，管理思想和理论是随着社会环境演变而不断发展的。自组织理论为现代管理理论提供了新的视角和思路。自组

---

[1] 吴彤 . 自组织方法论论纲 [J]. 系统科学学报 , 2001（2）: 4-10.

织理论的基本原理，如系统必须是开放系统，系统必须处于远离平衡的非平衡态，系统内部必须存在非线性的相互作用，涨落导致有序等，作为科学的理论应用于管理活动中，就形成了自组织管理的思想和理论❶。

自组织管理理论是以耗散结构论、突变论、协同论等自组织理论为科学基础，研究动态自组织系统的演化规律及动力机制的管理理论。这一管理理论有助于管理者重新认识和分析自组织系统的状态，运用系统演化的内部动力机制实现自组织管理。对网络传播系统尤其是社交媒体系统而言，重在研究系统演化规律和动力机制的自组织理论，可以使我们从新的层次和高度去讨论社交媒体传播系统的状态与运行，提升管理的水平和效能❷。

自组织管理是适合于社会组织应用，达到自组织这种高效有序境界的一整套理论和方法。与他组织管理相比，自组织管理致力于建立有效的制度，保证系统内部各组分、各要素的自主运行，在保证系统内在活力的基础上实现系统和谐有序的发展运行。这就要求管理者进行扁平化管理，尊重系统内部机制的内在逻辑，重视系统内外信息的采集与传播，尊重系统内部组分和要素的积极性、主动性，避免全能式的全面管理和控制，使系统内外各类资源得以优化配置和高效益利用。

自组织管理与他组织管理运作的效能是不同的。老子有言，“治大国若烹小鲜”。按照他组织管理的观点，治国与烹调之间的难度相差何止千万倍。在他组织管理模式下，管理者和被管理者都处于机械被动的地位，为维持系统的秩序必然需要消耗巨大的资源。正如《论语》所言，为君难，为臣亦不易。因为他组织模式下管理者居于核心地位，掌握一切权力，要处理系统内外的各种信息，及时发出指令指导下属工作。没有管理者发号施令，系统就会瘫痪，所谓“国不可一日无君”也就是他组织管理的真实写照。这样的管理模式下，管理者势必整日穷

❶ 王京山，王锦贵. 按照先进文化的要求 推进图书馆管理机制改革——论图书馆自组织管理的理念及其实施 [J]. 山东图书馆季刊，2005（4）：1-4，13.

❷ 网络传播的自组织模式研究 [EB/OL].（2011-11-30）. https://wenku.baidu.com/view/ca72b7f74693daef5ef73dd9.html.

于应付、为各类杂事所缠绕，并经常要应对各类突发事件和十万火急的事情[1]。长期来看，这样的他组织管理模式，势必陷入“一朝天子一朝臣”“人亡政息”的怪圈，想要实现系统的长期和谐发展无异于缘木求鱼。而自组织管理模式尊重系统内部各组分及要素的积极性，尊重系统内部各组分的平等互动，融无为而治、随机应变、柔性管理于一身，以无为而无不为、治人而不治于人的原则实现高效管理。自组织管理模式正如毛泽东同志在回答黄炎培先生“历史周期律”问题时曾说过的话，“只有人人起来负责，才不会人亡政息”[2]，这里的“人人起来负责”，就是充分发挥社会系统的组分——个人的主观能动性。这样，在自组织管理模式下，系统实现动态有序运作，具有超强的适应性，自然不会人亡政息。

自组织管理作为基于自组织的理念发展出来的具有广泛适应性的一整套理论与方法，为我们改进管理思想和管理方法提供了丰富的指导。自组织管理不是放弃管理，完全的放任自由，而是避免他组织的“一言堂”“满把抓”，有所为有所不为，通过有效的管理制度和措施激发系统内部各要素的活力，充分发挥人的积极主动性，在达成系统发展目标的同时保持系统内部的稳定与活力。

三、传媒自组织规制

随着数字时代传媒业的飞速发展，传媒规制成为一个越来越重要的话题和研究热点。按照一般的理解，传媒规制包括两个方面，一个方面是以法律手段保障传媒业及其从业人员的言论自由和新闻报道权；另一方面是通过对传媒业的管理与控制避免传播的负面效应，保证现代传媒业既能满足社会公众的知情权，同时又不致侵害社会、公众和个人的合法权益。依据这种说法，我们可以认为传统的传媒规制是一种他组织管理模式。它要求政府通过法律、行政等手段管理现代传媒业的信息传播，保证传媒业发挥正面效应，尽最大力量减少现代传媒的负面效应。

[1] 管理需要自组织 [EB/OL].（2007-09-08）. http://www.ecaihr.com/hrclub/hrglsw/2011113/n020712853.shtml.

[2] 毛泽东黄炎培“窑洞对”与跳出“兴亡周期律”[EB/OL].（2009-10-14）. http://www.csyz.com.cn/news/News_View.asp?NewsID=453.

从历史来看，他组织管理也是传媒规制的首选模式。比如，我国宋代的图书出版印刷达到一个新的高峰，政府就开始对图书的生产和流通实行严格的限制和管理，尤其禁止一些兵书流入当时并立的契丹等异族政权；在西方国家，政府对出版的管理历史也很长，如 16 世纪初期，英王亨利八世就颁布命令禁止外国出版商从事出版活动，法国皇帝也下令禁止印书❶。这种传媒规制就是一种他组织模式，在当时传媒技术不发达的情况下，这种传媒规制形式具有一定的效力。

事实上，在一定传播技术条件下他组织管理模式具有很高的效能，可以很好地达成传媒规制的目的。在数字传播时代之前，极权主义媒介规范理论主张传媒必须一切以权力的意志为转移，一切为统治者服务。在这种他组织管理模式下，报刊等必须绝对服从于专制政府的权力或权威，不得批判占统治地位的道德和政治价值。而专制政府有权对各种出版物的内容进行事先检查，保证出版物内容的“合法性”❷。这种他组织管理模式，尽管耗费大量的行政管理资源，且不利于传媒的发展，但因它对统治者利益的维护，直到 20 世纪德意日法西斯国家仍然极力推行实施，且具有一定的管理控制效能。

20 世纪传播技术飞速发展，出现了电子传媒和网络传播等形式，不但信息传播的速度达到光速，使全球一体化传播不再是梦想，而且传播内容规模呈指数增长。同时，传统媒体的角色和功能也发生了翻天覆地的变化。现在的传媒已不是传统意义上单一的传媒而是融合化的综合传媒。显然，单纯的他组织管理模式无法适应传媒的生态变化，传媒规制亟待革新，形成新的自组织管理模式，这就是传媒自组织规制。

按照目前数字传媒的传播速度和信息量，他组织管理模式确已无法维持有效管理和控制。据报互联网上一天产生的信息量约有 800EB（$1EB=10^{18}$ 字节），如果装在 DVD 光盘中要装 1.68 亿张、装在硬盘中要装 80 万个。以网络视频为例，2015 年国际互联网 1 秒上传的视频时长相当于 5 年，换言之，1 秒内国际互联网上传的视频需要一个人花费整整 5 年的时间才能看完❸。这样大的信息量，

❶ 袁亮 . 出版学概论 [M]. 沈阳：辽宁教育出版社 , 1997：5.

❷ 郭庆光 . 传播学教程 [M]. 第 2 版 . 北京：中国人民大学出版社 , 2011：140.

❸ 互联网一天信息量等于 1.68 亿张 DVD[EB/OL].（2012-11-11）. http://www.cnbeta.com/articles/213473.htm.

传统的他组织管理模式是无法进行有效管理控制的。同时，数字传媒的信息高度碎片化，有大量的信息冗余，以国际互联网为代表的数字传媒缺乏统一的管理控制者，这使得他组织管理面临更大的难题。因此，在数字传播时代强化他组织管理模式的传媒规制势必事倍功半。以我国为例，长期以来我国传媒产业实施的是他组织模式的政府主导型规制，这种他组织规制模式为传媒业的稳定发展和社会的和谐稳定做出了积极的贡献。但他组织管理模式也有弊端，如存在低效率、低效益以及不作为、乱作为的问题。传媒规制亟须运用自组织原理实现机制改革，实现传媒自组织规制。

以网络传播为代表的数字传媒是一种开放的自组织系统，其规制也应该运用自组织管理的原理，尊重系统内部各组分、各要素的自主性，尽最大可能实现系统内部组分和要素之间的平等交互，在保证数字传媒自身的和谐有序及其传播有效性的基础上，保持数字传媒的内在活力，实现生动活泼、健康和谐的局面。

社交媒体作为数字传媒的有机组成部分，其自组织特性更为鲜明。因此，更有必要实现社交媒体的自组织规制，以促进正能量的传播和社会的和谐稳定。

第二节　社交媒体自组织规制的基本原则

博客、微博、微信、QQ 及 QQ 空间、人人网等社交平台构筑的社交网络（social media）具有参与、公开、交流、社区化等若干特征[1]，不但方便了用户的沟通互联，还使信息传播的速度大大加快。在社交媒体的参与下，整个社会舆论生态发生了全新的变化。社交媒体的地位越来越重要，社交媒体规制问题也被提上日程。

我们来看社交媒体传播的一个案例：2012 年 8 月 26 日陕西延安发生特大车

[1] 孟禹熙 . 社交媒体现状及监管对策 [J]. 新闻战线，2015（11）：85-87.

祸，造成数十人伤亡，举国震惊。在公布的车祸现场照片中，有一名官员面带微笑，与现场其他人谈笑风生，对惨祸无动于衷，这引起网友的注意和不满。经网友核查，微笑官员是陕西省安监局局长杨达才。按说，在车祸现场开心嬉笑，顶多只是没有同情心而已，与腐败关系不大。然而，随着杨达才网络关注度的提高，网友发现了一个新的现象：杨达才经常更换手表，而每一块表都价值不菲，价钱最高者达几十万元。这些名手表的数量，开始有人认为是 5 块，后来发现是十几块。杨达才由此被网友称为“表哥”[1]。

由手表开始，逐渐地网友发现“表哥”一身名牌：2012 年 9 月 5 日，有网友在微博上贴出照片，称杨达才的眼镜价格超过 10 万元。除眼镜外，杨达才腰上的皮带也被网友扒了出来。众多网友的眼睛发现杨达才“全身都是宝”。杨达才本人试图辩解，但越描越黑。后来，陕西省纪委对杨达才展开调查，表明杨达才在任职期间严重违纪并且涉嫌犯罪。经陕西省纪委常委会研究并报经省委研究决定：撤销杨达才陕西省第十二届纪委委员和省安监局党组书记、局长职务。2013 年 9 月，杨达才因受贿、巨额财产来源不明等罪被判处有期徒刑 14 年。

“表哥”杨达才的落马，是偶然中的必然。在发现“表哥”的过程中，微博等社交媒体发挥了至关重要的作用。网友们利用微博等社交媒体交流信息，共享资料，用更多的眼睛发现更多的事实，显示了网络舆论监督的强大威慑力。网友们基于义愤，从网络图片、新闻报道等蛛丝马迹入手，充分汇聚网友智力，终于将腐败蠹虫绳之以法。这是网络舆论监督的一个成功案例。

但整体来看，网络舆论监督还存在不少负面作用，社交媒体信息传播不可避免地带有片面或虚假的信息，稍有不慎就会侵犯他人隐私，形成网络暴力。从杨达才一案也可以看出，网友基于义愤通过网络搜索等方式获得杨达才个人贪腐的证据，其出发点和逻辑存在漏洞，极易误伤好人。这些问题反映出社交媒体规制的复杂性。

要实现社交媒体自组织规制，需要按照自组织管理的基本原则对社交媒体

---

[1] 陕西表哥杨达才事件始末回顾 [EB/OL].（2013-01-21）. http://media.sohu.com/20130121/n364175335.shtml.

进行规制，才能保障社交媒体自组织规制能够顺利进行并产生应有的效果。结合自组织的基本原理，社交媒体自组织规制应遵循以下原则。

一、开放包容

与外部世界进行物质、能量和信息的交换，是系统开放的必要条件。在现代管理中，系统与环境的种种交换大多首先表现为信息形态的交换。所以，信息的交换是自组织管理开放的最基本条件[1]。

社交媒体自组织规制要坚持开放性原则，就是要坚持与时俱进，用发展的眼光看待社交媒体这一新生事物，形成对社交媒体的客观认识。对于QQ、微博、微信等社交媒体的特性及其最新变化要及时跟进，充分了解和掌握各社交媒体的特点和传播规律，在此基础上明确具体的社交媒体规制模式，并且不能墨守成规，具体规制的思维、方法和模式都要与时俱进。

同时，社交媒体规制要秉承开放的思想，具有更大的包容性，要理解社交媒体现实状况下的种种不足和缺陷，促进社交媒体的良性发展。要充分认知并尊重社交媒体的人际传播特性，允许社交媒体的参与者大胆尝试，给创新留下广阔的空间和自由。要允许犯错误，这里的错误当然不是重复的或违法的错误，它的意义在于使我们获得不成功的经验，或者获得意外的新发现，从而找到创新之路。人际传播是一种非制度化的信息传播，尽量减少运用传统的法律法规和政府行政管理等规制方式实施社交媒体规制，以形成和谐、开放、宽容的社交媒体传播氛围。

同时，社交媒体自组织规制是开放的管理，要学习借鉴外国的先进经验和做法。不能故步自封停滞不前，也不能主观排斥其他先进的管理思想和好的管理方法。开放性原则还要求社交媒体自组织规制要在实践中随着环境的变化而发展，在吸取其他优秀管理思想和理论精华的过程中不断进化，具有吸纳百川的包

---

[1] 唐永干，王正伦．从他组织到自组织：农村体育的历史抉择——从江苏农村体育说起[J]．体育文化导刊，2004（11）：3-6.

容性，不断将社交媒体自组织规制推向更协调和更高的精神境界。

二、远离平衡态管理

社交媒体本身是一个生机勃勃不断演进的信息系统，因此社交媒体自组织规制要不断创造条件引导社交媒体系统远离保守和僵化状态，走向创新的空间。要以改革的精神实施自组织规制，通过变革使社交媒体与社会环境相融合，使社交媒体在生动活泼的环境中不断向着有序化的方向发展。例如，腾讯提供QQ供用户交流，后又开发微信使人与人之间的关系成为现实，并且创造了一个巨大的移动关系网。腾讯的这一系列创新不但改善了用户之间的沟通，也形成了领先优势，使社交媒体系统呈现出勃勃生机。

社交媒体自组织规制首先要维护社交媒体发展的外部环境相对稳定，促进社交媒体系统内部各要素的竞争与协同。这包括外部的法律和行政管理等规制环境的相对稳定。在此基础上，社交媒体自组织规制要注意培育用户需求，因为用户需求是打破静止僵化的平衡态的首要动力。以微信为例，微信出世以来不断升级创新服务模式，在原来的"微信摇一摇""漂流瓶"等基础上又开发了微信支付、"微信红包"等服务，用户黏性逐渐得以强化。微信红包自2014年春节"一包走红"以后，各类红包的使用从春节等特定场景变为过节新"标配"，成为一种新的民俗。2014年除夕夜，微信红包收发总量为0.16亿个；而2015年除夕期间，微信红包收发总量突破10亿个，2015年中秋则为22亿个，超过除夕两倍[1]。社交媒体自组织规制要大力鼓励类似的创新，以满足用户需求，实现社交媒体的健康和谐发展。

社交媒体自组织规制还要建立科学和有效的评价体系，保证社交媒体系统远离平衡状态。这样，社交媒体系统将形成一种充满生机和活力的动态稳定结构，促进社交媒体系统朝着新的有序稳定结构发展。

---

[1] 跨年红包战 百度微信微博谁赢了？[EB/OL].（2016-01-04）. http://tech.ifeng.com/a/20160104/41533568_0.shtml.

三、非线性系统管理

所谓“非线性”，是指输入输出之间既不是正比例关系也不是反比例关系的情形。“线性”与“非线性”概念，来自数学中的函数关系。在函数 $y=f(x)$ 中，y 对自变量 x 的依赖关系是线性函数，则其图像为一条直线。其他函数则为非线性函数，其图像不是直线。推而广之，线性是指量与量之间按比例、成直线的关系，在空间和时间上代表规则和光滑的运动；而非线性则指不按比例、不成直线的关系，代表不规则的运动和突变❶。

如此非线性相互作用的概念就清楚了，系统内各组分之间的非线性相互作用是指各组分之间的关系是不规则的复杂相互作用，系统整体的结构和功能不是简单地将各组分相加，它们的关系不满足“线性叠加”原理。比如“三个臭皮匠，顶个诸葛亮”，就是因为其中存在非线性相互作用。

社交媒体自组织规制要实现非线性系统管理，就要尊重社交媒体系统本身的复杂性，不能按照线性思维的模式“头痛医头，脚痛医脚”，要尊重社交媒体参与者的主动性和创造性，鼓励网络用户开放互动。社交媒体自组织规制要尊重众多网络用户的创造精神和创造成果，保障信息通畅，采用多种形式强化社交媒体系统内部各要素之间、社交媒体系统与环境之间的非线性互相作用，实施民主管理。

在某种意义上社交媒体系统如同人一样，具有与人类似的“智能”。社交媒体系统内部要素越多，系统内部的差异性和多样性就越多，越有可能产生远缘杂交，碰撞出新思想的火花，产生“1+1>2”的整体效应❷。这样，通过自组织规制社交媒体即能形成动态有序、生动活泼的局面。

社交媒体自组织规制在强调竞争的同时也要强调协同。对不同领域内的信息和行为的协同是社交媒体系统生存和发展的需要，是其自组织发展的内在动力。社交媒体自组织规制要运用网络系统及时交流和沟通信息，通过对话和反

❶ 百度百科 - 非线性 [EB/OL].（2016-01-16）. http://baike.baidu.com/view/392135.htm.

❷ 常利方 . 自媒体言论的法律规制 [D]. 哈尔滨：黑龙江大学 , 2018：18.

思促进系统内部的资源共享和相互协同，并促使社交媒体用户学习新的协同行为——内部的互相合作、内部和外部的合作，包括和原来的竞争对手，原来的“敌人”或用户的协同协作等，从而形成全局最优的合力[1]。通过竞争和协同的有机结合，使社交媒体系统在更大的社会环境中获得双赢的可持续发展。

四、信息通畅的民主管理

自组织管理与他组织管理有很大的不同，其中重要的一点就是：自组织管理是有限的民主管理，而不是全能管理；自组织管理尊重系统的复杂性，将复杂性作为复杂性来对待。因此自组织管理充分尊重系统内部各要素的积极性，对全局性、方向性问题进行动态把握和引导，而不是全面控制和压制[2]。

社交媒体自组织规制首先要求社交媒体系统的每一位参与者，包括局部的管理者，要把自己看作社交媒体系统的平等一分子，而不是统管一切的控制者。在此基础上，要保证管理交流渠道通畅，管理者和被管理者能够很容易地实现信息沟通和交流。同时，社交媒体自组织规制注重系统内部各要素之间的互动，注意发挥系统内部子系统的作用，实施有限度的民主管理[3]。管理绝不是事事包办代替，对于一时的变动也不是“一棍子打死”。社交媒体自组织规制尊重众多参与者的创造，并善于利用互联网思维模式与规则引导社交媒体的发展。比如社交媒体的礼仪规范、内部自由形成的制度，都可以对社交媒体传播发挥引导和示范作用。社交媒体自组织规制就要利用系统内部各子系统的中间环节实施管理和引导，如社交媒体内部的各种中间组织或社交媒体用户组织都可以发挥他们应有的作用。

这样，社交媒体自组织规制也会进行自组织空间结构的变革，形成扁平化的管理结构，变传统权力控制型的管理结构为合理分权的自组织结构，促进决策

[1] 曹建君. 需求驱动的国民经济动员时空信息生态链协同研究 [D]. 武汉：武汉大学, 2015：15.

[2] 王京山, 王锦贵. 按照先进文化的要求 推进图书馆管理机制改革——论图书馆自组织管理的理念及其实施 [J]. 山东图书馆季刊, 2005（4）：1-4, 13.

[3] 蔡箐. 网络媒体生态危机的系统控制策略研究 [J]. 图书与情报, 2006（6）：30-35.

基层化。在共同的原则下，基层组织能根据环境的变化进行有效的自行决策，快速反应，形成高效、迅捷的自组织管理[1]。

因此，社交媒体规制要按照自组织管理的要求，认真研究社交媒体的内部运行规律，尤其是社交媒体系统各组成要素之间相互作用的模式与影响，大力推进社交媒体传播自律，推动社交媒体用户的互动；同时组织方面要实现宏观管理与自主管理的统一，加强行业管理，使社交媒体传播既能不断提高信息内容质量，又具有相当的活力。

第三节　社交媒体自组织规制的实施

社交媒体自组织规制的实施需要从理念革新开始，要把社交媒体作为一种融合性媒体来看待，充分尊重社交媒体内部的自发秩序。因此，社交媒体自组织规制是基于自组织的弱管理，在保持社交媒体系统有序运作的基础上要尽可能发挥社交媒体参与者和用户的主动性和能动性，尽量减少外在的不必要干涉，使社交媒体系统成为自我驱动、自我管理、自我完善的自组织系统，保证社交媒体系统的充沛活力，使社交媒体系统成为不断发展的有机体，以通过社交媒体的高效传播促进社会和谐，减少摩擦和冲突。

一、社交媒体自组织规制的层次与类型

社交媒体系统是一个开放的人－机复杂系统。也就是说，社交媒体系统的传播主体（即社交媒体用户）是“嵌入”社交媒体系统的有机组成部分，离开了人这个主体，社交媒体自组织也就失去了动力。但因为有人的参与，社交媒体系

[1] 王京山，王锦贵．按照先进文化的要求 推进图书馆管理机制改革——论图书馆自组织管理的理念及其实施[J]．山东图书馆季刊，2005（4）：1-4，13．

统不但具有技术复杂性，也具有社会复杂性，社交媒体自组织规制也就必须考虑人的复杂互动，才能有效实施。

基于社交媒体系统内部各要素的互动关系，社交媒体自组织规制可以划分为三种类型或层次。

（1）对社交媒体信息的自组织规制：社交媒体是基于用户关系的内容生产与交换平台。人们利用博客、微博、微信、社交网站等来发布信息、分享经验和观点，社交媒体传播的信息已成为网络信息资源的重要组成部分。对于社交媒体信息的规制是社交媒体自组织规制的重要内容。

社交媒体自组织规制要提供用户平等交互的平台，创造良好的信息交流氛围，保证用户之间的信息交流与开放共享，传播正面信息，抵制虚假和负面信息。在宽松有效的信息规制下，社交媒体不同的用户可以各抒己见，甚至会有比较激烈的论辩发生。但是信息交流和传播进行到一定时间后，网络用户之间的观点会求同存异，最终会产生关于某一主题的比较一致的看法。对于不正确甚至错误的观点也不必一棍子打死，强力禁止传播，而是通过众多网络用户的眼睛发现更多的错误，达到“众目之下，害虫难逃”的效果。博客允许用户评论，微博和微信允许用户点赞、转发等，通过各种方式鼓励网络用户之间的信息交流与互动，这有利于知识信息的传播与共享，也有利于社交媒体用户之间共同提高。反之，也可以凝聚用户的集体力量坚决抵制不良虚假信息，或动员用户力量集体辟谣等。这种情况下，社交媒体自组织规制既要做好引导，又要把握传播方向，在引导和抵制之间保持动态平衡。

比如，果壳网是一个开放、多元的泛科技兴趣社区，有上百万名爱知识、有科学素养、乐于分享的年轻人在此汇聚。果壳网的“谣言粉碎机”频道，粉碎了大大小小的数百个谣言，从“2012 世界末日预言”到“微波炉损害人体健康”，内容涵盖方方面面，获取了巨大的社会声誉。在粉碎谣言过程中，“谣言粉碎机”小组根据自己的判断选择待粉碎的谣言，没有过多的外部干预，其粉碎的谣言与用户日常生活息息相关，广受用户好评。果壳网“谣言粉碎机”的成功，显示果壳网的信息规制方式较为成功。这种规制方式尊重系统内部的内生秩序，实质是一种社交媒体自组织规制的有效运用。

（2）对社交媒体用户的自组织规制：社交媒体用户之间通过社交媒体进行互动交流而建立、维持或改变相互之间的关系。这种关系是基于数字传播平台的人际传播，属于一种非体制化的传播行为。在这里，采用传统的传媒规制模式，如行政干预、法律处罚等方式往往事倍功半甚至无效，这就需要充分发挥社交媒体参与者的能动性，鼓励社交媒体参与者通过平等交互实现有序互动，这就是针对社交媒体用户的自组织规制。

例如，社交媒体用户在使用社交媒体的过程中会通过不同用户间的互动反馈进而自发形成一些约定俗成的礼节规则，这就是网络礼仪。网络礼仪规范了社交媒体用户相互交往的形式和内容，促进不同用户之间的和谐互动。对于网络礼仪形成演变的这一过程无须外在的强制性规制，只需提供网络用户平等交流的环境即可。这种规制模式就是针对社交媒体用户的自组织规制形式。

表面看来，针对社交媒体用户的自组织规制是一种“无为而治”，但这种无为而治不是不作为，而是减少不必要的作为。只要规制方式运作正常，不但可以保持社交媒体系统活力，促进社交媒体用户的互动共享，也可以对抗网络诈骗等违法行为。面对网络诈骗高发的现实，促进社交媒体用户的信息交流与互动，可以揭示网络诈骗分子的诈骗伎俩，避免更多人上当受骗；同时，也可以促进用户的协同共享，保证社交媒体用户的权益，促进社会的和谐稳定。

（3）对社交媒体传播效果的自组织规制：社交媒体系统是网络传播系统的一部分，与整个社会环境系统存在着复杂的互动，包括信息传递、观念传播、舆论传播等方面的互相影响。为此，要按照自组织原则针对社交媒体传播效果进行规制，以保证社交媒体传播的正面积极效果，减少社交媒体的负面传播效果。

社交媒体系统产生、成长于一定的社会环境之中，因此受到社会系统的巨大影响。宏观上社会系统可以看作是社会政治系统、社会经济系统、社会意识系统等子系统的组合与集成。无论社会存在还是社会意识都会对社交媒体系统产生重要而深刻的影响。反过来，社交媒体系统也会影响社会系统。社交媒体不但改变了个人的知识结构、认知、能力和行为，而且已经开始对人类社会的政治、经济、文化和意识形态产生越来越大的影响。

以网络语言为例，在社交媒体中使用网络语言较多，网络语言使社会与网络传播系统通过网络用户互动形成了新的表达方式。不同的语言环境外在制约着网络用户，网络用户又会以自己的语言表达和交流信息，因此网络语言是现实语言在网络上的投射。同样，网络语言也会深刻影响现实社会中语言的表达与使用。网络语言已经成为网络用户网上交流必不可少的方式，满足了人们对新奇表达方式的要求，是一种语言创新。网络语言由于其原创性，丰富了社交媒体用户的表达方式，提高了用户交流的趣味性[1]。同时，因为其自发性特征，网络语言又很不规范，对于不习惯使用网络语言的用户而言不啻天书。网络语言的泛滥也带来了不少副作用，如语文能力的下降、语法规则的破坏等。对于网络语言的规制也应该遵循自组织规制原则，不做过多干涉，使语言发挥自净功能，久而久之，网络语言就会成为一种新的规范表达方式。

针对社交媒体信息、用户和传播效果的自组织规制，是社交媒体自组织规制的三种类型，也是三个层次。对社交媒体自组织规制的类型和层次划分，对于我们认识和把握社交媒体自组织规制的规律和实施方法是十分重要和必要的。三种社交媒体自组织规制类型，其实不是对立的关系，而是相辅相成、紧密关联的关系。如网络语言的形成和发展贯穿于网络传播的各个层面，因此针对信息、用户和传播效果的自组织规制都是适合的。社交媒体自组织规制的范围由此逐渐升级扩展，对社交媒体的发展和演变产生举足轻重的影响。

二、社交媒体自组织规制的方式与方法

要实现社交媒体自组织规制，需要从指导思想、实施路径等方面入手，改革传媒规制的方式方法，尊重社交媒体内生秩序，保障社交媒体系统的自主性。具体而言，需要做好以下几点。

[1] 史小建 . 浅谈网络语言对传统汉语语言的影响与规制 [J]. 语文建设 , 2015（20）: 73-74.

1. 减少不必要的外部规制

要实现社交媒体自组织规制，首先要减少不必要的外部规制，同时认真对待社交媒体的复杂性。社交媒体具有类似人际传播互动的特性，在社交媒体中传递的信息许多时候类似于个人日常生活中的信息交流，即使偶有不当信息，也不必使用外部力量实施强力规制，以保证社交媒体的自组织运转与演进。在这种情况下，政府或其他外部机构不必干涉具体社交媒体的运作，对于一些无伤大雅、无关大局的不当信息，应以开放包容的心态处理，不应随意实施禁止或处罚。

社交媒体的健康发展有利于和谐社会建设，通过社交媒体用户交流会更加顺畅，社会也会更加和谐。过多不适当的外部规制会削弱社交媒体的社会功能，也不利于社会的和谐稳定。比如，近来因在微博、微信上发表言论获罚的新闻报道时有所见，对社交媒体言论表达的规制力度也逐渐加大，处罚方式也多样化。规制主体包括各级各类国家机关，如网络管理部门和地方公安机关等[1]。这种规制模式是一种他组织规制模式，不但规制成本高，规制效果也差强人意。

社交媒体自组织规制要求政府等管理机构适当“抓大放小”，确立社交媒体底线和“红线”，同时要宽容对待社交媒体的不足，对于社交媒体传播的不当信息，要审慎处理，不可一棍子打死。明确自己的行为边界和职责所在，就为实现高效的社交媒体自组织规制奠定了基础。

2. 推动自律

他律是他组织管理的形式，相应地，自律就是自组织管理的重要形式。他律需要有外部监督，而自律则不需要外部监督，自己要求自己，自觉地遵循规则，约束自己的一言一行。自律的实现不是通过外部强制力量，而是通过社会舆论、内心信念唤醒人们的良知、羞耻感等，从而实现作为控制手段的功能。自律表面上看起来是对自由的自我限制，但它的目的却是为了争取更大的自由。

在网络传播过程中，自律是一种非正式的社会控制方式，主要通过网络用

---

[1] 郭栋，郭雪颖．社交媒介言论表达的规制模式 [J]. 网络传播，2013（10）：17-19.

户自我约束、群众监督及网络空间的每一个机构、组织恪守网络准则来实现。

社交媒体自组织规制要大力推行自律，推动社交媒体参与者按照无害、相互尊重和可持续的网络伦理准则来实现自律，在维护个人网络传播权益的同时避免侵害他人、社会的利益。除了社交媒体用户的自律之外，社交媒体还应该采取一定的技术手段推动自律，自我维护社交媒体内部的秩序。

社交媒体自组织规制模式中，社交媒体自律大体有以下几个层次。

首先是社交媒体用户的自律，包括文明上网、文明聊天、文明发帖、遵守礼仪、不互相攻击谩骂等。通过用户个人的自律，造就社交媒体信息传播中的“谦谦君子”，弘扬文明上网之风。

其次是社交媒体自身的自律。社交媒体本身是用户沟通交流传递信息的平台，需要制定“公约”“启事”“规则”等来实现有效管理和规制。国内外许多社交媒体网站都制定了各种规则来维护社交媒体本身的传播秩序，避免恶意或虚假的信息传播。比如新浪微博就采用了签订公约、用户举报、事后把关等方式推动自身的自律。如果网络用户遇到违规信息或假消息，可以通过“微博小秘书”等方式举报，新浪微博也鼓励用户对微博发布的信息进行正反两方面的举证。通过这种自律方式，社交媒体本身可以有效阻止各种不良信息的传播，实现社交媒体秩序的正常化。

最后是行业协会推动的自律。自律需要各种守则和规范，社交媒体传播则更需要相关伦理规范机制的调节与控制[1]。在社交媒体自组织规制中，自律规范是自组织规制的关键，具有非常重要的作用。除了社交媒体系统自身的规范之外，有必要由各行业协会制定各种规范推动自律。据不完全统计，已有超过50个国家级组织制定了计算机与网络有关伦理守则，这些相关的伦理守则的形式不一，各种自律规范的诉求、目的和内容各不相同[2]。

我国各行业协会也很注意通过规范、公约等推动网络传播的自律。比如中

[1] 周庆山．网络信息生态危机与系统整合控制策略 [M]// 中国信息年鉴 2010. 北京：中国信息年鉴期刊社，2011.

[2] 周庆山．网络信息生态何以平衡 [EB/OL].（2013-08-30）. http://www.stty.net.cn/guanli/ShowArticle.asp? ArticleID=1252.

国互联网协会于2006年4月19日发布了《文明上网自律公约》，该公约号召互联网从业者和网络用户勇于承担应负的社会责任，严以自律，以积极态度促进互联网健康发展，坚持文明办网，文明上网。公约全文一百六十字，从八个方面倡导正面，摒弃负面，如“提倡先进文化，摒弃消极颓废，促进网络文明健康；提倡自主创新，摒弃盗版剽窃，促进网络应用繁荣”等。该公约为社交媒体自组织规制指明了方向。事实上，该公约前身是博客网发起的《博客自律公约》，是经过众多网络用户和专家的讨论协商，不断修改完善才形成的。其基本原则适应网络传播各层面尤其是社交媒体传播的需要。除《文明上网自律公约》外，中国互联网协会还牵头组织研究并发布《抵制恶意软件自律公约》《博客服务自律公约》《电子邮件服务规范》《抵制非法网络公关行为自律公约》《互联网终端软件服务行业自律公约》等各种互联网自律公约和倡议书共计19部[1]，对团结业界、倡导行业自律、促进行业健康发展起到了积极作用。

其他各相关协会也注意制定各种自律的规范或约定，如中国互联网行业自媒体联盟“速途网自媒体联盟”和“微媒体联盟”等诸多行业组织共同推出的中国首份《自媒体联盟自律公约》，要求联盟内成员从内容制作到传播过程展开自律，通过自身的努力促进中国自媒体行业的健康发展。以上这些自律公约的制定与发布对于推动社交媒体自组织规制具有重要的促进意义。

3. 促进内部的信息反馈与互动

社交媒体自组织规制既然是自组织管理的一种形式，就应该按照自组织管理的基本规则，保证社交媒体系统内部顺畅的信息反馈与互动，同时减少管理层级，实现民主管理。

传统媒体和社交媒体最显著的区别就是信息反馈和互动。传统媒体尤其是大众传媒属于“点对面”的单向撒播式传播。信息反馈和互动是零散的、滞后的，传播者和受传者的地位是相对固定的，彼此之间实现平等交流难度极大。因此，传统媒体往往是居高临下的，其管理模式也是自上而下的他组织管理。社交媒体

[1] 自律公约 [EB/OL].（2013-04-12）. http://www.isc.org.cn/fwdt/listinfo-15397.html.

则与此不同。由于技术的进步和传播机制的思路不同，社交媒体内部存在频繁的信息反馈和互动，社交媒体中传播者和受传者的地位不那么固定，信息传播机会相对均衡。信息传播不再是由点到面的撒播式传播，而是由点到点的网状传播。与这种传播模式相适应，社交媒体自组织规制也应该促进系统内部各要素的信息反馈和互动，以扁平化管理强化网络用户间的沟通与联系，从而进一步优化提升传播效果。

要促进社交媒体内部的信息反馈和互动，实现扁平化管理是必由之路。对社交媒体而言，扁平化管理保证了人与人之间的平等交流，现代网络信息技术也提供了平等交流互动的平台，这使得扁平化管理不但可能而且必要。扁平化管理要对各组分和要素充分授权，通过各种技术手段实现信息共享，从而增强社交媒体系统对环境变化的感知能力和快速反应能力，在保障系统信息传播的同时，也能够克服各种不利因素，尽快阻滞不良信息的传播。无论是论坛还是微博，都存在各种讨论甚至激烈的言辞冲突，表面看来这种讨论乃至冲突似乎有违和谐之道，但不同用户之间的讨论往往会促进参与者对某一问题的认识，甚至可以形成“真理愈辩愈明”的良好结局。因此，除个别严重情况外，社交媒体系统应该保证并鼓励社交媒体参与者之间的讨论与辩论，这是社交媒体自组织规制的基本要求。

4. 引导与禁止相结合

按照字面的理解，一般人对“规制”的理解就是外部的他组织管理或控制，就是“限制”，似乎就是“只许老老实实，不许乱说乱动”的意思。在社交媒体自组织规制理论看来，这种认知有失偏颇。

社交媒体自组织规制也是规制，当然也含有“禁止”或“限制”的含义。传统媒体规制着眼于限制，目的在于禁止不良信息的传播，维护媒体信息传播的秩序；社交媒体自组织规制也有相同的意图和目的。与传统规制模式不同的是，自组织规制采取的方式方法不同，其要达到的目标也与传统规制不同。

除了禁止负面因素的一面之外，社交媒体自组织规制还有引导和提倡积极因素的一面。社交媒体自组织规制要有共同的愿景和目标，并要积极引导社交媒体参与者向着共同的愿景和目标而协同共进。比如前面提到的《文明上网自律公约》，在“摒弃消极颓废”“摒弃盗版剽窃”“摒弃造谣诽谤”“摒弃弄虚作假”等诸多禁止性的约定之外，更主要的是“自觉遵纪守法，倡导社会公德，促进绿色网络建设”“提倡先进文化”“提倡自主创新”等引导性的约定，使网络用户有规可遵，有章可循。倡导积极因素与禁止负面因素相结合，从根本上说还是尊重网络用户的自主权利，相信网络用户能够自我约束、自我提升，这样社交媒体自组织规制就能够实现信息传播秩序与传播主动性的有机结合，就能取得更好的传播效果。

三、社交媒体自组织与他组织规制的统一

如前所述，现实系统往往是自组织与他组织的统一。比如人类社会，尽管从宏观整体来看人类社会是自组织系统，但社会系统局部有可能存在很强的他组织因素，具有很强的他组织属性。比如有的时候封建皇帝能够“一言九鼎”，扭转乾坤，使社会带有鲜明的时代特色，这种局部的他组织因素有时甚至占据主导地位，影响社会的方方面面。反过来也一样，一个他组织系统内部也可能存在强大的自组织因素，比如封建王朝的军队往往是一个他组织系统，要受专制皇权的绝对制约和领导，但战时也往往“将在外君命有所不受”，领兵打仗的将领可以不接受来自皇帝的命令“便宜行事”，从而能够当机立断灵活作战，以夺取战争的胜利。这实际上是以自组织的灵活性来抗衡他组织的机械性。人类社会内部的各子系统往往也是兼有自组织和他组织的属性，比如一个学校的正常运作，可能既需要来自上级的指示与命令，更需要内部师生员工之间的有序互动与协同。

社交媒体系统的演进也是自组织与他组织的统一。理想的社交媒体规制模式也应该是自组织管理与他组织管理的统一，使社交媒体系统宏观上有秩序，微观上有活力。这样的规制模式，对于政府和其他管理机构而言，就是实现“抓大放小”，有所为有所不为，为所当为，保障社交媒体的健康发展。

社交媒体自组织规制和他组织规制各有优势，也各有不足。自组织规制的优势在于灵活机动，能够及时应对内外的挑战，同时保证社交媒体的参与者有积极性和主动性，而且管理成本相对较低，其不足之处在于规制的短期成效可能会不明显。他组织规制的优势在于应对及时，短期成效较为显著，可以有效阻止不当信息的传播，避免社交媒体秩序混乱。其不足之处在于，规制成本较高，且往往不能随机应变、与时俱进，容易压制社交媒体参与者的积极性和能动性，不利于保持社交媒体系统的活力。因此，理想的社交媒体规制应该是自组织规制与他组织规制的统一。

社交媒体规制要实现自组织规制与他组织规制的统一，首先要确定自组织规制和他组织规制的界限，管理机构既不能无所作为，也不能乱作为。一般来说，社交媒体的宏观层面，也就是大局方面需要他组织规制，政府机关等管理机构要利用政策法律手段为社交媒体确立规范和底线，保证社交媒体传播不能突破底线。在事关国家和谐稳定秩序的大方面，要使用包括政策法规手段在内的各种外在强制力量保障社交媒体的顺利运行，维护社会公众的合法权益。对于社交媒体的他组织规制也是要促进提倡正面因素，抵制打击负面因素，引导和禁止相结合。如蓄意利用社交媒体散布违法不当言论，就需要利用法律手段加以限制和打击，以维护社会的和谐稳定。反之，对于维护社会公序良俗的社交媒体，要从政策方面给予各种形式的支持和鼓励。

对于社交媒体的中观和微观层面的问题，要尊重社交媒体系统的自组织机制，发挥社交媒体用户、社交媒体系统和相关协会组织的主动性和能动性，鼓励社交媒体各要素通过协调互动形成规范，以规范调整各方行为模式，进而实现自组织规制。凡是社交媒体可以自我管控的问题，就鼓励社交媒体通过内部规范处理，而不必动用外部强制力量。比如，对社交媒体的礼仪、语言方面，鼓励社交媒体用户通过互动形成规范，鼓励社交媒体系统听取用户意见制定调整内部规范，尽量避免介入社交媒体的日常管理事务。要尊重社交媒体参与者的积极性和创造性，对于行之有效又不违法的各种内部规范，管理机构应该尊重认可其有效性，保证社交媒体的自主性。如此，则自组织规制机制就会不断成熟壮大，逐渐成为社交媒体的基本规制模式。

要实现自组织规制与他组织规制的统一，比较理想的状态是实现自组织规制与他组织规制的有机融合，应该他组织规制的时候就要按他组织规制的要求和模式实施规制，应该自组织规制时就要按自组织规制的要求实施规制。这需要社交媒体及管理机构鼓励创新、积极探索。这样，可以通过他组织规制为社交媒体信息传播划界限、定目标，通过自组织规制激发社交媒体系统各要素的积极性，鼓励社交媒体积极探索适合自己的发展道路和规制模式，如此社交媒体规制就会事半功倍，更好地为建设和谐社会服务。

第六章
网络社交媒体传播的规制创新策略

第一节　媒体规制理论基本问题概述[1]

一、媒体制度理论发展与挑战

在人类社会发展进程中，交流始终是一个重要的发展机制要素。文明社会的重要标志显然就是人类的交流进步，在这个过程中，人们通过不断革新和创造记录知识和信息的物质材料和记录手段，从而突破传播速度、数量和质量上的局限，最大限度地使信息得到共享并产生影响。同时在这一过程中，不只是生产力的不断发展或技术革命的不断进步问题，还有一个重要的考察维度，就是在传播关系和社会结构上的互动影响问题。一种新的传播媒体出现之后，必然带来传播结构上的新变化和社会制度上的新机遇与新挑战，并且很多时候是全面的、系统的政治、经济、文化及法律伦理挑战。与之相伴的就是矛盾、冲突的出现，继而逐步形成了一套历史的和现实的媒体规制理论与实践的体系和制度。

对此进行系统总结的代表性著作就是美国弗雷德·西伯特（Fred S. Siebert）、西奥多·彼得森（Theodore Peterson）和威尔伯·施拉姆（Wilbur Schramm）共同撰写并于1956年出版的媒体制度理论著作《传媒的四种理论》（*Four Theories*

[1] 本节部分内容已在《现代情报》（2016-1期）发表：媒体规制理论的演进：从传统离散规制到数字媒体融合规制（周庆山，刘济群）。

of the Press）[1]。该书系统梳理了在人类社会发展过程中媒体制度的主要范式，从历史发展维度和现实社会空间维度两个角度，将其分为集权主义理论、自由主义理论、社会责任理论以及苏联共产主义理论四种制度模式。

在媒体发展演变过程中，媒体从一种记录知识的档案文书、记录历史的载体，逐步演变成为一种普及知识和观点、传播动态信息和影响舆论的重要工具，因此历史上各种政治和利益势力都希望可以利用、控制和影响媒体的传播活动。这就是被《传媒的四种理论》所概括的所谓集权主义的媒体规制制度模式，这一模式基本上是封建专制制度下的一种模式，主要是通过皇权和神权统治的方式进行的，在中国典型的就是从秦始皇焚书坑儒到清政府的文字狱。在西方，这一模式也是在封建专制社会下的专制主义模式，其中的重要特征是媒体缺乏言论自由，只是皇权或神权的宣传工具。其中神权统治往往不被注意，却也恰恰是言论自由限制中一个重要影响因素，典型的事例如意大利思想家布鲁诺为了维护日心说，被限制言论自由的中世纪教会用火烧死。

这一制度最重要的影响始于印刷术发明以后，由于这一技术的运用带来了极大的传播自由，导致统治集团必须采取必要的手段进行规范，其中比较重要的就是像欧洲实行的严酷法制规范。比如英国的《星法院条令》等就是这样的制度。

在我国，印刷术的发明较早，但是由于政府垄断和控制等因素，无法成为有效的传播工具而发挥更积极和进步的作用。尽管如此，在晚清，一批到西方留学的知识分子的呼吁和影响，以及西方传教士在中国办报刊等的影响，对于最后推翻封建王朝还是起到了非常重要的作用。从这一点来说，媒体规制虽然能够起到一定的作用，但是随着民众意识的启蒙以及政治系统的整体溃败，任何不适应社会发展的规制必将走向失败。

自由主义的媒介规制理论就是在与封建主义的斗争中得到了胜利，成功地实现了宪政制度，并获得了人权中重要的核心价值与权利，即言论自由权。其中表述得最为彻底的就是美国的宪法第一修正案，其明确规定国会不得制定任何法

[1] 弗雷德里克 · S. 西伯特，西奥多 · 彼得森，威尔伯 · 施拉姆 . 传媒的四种理论 [M]. 戴鑫，译 . 北京：中国人民大学出版社，2008.

律剥夺公民的言论自由、集会自由及申冤的权利，也不得确立国教，从而限制公民的信仰自由。

自由主义媒介规制理论强调了意见和信息传播的自由市场机制作用，并为后来的媒介制度经济理论提供了制度基础。科斯是新制度经济学的奠基人，他于1959年发表的“联邦通信委员会”（Federal Communication Commission，FCC）研究为经济学领域传统的产权理论研究带来了根本性的变化，也冲击了美国FCC规制传播媒体的传统模式，即基于委员会听证并颁布营业许可证，以分配广播频谱的频谱分配方法[1]。科斯认为，广播频谱的分配应该交予市场中供求关系的运作来完成。依据市场规律拍卖频谱资源，可以提高运营方优化服务的积极性，从而在现有资源的调配下使大众获得更高质量的信息传播服务[2]。在这一自由市场相互匹配的过程中，政府过多的干预和控制反而会导致资源配置的低效率：一方面是公众的文化消费与信息需求没有得到充分的满足，另一方面则是频谱资源在低效率人为调配下的浪费。

不可否认的是，社会成本与负面外部性问题是完全自由市场经济的弊端，市场失灵的现象也在经济活动的部分特殊领域中时常出现，尤其是公共服务领域。科斯提出，在政府明确各方权利与义务的前提下，经济中的非效率可以通过当事人的谈判与斡旋得到纠正，从而使社会效益趋于最大化。这也就是著名的“科斯定理”[3]。

基于此理论可以认为：在媒体规制的过程中，政府、媒体运营商以及受众等各方因素可以在既有的权利义务关系中进行谈判和博弈，进而协调好信息传播背后的频谱等资源调配规则，达到政府规制、用户使用以及机构服务三者之间的纳什均衡状态。

自由主义的核心是将言论作为可以在市场上交流的商品，并且成立媒体就如同开办一般性公司一样，可以对这些商品进行销售。作为传统纸质与广播媒介

---

[1] 周庆山，李彦篁．台湾数字融合发展的规制政策初探 [J]. 情报资料工作，2014（1）：31-35.

[2] Coase R H. The federal communications commission[J]. Journal of Law and Economics, 1959, 2：1-40.

[3] Farrell J. Information and the Coase theorem[J]. Journal of Economic Perspectives, 1987, 1（2）：113-129.

盛行时代所提出的规制理论，科斯定理及其产权理论为广播媒介中的频谱资源分配提供了具有独特创见的宝贵方案。然而，作为经济学视角下的媒体规制理论，科斯定理着重理顺了媒介资源中的供求关系管理思路，却并没有在信息传播的内容层面投入足够的关注。由此可见，媒体规制在这一理论的关照下更多地体现为媒体市场中主体间供求关系的规制，而不是面向内容标准、传递渠道以及各主体间的权力与义务关系等多个方面的整体性规制。

因此，这些商品具有重要的内涵意义所在，在社交媒体大发展的时代，媒体与信息、文化的结合日益紧密，媒体中的信息传播也在更大程度上摆脱了物质载体和基础设施的客观限制，为理论上的“言论自由”提供了诸多的实践契机。在这种情况下，规制者若仅仅从市场经济的角度讨论媒体的经济效益，忽略对社交媒体在文化传播、知识分享等公共效益方面的探讨，则已偏离了媒体发展的整体趋势，不符合社交媒体规制的客观发展规律。因而其公共性一直受到关注，才会逐步形成既要保证自由，又要承担责任的社会责任理论来修补自由主义可能出现的滥用问题。

社会责任理论希望媒体自身可以承担更多的责任去行使自由过滤与把关权，并且行业也应制定相应的自律守则，约束自己的产业冲动。当然，由于自我约束不具备强制性，因此受众参与权及公共媒体规制理论也就随之产生。

在世界各国，由于社会制度、历史情况、社会结构、经济发展以及文化模式上的差异性，使得不同国家有着不同的媒介规制模式。其中，与自由主义并行的另一个媒介规制理论就是苏联共产主义及社会主义理论。这一理论是冷战后的标签化产物，是西方学者站在自己的立场上做的一种归纳，其中对于社会主义国家的媒体笼统地认为其特点是政府和政党直接管理和约束媒体。

在媒体规制体系中，政府、市场、法律规则、社会责任均发挥着不同的制衡作用，其中政府起着重要的主体作用。由于市场存在失灵现象，政府的规制有利于减弱自由市场中负面的外部性，协助社交媒体情境下的社会收益达到最大化。这是宏观调控等一系列政府干预合理性的最主要理论根基，也是规制俘获理论打破传统规制理论的首要突破口。

科斯在其经济理论分析中，运用了市场、博弈以及均衡等经济学理论工具探讨了媒体规制的一般规律与基本方向。但基于频谱资源分配这一问题情境建立起来的科斯定理已不能满足现代数字化，特别是大数据背景下的媒体规制问题。相比于量上“无差别”的资源积累与分配理论，社交媒体规制实践亟须建立偏向质的内容的新规制框架。

随着互联网、特别是移动互联时代媒体的进化融合发展，传统的媒体规制理论面临着巨大挑战。以往的介质属性使之具有一般经济商品流通意义上的规制规律，但是在互联网环境下，传播的主体、客体及传播流程都发生了巨大变化，需要重新建立规制原则和规制模式。

在世界范围内，围绕着网络环境下如何对社交媒体进行规制的问题，网络自由主义者、网络联邦主义者以及网络现实主义者各抒己见，展开了激烈的观点交锋[1]。网络自由主义者认为，网络所构成的虚拟空间与现实世界是有根本区别的。从网络无政府主义学派的立场来看，网络本身比现实世界更具有民主性、自由性与开放性，人们可以根据自己的情感或实际需求生活在这样的自由空间之内，网络空间既不需要也不适用于政府的管护[2][3]。网络无政府主义的代表人物之一约翰·佩里·巴洛（John Perry Barlow）认为，网络中媒体对文化的塑造比其他任何东西对文化的塑造都要显著，人们可以在网络空间的基础上，自由地创造出一种新的文明。网络联邦主义者并不认同绝对自由的激进观点，他们认为：网络是复杂而有边界的，面向网络空间的规制与管护在理论上是可能的；政府无法有效管理网络中的信息创造与信息传播，网络中的社交媒体规制只能依靠主体自身和相关的虚拟社区。[4]

因此，针对网络本身以及社交媒体的规制应该依据其自身的特点与规律，

---

[1] 戴元光，周鸿雁．美国关于新媒体规制的争论 [J]. 当代传播，2014（6）：51-55.

[2] 陶文昭．网络无政府主义及其治理 [J]. 探索，2005（1）：48-51.

[3] Volokh E. Freedom of speech, cyberspace, harassment law, and the Clinton administration[J]. Law and Contemporary Problems, 2000, 63（2）：299-335.

[4] Kreiss D. A vision of and for the networked world：John Perry Barlow's A declaration of the independence of cyberspace at twenty[M]//Bennett J, Strange N. Media independence：working with freedom or working for free? New York：Routledge, 2014：131-150.

基于虚拟空间中的主体自身进行规制，政府不应通过传统的行政管理方法干预网络空间与社交媒体的运作。网络现实主义者在网络与现实世界之间的关系问题上，与上述两种立场有根本性的不同。劳伦斯·莱斯格（Lawrence Lessig）认为：网络无论如何虚拟，都是物理空间的映射，网络空间中的行为和问题都与物理空间中的特定现象存在对应关系。因此，无论是社交媒体还是整个网络虚拟空间，都应该受到网络法律的规制，隶属于真实空间中的政府[1][2]。在现实世界中，网络与社交媒体也正在迈向一个政府管理与巨头垄断的时代。

与此同时，我们更需要关注社会责任理论在当下的新意义。当今世界的媒体信息与网络文化正呈现出向多元化、开放性、平民化和非权威主义发展的趋势[3]。各类社交媒体的组织形态由传统的“政府家长制”或“把关人”机制逐渐向自发创造、自我审查和自组织维护与控制的机制转变。传统的社交媒体规制强调事前审查机制，这在海量信息传播机制下容易造成媒体信息管理的低效，甚至无法运作。因此，在传统的规制者之外建立自组织控制机制已成为大势所趋。当然，政府在文化责任方面对于媒体信息传播中的自我把关与事后追责制度也需要加以强化，从而可以在发挥自组织规制优势的同时，尽量避免监管部门陷入规制俘获的陷阱。

二、社交媒体的综合规制：从分散规制到融合规制

目前，我国以及世界上大多数国家仍然沿用分产业纵向监管的社交媒体监管体制。电信业和新闻出版广电业分别建立了各自的监管机构与监管制度，电信业针对网络实施经济监管，新闻出版广电业一般实行网络和内容的纵向一体化监管[4]。但是，目前的一个总体趋势是以这两部门为主的监管主体从合力规范逐步向融合化规制方向发展。

---

[1] Lessig L. The Path of Cyberlaw[J]. The Yale Law Journal, 1995, 104（7）：1743-1755.

[2] Lessig L. The Law of the Horse：What Cyberlaw Might Teach[J]. Harvard Law Review, 1999, 113（2）：501-549.

[3] 周庆山，王京山. 维基百科信息自组织模式探析 [J]. 情报资料工作，2007（2）：29-32.

[4] 马骏 . 网络融合与广电监管体制 [J]. 现代电信科技，2005（8）：2-6.

在传统的纸质与广播电视媒介时代，媒体的信息传播在很大程度上受制于物质媒介本身的传递以及随之形成的影响力，媒介的运作模式与相应的媒介规制都体现出了结点式、离散式的特点。不同的媒体基于其物理特征，各自为不同用户群提供信息服务，而未连接成类似于互联网媒体的、连续的“媒介场域”，或形成渗透入个人生活的媒介空间。在这种情况下，如何运用自由主义市场经济中“看不见的手”提升媒体运作和媒体规制的效率，成了当时西方国家经济学界与传播学界所共同关注的问题。

我国的媒体规制采用的是按照媒体的类型进行分散化规制的模式，即通过新闻出版法规管理书报刊，通过广播电影电视法规管理影视，通过电信服务法规管理互联网。这些不同的传播形态以前都是按照内容的生产和分发纵向垂直传播的，因此管制也是分别进行垂直管理。这一模式就是分散规制模式的竖井式模式。

随着这些不同类型的内容数字化，以及各类媒体的集成平台化发展，媒体不仅是新闻出版和广电影视的大众媒体产业，而是交汇了电信产业、信息产业和移动终端消费产业，形成了硬件产品融合和包括视频、声音、数据以及文本的内容产业融合。因此，以往的按照类型进行分散管制的模式面临着巨大挑战。

“媒介融合”（Media Convergence）一直是媒体进化发展中的一个基本特征和规律，这一趋势在互联网技术应用之后不断加速。媒体融合首先表现在互联网和数字技术广泛应用于媒体的内容生产、处理和传播利用的所有流程中，它的一个重要技术整合过程就是跨类型化、跨网络化，也就是三网合一的发展趋势。在此基础上，实现了多屏一体、平台集成的生态化整合。像脸书、百度、新浪、腾讯等平台都已经有了上亿的在线用户，这些网络服务提供商把各种频道都整合在一个平台上，既是一站式服务与争夺用户的策略，也可能会带来平台垄断或者市场竞争规则的问题。

同时，基于集成化趋势，各类不同的传播内容界限也越来越模糊，统一成为数字化内容。传统媒体对信息内容是明确区分的，什么是新闻，什么是娱乐，什么是广告，什么是电视剧、电影，什么是公共言论，什么是私人通信，都非常清楚。但是在今天的社交网络、手机媒体上，这些内容之间的界限越来越模糊了。比如网络视频节目，与传统的新闻、娱乐或者商业广告性内容不同，今天互联网上的网络视频节目有很多是用户自己创作的，有些恶搞、戏谑、“无厘头”的内容甚至突破了道德底线，违背了公序良俗。这样就产生了公私之间、真假之间、虚拟和现实之间的各种融合问题。

社交媒体的内容生成呼唤组织机制的融合，以往被划分为新闻出版、广播影视等不同类型的传播介质和组织机制需要整合成为一个综合性的平台，形成数字内容产业集团。现在的媒体实际上集多重身份为一体，既具有宣传功能，又承担着公益性的作用，还有商业性的诉求。与此同时，传播者和受众也变得模糊了，拉斯韦尔提出的传播与受众的边界正在逐渐消散。新的媒介对所有人传播，像麦克卢汉预言的那样，未来媒介处处是中心，无处是边缘。另一个趋势是生产者和消费者之间的边界在消减。在这一趋势下，媒体的传统规制模式已经不能适应这一发展要求，媒体的融合规制成为一个规制创新的必然选择。

关于规制融合问题，需要建立的是一个基于内容平台而非媒体类别的规制体系。需要解决媒介融合（Media Convergence）下的规制融合（Regulatory Convergence）问题。面对媒介融合的现实困境与发展规律，英国学者佩特罗斯·罗斯费迪斯（Petros Losifidis）提出了“规制融合”（Regulatory Convergence）的概念，认为规制融合意味着通过展开一系列因应媒介技术融合、市场融合和产业融合的媒介规制变革，从而建立一个能够适应所有融合领域的共通的规制框架[1]。

从欧盟等国家和地区的成功经验来看，“规制融合”的推进是一项涉及机构变革、政策调整等方方面面内容的系统工程。例如，不仅包括规制主体和对象的融合，而且要求建立适应媒介融合领域的规制政策以及更灵活、更具融合性的市场准入制度，并且建立相应的市场监管制度，以促使市场的有效竞争和充分竞争。迈阿密大学传播学院的盖瑞森（Bruce Garrison）等提出了媒介融合模型，认为既可以是技术融合作为经济融合（即市场或产业融合）和规制融合的先决前

[1] Iosifidis P. Digital convergence：Challenges for European regulation[J]. Javnost-the public, 2002, 9（3）：27-47.

提，也可以是经济融合和规制融合带来技术的融合。但无论是哪一种模式，融合效果的最后产生都是技术、经济和规制因素三者共同作用的结果❶。

规制融合的主要实现路径是政策法规的融合和行政管理机制的融合，以下将对此进行分述。

（一）从分门别类立法到政策法规融合

在政策实践领域，随着政府和公众对数字化网络中虚拟世界的认知不断深入，社交媒体的规制问题也逐渐脱离了“绝对自由”或严格管控的误区，开始进入规范化与程序化的发展阶段。美国联邦通信委员会（FCC）在《1996 年电信法案》（*Telecommunications Act of 1996*）通过时，就解除了对电信和媒体之间的跨业经营的限制，即允许电话公司和有线电视业务领域的相互渗透；放宽了对广播电台、电视台所有制的限定，并打破对媒介种类的限制和隔绝，允许电话公司参与有线电视市场的节目竞争，由于通过对无线电、有线电视、电报和电话、互联网传播服务等业务实施一体化规制，从根本上消除了美国电信行业和广电行业可能存在的政出多门、条块分割的规制现象。

日本对媒体进行了重新分类，分成媒介服务类、社会服务类和个人通信类。然后按照不同的类别，适用不同的监管原则。比如，通信类的媒体就要强调保护个人隐私，社会服务类的媒体就可能更适用传统的广播电视新闻出版法。❷

我国香港特区将现有的三套条例（广播条例、广播事务管理局条例、电讯条例）合并成“传播条例”（Communications Ordinance），以促进整个通信、媒介业的发展。

我国的相关法律法规还有待进一步完善融合策略，很多都是管理条例，缺乏基本内容规制法，尽管目前有《网络安全法》，但是这个法律还是侧重安全方面的，其他方面还不完善，因此应适时出台网络内容基本法，即《电信法》，分

❶ Dupagne M, Garrison B. The meaning and influence of convergence：A qualitative case study of newsroom work at the Tampa News Center[J]. Journalism Studies, 2006, 7（2）：237-255.

❷ 广电总局发展研究中心 . 国内外广播影视体制比较研究 [M]. 北京：中国国际广播出版社，2007：112.

类规范网络媒体，一方面是关注这类传播是不是违反了民事法律和刑事法律，比如说诽谤、侮辱等。如果违法了，那就按照司法途径去解决。另一个方面是规制有害信息，这可以通过行业自律和内容分级来实施。像欧盟就颁布了《互联网非法和有害内容的管理条例》，把内容进行了分类，通过这样一种方式对互联网上的内容进行有效的监管。

（二）从行政管理到机构融合

从发达国家的实际做法来看，大多采取了机构整合策略，其中实施最早的是美国的联邦通信委员会（Federal Communication Commission，FCC）。该委员会早在20世纪初广播媒体出现之后就开始组建，1934年《通信法》出台后成立了该委员会，取代联邦无线电委员会。

2003年7月，英国议会通过《通信法》，设立了通信办公室（Office of Communication，OFCOM），设立了由先前的电信管制局、独立电视委员会、广播管制局、BSC广播标准委员会和无线通信管制局5家合并而成的通信管制局OFCOM，管制方式从分裂变为统一，改变了广播电视行业单向进入电信行业的传统格局，使英国在规制层面去除了电信业与广电业之间的藩篱，使得“媒介融合在技术中立（Technology Neutrality）的旗号下得以顺利展开”[1]。

日本的规制机构是由日本总务省主管。效仿美英规制机构融合模式，2001年日本由原邮政省、自治省和总务厅合并成立总务省，下设信息通信政策局和综合通信基础局职能部门，电波监理审议会和信息通信议会作为总务省的常设咨询机构，参与和协调职能部门对日本电信业和广播电视业行使规制职能[2]。

我国香港特区政府拟将电讯管理局及广播事务管理局合并为通讯事务管理局，使之成为既精简又专业的管理机构，以便更迅速而有效地发挥作用。

我国的信息传播与利用的管理制度是面向纸质和电子媒体建立起来的，如新闻出版署、文化部、广播电影电视局等。这是一种条块分割的管理模式，不适

❶ 石力月．媒介融合背景下英国广电业“公共服务”理念之嬗变[J]．新闻大学，2010（3）：100-104.

❷ 广电总局发展研究中心．国内外广播影视体制比较研究[M]．北京：中国国际广播出版社，2007：112.

应媒体和信息融合时代的需要。这些海外经验都为我们打破条块分割格局提供了有益的参考。

具体针对媒体的不同方面的规范也需要进一步健全统一的管理机制，比如在隐私保护方面，政府应该采用中央集中的管理结构保护个人隐私，避免管理分散和规制缝隙。建议我国借鉴国外的首席隐私官、数据保护官制度，在监管机构或者大的互联网服务机构设立符合中国国情的个人信息或者数据信息安全主管制度。❶

我国正在逐步建立和完善融合化的综合治理体系，2011 年 5 月，国家互联网信息办公室成立。2014 年 2 月，中共中央网络安全和信息化领导小组成立。此后，各级党和政府相应成立了相关机构。2018 年 2 月，党的十九届三中全会审议通过了《深化党和国家机构改革方案》，将中央网络安全和信息化领导小组改为中央网络安全和信息化委员会，这为加强网络综合治理提供了非常重要的组织保障。2018 年 2 月，根据国家深化党和国家机构改革的战略部署，提升了网络信息安全工作的政治地位，将国家计算机网络与信息安全管理中心由工业和信息化部管理调整为由中央网络安全和信息化委员会办公室管理，强化了网络安全和信息内容监管的战略地位，也进一步理顺了规制体系。

（三）从单一监管模式向综合治理的转变

随着互联网应用日趋广泛，网络从一般媒体属性进一步社会化和经济产业化，成为数字经济组成部分，因此，监管媒体的做法已经不适应互联网监管的需要，此外单一行政化监管模式也难以解决有限监管资源和海量待监管信息的矛盾。因此，需要将政府规制（statutory regulation）、非政府规制和自律结合起来，采用联合规制（co-regulation）的方式，进而形成复合规制模式。值得注意的是政府规制仍然是最主要的正式规制方式，非政府规制、自律是补充性方式。❷有学者通过对互联网监管政策进行的量化分析，针对结合分类结果和引用类型分析

❶ 周庆山 . 完善我国个人信息保护管理制度的思考 [J]. 社会治理 , 2018（1）：34-41.

❷ 李继东 . 复合规制：媒介融合时代的规制模式探微 [J]. 国际新闻界 ,2013（7）：126-133.

也发现，[1]中国互联网内容监管的主要途径由监管技术领域逐渐转移到倚重法律法规、社会准则和市场规则。

社交媒体的内容属海量资源的上传、分享和生产模式，因此，与此同时，海量的用户给互联网的个人信息管理带来挑战，监管个体用户在网络传播色情、暴力等内容要比监管机构上传的内容更复杂、更困难。虽然采用过滤、版权保护技术能起到一定的效果，但效果还是不能令人满意。现在世界各国都面临着这个技术性难题。

鉴于单纯人工审核以及技术手段很难解决监管问题，因此，互联网监管还是需要建立综合治理体系，建立多主体治理模式，其中既包括政府监管，还需要完善行业组织，社会监管以及平台和网络服务商的监管责任，包括开设举报热线、进行网络安全教育等。综合治理是一项庞大的工程，它不但需要多种技术手段，而且需要全社会的共同参与。监管模式从规范到治理的转型意味着政府主导模式需要更多地向综合共治模式转型。“治理”一词指的是比“规范”更广泛的一套协调机制。[2]更笼统地说，“规范”是旨在影响企业或社会行为的国家行动。[3]“治理”则代表一套权威性规则，旨在以一种有目的的次序来界定，约束并塑造行为体的期望，而且通常借由相关行为体认可的一组机制来实施。[4]

互联网治理不仅是公权力治理机制，也是公私权力共治模式，互联网空间的权力博弈日趋激烈，也反映了其治理的复杂性，周辉以权力为视角对网络空间中私主体间的支配关系，指出了网络空间中从私权利到私权力的演变逻辑；侧重分析了网络空间中私权力赖以产生和维系的技术资源、平台资源和信息资源优势。认为应当客观全面地看待网络空间的私权力，既要有效规制其滥用风险，又

---

[1] 马费成、李小宇、张斌．中国互联网内容监管体制结构、功能与演化分析 [J]. 情报学报 ,2013（11）：1124-1137.

[2] 钱忆亲，陈昌凤．互联网治理：一种综合路径的探索 [J]. 全球传媒学刊 ,2017（2）：4-31.

[3] Baldwin, R., Cave, M., & Lodge, M.（2012）. Understanding Regulation：Theory, Strategy, and Practice. Oxford, United Kingdom：Oxford University Press，转引自：钱忆亲、陈昌凤．互联网治理：一种综合路径的探索 [J]. 全球传媒学刊 ,2017（2）：4-31.

[4] Bierstker, T.（2010）Global Governance. In Dunn Cavelty, M. and Mauer, V.（eds.）Routledge Handbook of 9 Security Studies. Routledge：London. 转引自：钱忆亲、陈昌凤．互联网治理：一种综合路径的探索 [J]. 全球传媒学刊 ,2017（2）：4-31.

要充分发挥其积极作用。[1]

习近平同志在党的十九大报告中首次提出“网络综合治理”这一契合时代特征的战略性术语，并在 2018 年 4 月 20 ～ 21 日召开的全国网络安全和信息工作会议上对其进行详尽阐述，“要提高网络综合治理能力，形成党委领导、政府管理、企业履责、社会监督、网民自律等多主体参与，经济、法律、技术等多种手段相结合的综合治网格局”，提出了构建“多主体”“多手段”合力的网络治理综合格局，为我国网络治理的理念创新与实践发展指明了正确方向。[2]这一重要论断揭示了互联网治理主体的多元性，而这些主体在互联网治理上绝非简单的管理和被管理的关系，而是互联网的网络化治理。[3]用户权利的契约化与网络中介私权力依赖“以或明或隐的方式进行着动态博弈，这其中的竞争、冲突、妥协与合作体现了以互联网为核心的社会权力的复杂性和丰富性”[4]。

2019 年 7 月 24 日，中央全面深化改革委员会第九次会议在京举行。会议审议通过了《关于加快建立网络综合治理体系的意见》，明确了我国网络综合治理体系建设的内容，对网络综合治理提出了新要求，为网络综合治理指明了发展道路。中央全面深化改革委员会第九次会议提出，要坚持系统性谋划、综合性治理、体系化推进，逐步建立起涵盖领导管理、正能量传播、内容管控、社会协同、网络法治、技术治网等各方面的网络综合治理体系。

综合治理的目标是构建平衡的、可持续发展的良好生态体系，这一目标的实现需要通过多元共治，顶层融合，实现体系化建设，其基本模式是法律为基础制度依据，行政管理为组织主导，行业规则为指导原则，网络服务商为依托，平台治理为抓手，舆情应对为治理途径，第三方认证为手段，智能技术为工具，社群参与为辅助，统合协调为保障。通过法治规则、社会规则和技术规则的统一，其中法治规则属于规范属性，社会规则是价值属性，技术规则为工具属性。

---

[1] 周辉 . 变革与选择：私权力视角下的网络治理 . 北京大学出版社，2016.

[2] 张卓 . 网络综合治理的“五大主体”与“三种手段”——新时代网络治理综合格局的意义阐释 [J]. 人民论坛网，2018-05-15.

[3] 张小强 . 互联网的网络化治理：用户权利的契约化与网络中介私权力依赖 [J]. 新闻与传播研究 ,2018（7）：87-108.

[4] 章晓英，苗伟山 . 互联网治理：概念、演变及建构 [J]. 新闻与传播研究 ,2015（9）.

第二节　社交媒体的系统生态综合治理规制策略

综合治理规制就是一种综合性社会控制模式，就是从法律静态单一治理模式到综合防范模式转变。目前我国明确提出了建设网络综合治理体系的发展目标，并且已经初步构建起了比较完善的网络综合治理体系。

一、网络生态系统概述

生态系统的结构主要指构成生态系统诸要素及其量比关系，各组分在时间、空间上的分布，以及各组分间能量、物质、信息流的途径与传递关系。[1]

随着网络技术、计算技术与实体应用的高度融合，互联网的空间性意义日益凸显，互联网的空间场景成为实体社会的重要补充和拓展，并作为一个全新的生态系统，发挥着实体社会难以实现的重要功能。可以说，网络已成为人类的“第二生存空间”。这一空间的发展既有积极的效用，也存在着很多冲突、矛盾和生态失衡现象。因此，网络媒体空间的良性建构需要从生态的维度，生态的方法，生态的路径建立一个均衡、有序、和谐、自主的系统。

网络生态系统具有人工性、开放性和动态性的特点。[2]针对互联网的生态化认知和分析，需要结合互联网的技术与应用特点进行分析，互联网的建立就是为了发挥一种非线性结构功能，而这一结构的基本特征就是分布式、开放节点、要素集成以及连接实体结构的拟合效应，因此，这一体系的分析特别适合进行生态化分析，生态的特征在互联网环境下体现的较为充分，并且在互联网进化过程中，也符合一般生态进化的一些原理，从而达到了一种全新的动态平衡，这其中很多物种逐步被替代，但是其基本技术基因被保留了下来，同时，这一生态机制在人工干预和控制的制衡下，形成了新的再平衡机制。

---

❶ 曹凑贵．生态学概论 [M]. 北京：高等教育出版社 , 2006：243.

❷ 张庆峰．网络生态论．情报资料工作 [J].2000（4）：3-4.

经过二十多年的发展，互联网的信息传播模式发生了巨大变革，以往的互联网信息主要是通过网站进行信息的发布和点击利用，但是随着移动互联网的应用与发展，网站数量在经历了迅速增长之后，开始出现了下降趋势，据 CNNIC 的统计，2011 年我国有 230 万个网站，2017 年达到顶峰的 533 万，但是到了 2018 年则下降为 523 万，减少了 10 万个左右，较 2017 年底下降 1.9%。与此同时，截至 2018 年 12 月，我国市场上监测到的移动应用程序（App）数量为 449 万款。我国本土第三方应用商店移动应用数量超过 268 万款，占比为 59.7%。[1]从这一数据可以看出，互联网应用已经从网站信息传播演化成为场景化应用模式，与社会经济各个领域的融合不断加深，从而形成了全新的生态模式。这一模式中，数据的共享产权与支付安全，消费的信息权利与义务，场景的跨界规制、物联网信息安全、人工智能和算法驱动的法律规范等等新问题日益突出。网络信息生态逐步过渡到数据信息生态，其数据应用的过度、过分、失衡、失控和畸轻畸重的生态危机逐渐凸显，从而影响了网络信息系统和网络信息环境的健康发展，引发了人们对网络信息系统生态环境的忧思。

生态学的形成是建立在自然界各类物种的相互联系和影响，以及自然环境与社会环境制约机制的分析和研究基础上，在人类社会不断演化过程中，自然界及其环境既是人类生存的重要载体、空间和对象，也是其本体化的存在形态，人与自然和谐共处，是人类发展的核心命题。

与此同时，人类还建构了一个社会生态系统，即人与人、人与社会组织、人与社会环境的互动和影响，这一社会生态系统同样发挥着重要的生存、发展和进化的重要作用。而社会生态系统的结构中，信息采集、处理、传播和利用构成了社会生态系统中的重要子系统，这一系统经过不断演化，采用信息技术和传播技术从而形成了重要的网络信息生态系统，发挥着重要的社会功能，从而成为生态学的一个重要的新疆域，就是网络信息生态学。

这一领域研究，在西方，比较典型的就是传播学领域的很多重要学者进行

[1] 中国互联网络信息中心 . 第 43 次《中国互联网络发展状况统计报告》[R/OL].（2019-02-28）[2019-07-15]. http://www.cac.gov.cn/2019-02/28/c_1124175677.htm.

的媒介生态学研究，其中包括加拿大学者麦克卢汉分析了媒介的进化和影响，提出了媒介就是信息，冷媒介与热媒介以及媒介建构的地球村理论，与此同时，麦氏理论还影响了纽约大学的一批学者，他们进一步研究媒介与人的生态关系，这些都对我们分析网络媒体生态有着重要的借鉴和参考意义。

从方法论角度来看，生态学的视角、方法和概念体系，能够帮助我们分析纷繁复杂的互联网信息系统的现象、规律、问题及优化策略。支庭荣认为，“迄今为止关乎人类在社会中、在地球上的各种组织及其生存状态，包括大众传播活动和大众媒介经营中的各种现象，都可以运用生态学的眼光加以透视、加以研究”[1]。随着互联网新兴媒体的不断涌现和进化发展，对于社交媒体的兴起，生态进化及生态平衡理论和方法对于解释互联网信息与传媒生态现象、趋势和规范具有更为重要的意义。

生态学由自然科学转向社会科学的“人文转向”，使得它在人文学科中产生了一系列的交叉学科，如在传播学领域相继产生了媒介生态、传播生态等概念。关于“媒介生态”的概念，西方传播史中不同学派给出了不同的代表性定义。麦克卢汉首次提出“媒介生态”一词，仅作为比喻来理解媒介技术对文化在深度和广度上所起的生态式影响。[2]纽约学派的代表人物尼尔·波斯曼（Neil Postman）将媒介生态学定义为将“媒介作为环境”（media as environment）的研究。尼斯卓姆（C. Nystrom）[3]认为媒介生态是对作为环境的复杂的人类传播系统的研究，把人与环境、个人之间、个人与群体、人类与文化之间的互动关系作为研究主体，发掘媒介传播结构、过程、技术和工艺在这一互动过程中所扮演的角色，并在此基础上提出了对于传播生态系统的整体研究范式。

根据对“媒介生态”不同定义的理解和分析，媒介生态是指媒体在一定社会环境下生存和发展的状态，是指在一定社会环境中媒介各个构成要素、媒介之间、媒介与其外部环境之间相互良性制约而达到的一种相互平衡的结构。而网络

---

[1] 支庭荣．大众传播生态学 [M]. 杭州：浙江大学出版社，2004.：4.

[2] 杨婷婷．论中西媒介生态学研究的差异 [J]. 新闻界，2005（3）：79.

[3] Christine Nystrom. Towards a Science of Media Ecology：The Formulation of Integrated Conceptual Paradigms for the Study of Human Communication Systems. Doctoral Dissertation. New York University,1973.

社交信息系统生态则是网络社交媒体在一定社会环境中和大的媒介生态背景下生存和发展的状态，是网络社交信息系统内部各组成要素、网络信息系统之间、网络信息系统与外部环境之间相互制约致衡的一种状态。

二、社交媒体信息生态系统结构

生态系统（ecosystem）是指在一定的空间内，生物的成分和非生物的成分通过物质的循环和能量的流动互相作用、互相依存而构成的一个生态学功能单位。它是一个复杂的整体，包含主体因素和环境因素，如生物生态系统便是以生物为主体，还包含对生物主体产生一定影响的很多生态因子如气候因子、土壤因子、地形因子、生物因子、人为因子等。[1]此外，生态系统内部各成分通过物质循环和能量流动互相作用、互相依存，从而发挥生态系统的整体功能。生态系统处在不断的发展变化中，由不成熟逐渐走向成熟，是一种动态平衡的系统。

生态系统平衡性要求各个要素之间存在着互相依赖、耦合、补充和共存关系，这些关系不存在相互冲突、抵牾、互害的情况，在系统功能发挥上起到集合作用。正如很多人把生态系统比喻为一部机器一样，其内部各个零件便是组成系统的重要成分，一旦零件本身或者零件之间的衔接出了问题，便会影响整个生态系统的功能发挥，从而破坏生态系统的稳定，造成生态失衡的状况。因此，分析生态系统需要从系统的各个要素出发，探讨这些要素的关系状态和联系机制，从中找出问题所在。

美国亚利桑那大学法学院教授大卫·阿尔赛义德（David Altheide）认为，传播生态（ecology of communication）是指各种论坛、媒介和信息渠道的结构、组织和可接近性。这是一种把信息技术、传播（媒介）形式同传播活动进行连接的研究模式。[2]依据斯蒂文·小约翰传播生态三层次（即传播原生态、内生态和外生态）理论[3]，媒介生态系统也相应可分为原生态、内生态和外生态两级层次。

---

❶ 尚玉昌 . 生态学概论 [M]. 北京：北京大学出版社，2003：194.

❷ 支庭荣 . 大众传播生态学 [M]. 杭州：浙江大学出版社 , 2004：8.

❸ （美）斯蒂文 · 小约翰著，陈德民等译 . 传播理论 [M]. 北京：中国社会科学出版社，1999：584.

网络社交媒体信息生态系统是信息生态系统的一个发展形态，正如自然生态系统一样，网络社交媒体信息生态系统也由单一物种、集群、种群、群落等层次结构组成。在互联网发展过程中逐步形成了以“云、网、端”三部分构成的系统结构。其中，“云”是将信息资源集成处理提高利用效率的集成计算基础服务设施；“网”包括互联网、移动网、物联网、智联网等网络形态；“端”是指用户直接接触的个人电脑、移动设备、可穿戴设备、摄像装置、传感器等终端设备的应用。在此基础上包括了各类信息网络内容，比如，网络中存在着一般性网页、网络视频、网络博客、网络 BBS 等；同时，在移动互联网应用条件下，App 模式成为物种的新种群，同一生存环境下的各种不同种类的信息种群构成一个信息群落，而多个“信息群落”构成一个大的信息生态系统。随着信息系统的数据采集智能化和自动化，信息种群的数据集群得到了迅速发展，并具有不同的种群特征，如阿里巴巴集中在电商和征信数据，百度集中在搜索和公共数据方面，而腾讯是在社交和关系数据方面。BAT 都在布局大数据，从百度大脑、阿里云、腾讯大数据的平台布局到人才争夺。这一模式中移动技术及大数据技术起到了连接、延伸和参考作用。各类短视频、智能驱动和算法媒体将不断出现，随着 5G 的广泛应用，云网端将进一步升级，成为产业的基础生产设施和服务协同平台。

网络社交媒体生态系统也在不断地演化和变迁：在这一系统结构中，其要素结构发生了变化，包括信息主体产销合一趋势；信息内容数字化、海量化，信息中隐性知识的价值流动；信息渠道平台化趋势；信息接收与利用的主体化、多元化；信息效果的分层化。

2005 年以来兴起的 Web 2.0 就是网络系统演化的一个重要标志，即由信息静态发布向交互性和草根化发展的大趋势，并开始向以门户网站为代表的长期在网络中占据主流地位的 Web 1.0 发起挑战。互联网实验室针对其发展指出，Web 2.0 不单纯是技术或者解决方案，Web 2.0 是一套可执行的理念体系，实践着网络社会化和个性化的理想，使个人成为真正意义的主体，实现互联网生产方式的变革从而解放生产力，这个理念体系在不断发展完善中，并且会越来越清晰。实践 Web 2.0 的成型的应用元素包括：博客（Blog，包含文字、声音、图像、视频，让个人成为主体）以及简易聚合（RSS）、Web 服务、维基（Wiki）、分类分众标签（Tag）、社会性书签（Bookmark）、社会网络、异步传输（Ajax）等。其底层是 XML 和接口协议，而这些应用又都是在一些 Web 2.0 体系下的理论和思想指导下形成的，包括：六度空间理论、长尾理论、社会资本、去中心化等。[1] 2009 年以后，由于手机 App 的快速发展，智能手机处理速度的极大提高，以及上网速度的明显提升，网络内容在手机端的呈现也越来越多元化。算法驱动也成为新的核心产品层面的竞争，这也是今日头条等崛起的重要驱动力。

网络社交信息系统则是在技术演化和社会结构变迁中形成的一个不断递进的开放生态系统。这个系统的演化逐步发展到了以互联网技术支撑，以人际关系网络为基础，以各类组织进行技术应用，通过社会和个人建构而成的一个平台加自媒体的生态系统。其蜂巢化特征和自组织特征日益突出，而社交化是其生态链中一个重要的递进动力。在这一系统中，各类媒体形态如同寒武纪大爆炸一样纷纷涌现。与此同时，也产生了对原有的信息生产、组织、加工处理及传播服务及控制系统的重构乃至颠覆。这就形成了一种网络信息系统的生态危机，这一危机的产生和发展体现在网络信息系统生态系统内部各要素以及各要素间的冲突关系之中。

正如人与自然环境构成了生物生态系统，互联网与其环境构成了互联网生态系统，在这一互联网生态系统中的社交网络也与网络环境构成社交网络生态系统。网络社交媒体的生态结构分析可以从基因性的信息元的元生态出发，包含着信息的各类符号和媒介物种群体以及种群生产、处理、传播及消费主体，这些形成了内生态系统。传播体现为传授主体的两元主体对信息客体形成的互动机制，是精神交流层面的本质属性。同时，内生态系统与外部系统之间的交换和协调构成了一个外生态系统。这些来源于外部的环境资源不断给媒介输送着其所需营养物质，如人力资源、自然资源、广告资源、信息资源等。在与媒介内生态的各种因素之间进行信息交换同时，作用于媒介内生态系统的各个环节与层次，提供了持续发展的动力机制，同时媒介本身也受到外部环境的制约。反过来，媒介的内

[1] Web 2.0 的定义 [EB/OL]. [2007-10-30]. http://www.enet.com.cn/article/2005/1122/A20051122474593.shtml.

生态活动也对外部环境产生了一定的影响。

网络社交媒体生态系统是网络结构要素相互作用与联结的一个整体。网络社交媒体生态系统的平衡态需要系统要素之间自适应、动态调整、代谢性与代偿性交互，达到系统的有序、完整、可用、可靠及反馈调整及时有效的状态。网络社交媒体生态的系统平衡需要具备以下条件：

（1）整体协同性。一个系统的平衡就是系统中的要素比例适当、结构稳定、交互性好、信息形成有效闭环，而要达到这一效果，需要各个子系统及要素的结构是根据整体性功能加以规划和设计的，在互联网系统中，既有基础设施层面的，又有应用层面的，还有信息内容层面的，与此同时，互联网应用是基于不同主体，如政府、商业、公共、社会及个人基于不同的利益诉求和动机建构起来的多元链路和内容集合体，在这一系统中，不同的主体机构之间既有竞争，更有协调与合作，相互依赖，比如技术层面需要市场的投资拉动，网络应用需要技术的支持和协调，在商业的电子商务模式上，还需要政府的政策支持和市场配套，特别是金融支持，比如近年来兴起的移动支付就为电商的线上线下融合提供了重要支持，与此同时，位置服务也为滴滴出行和高德地图提供了良好的本地化支持，因此，互联网生态的平衡机制既有系统的整合，又来自于各种利益动机的集成化，但是，这一过程中的协调有时候确实存在较大的冲突和失衡问题，比如互联网上的信息提供虽然非常丰富，达到海量级别，但是信息重复、碎片化较为突出，之所以这样既有市场机制的影响，也有核心内容及原创内容的知识产权限制在网络上的一个体现，知识的获取比以往带来了更多的壁垒而不是自由，与此同时，个人数据的无偿提供带来了各种移动应用无节制收集个人信息，由此引发了个人的抵制，比如拒绝一些服务包括减少社交媒体的使用，在互联网国际化冲突中，各国的信息主权以及数据跨境流动的争议也日益突出。这都需要通过平衡利益关系及生态要素来建构新秩序。

（2）开放性。系统的生态性与非生态性的重要差异就是生态系统必须具有输入与输出的动态开放，并且系统自身的要素也应具有兼容和不断扩展性。开放性也是互联网发展的基本动能，从 PC 互联网到移动互联网，体现了这一系统开放的基本特征，那就是互联网越来越趋于平台化蜂巢开放的模式机制演进状态，在这一开放的平台上，各种资源要素可以无限扩展，没有边界限制和主体壁垒，从而发挥了人人都是媒体的新型媒体形态。

如果这一平台自我封闭，就难以实现其倍增价值，比如早期的汉王电子书模式就是一个较为封闭的系统，其核心运营模式就是购买和囤积一部分图书，然后制造一个终端提供给用户使用和阅读其中的内容。但是由于这个阅读器在当时既不能下载各类应用 App，也难以通过其终端上网自由获取各类资源，其使用场景严格限定在阅读图书这一主要模式上，导致其受到资源限制，特别是版权成本等因素的影响，难以可持续发展。相反，美国苹果公司将手机开放成为一个生态化的 App 商店模式，并且是手机成为开放的互联网平台，造就了苹果公司的移动互联网生态创新革命。

从媒体进化发展角度而言，以往的大众媒体生态系统多是按照不同类型垂直发展的，但是随着媒体的生态化发展，单个媒体在互联网上就是一个信息孤岛，媒体信息成本效率是比较低的，每一个技术产生的连接载体，都是文化的连接应该进入和拓展的新边疆。近年来，通过信息导流模式，形成了信息的系统超链接模式，从而推进了媒体联动与发展，产生了门户、新闻 / 阅读客户端的栏目和频道、垂直网站等，其中就包括微信公众号、新浪微博、百度百家。媒体生态的开放性包括引入多种技术手段，实现了信息采集和传播的无缝化生态，如智能手机里面有十多种传感器，这十多种传感器有温度、重力、光强度，都在发挥作用。未来的媒体是基于数据的，以及基于传感的，一个媒体只是有记者和编辑是远远不够的，要通过技术的手段、数据的方法、开放的布局让自己的触角伸到互联网各个地方。

（3）可控性。生态系统无论是自然的还是人工的，都是一个动态的开放系统。生态系统在与环境因素之间的交换会有很多的阻滞和干扰，系统将会出现不确定的熵值，系统要素之间可能基于冲突造成失衡和紊乱。因此，系统的信息反馈和自我修复调节就非常重要。尤其是网络信息系统，其可控性是较为重要的条件，没有可控性就会出现信息混杂、系统阻塞拒绝访问、病毒钓鱼程序泛滥、个人数据大面积泄露等问题，因此，网络系统需要通过人工干预把关、系统自动分析和大数据反馈，及时进行系统的有效控制。社交媒体实现了网络生态系统的数据智能化监测和反馈调节，为实时诊断受众反馈、把脉舆论走向及时进行调整提供了重要依据。

（4）多元共存与有效循环。系统中的各个要素具有一定的相互依存的链式关系，如同在生物界，一个物种将可能由于另外物种的灭亡而无法生存一样，物种多样是生态系统健全、完善的重要特征。[1]媒体进化不完全是你死我活的简单替代，而是功能互补与共生的生态链。在进化过程中，遵循适者生存的基本法则，从而突出了不同媒介的分工、差异、特色及功能调试。在社交媒体兴起的时期，各种类型的社交媒体相互竞争也相互影响，形成了较为复杂的局面，微信趋于平台化，将信息流广告、小程序、公共号、短视频等进行了生态化拓展，这无疑影响了与之竞争的今日头条、百度等媒体，促发了相互争夺入口的局面，与此同时，微信与今日头条再掀大战，抖音发布声明称，新用户无法正常以微信授权的方式登录并使用抖音。但是从用户视角来看，各种围绕经济、流量进行的战争无疑造成了整体用户体验的利益伤害和系统功能效益下降。

（5）结构平衡。结构是各个要素的总和，系统的结构要素就是各类物种、种群，这些物种种群的数量和质量要有一定的均衡性，不能过少，也不能过剩，否则就会失去平衡。结构的平衡是动态发展的。媒体面对互联网和数据算法驱动的影响，出现了结构性失调；面对挑战，媒体系统进行了结构调整，从而实现再平衡，如过去媒体各自独立的线形模式被内容、包装、传送、操作和终端五个横向环节取代。因此，需要利用拥有的原创内容和新闻，向内容提供商转型。

在新媒介出现之前，旧媒介系统中各种媒介在较长一段时间内“各自为王”，媒介“利益博弈”处于相对均衡状态，媒介“生态空间”错落有致，各生态位势力互相制约，恰到好处。梅罗维茨采用“媒介矩阵”一词来解释媒介直接的生态关系，他认为，媒介矩阵是共存的媒介相互联结的网络。不同类型的媒介常常是高度的内部相关。所以“我们应该研究的是一种特定的新媒介或者一种新的通用

---

[1] 邵培仁 . 论媒介生态的五大观念 [J]. 新闻大学 , 2001（4）：20-22.

类型的媒介引进之后，媒介矩阵以及它对社会行为影响变化的方式”[1]。

这就意味着媒介物种的一次变化和创新，都会产生生态变化，媒介生态平衡系统一旦被打破，就需要新的生态位的补充，从而形成新一轮的动态平衡，新媒介的涌现正是新的生态位的补充，媒介的进化就是在媒介生态圈层循环往复的动态平衡系统中不断演化。[2]

（6）迭代与融合进化。媒介系统的功能不断优化和更新的过程就是功能迭代。互联网生态系统的媒介迭代是基于核心媒介存储、传递和接受技术的变革引发的应对策略，这一策略是为了适应整个系统功能的进化，如果不能适应这一进化，那么很多系统要素将会拖累系统功能的发挥，比如传统报纸作为信息传播的子系统，在其传播功能上已经被网络信息发布平台集成化替代，因此就需要将其进行转型，从纸媒向电子版过渡，并转型到 App 模式。从 2017 年元旦起，颇有影响的《东方早报》正式休刊，彻底转型新媒体；《京华时报》也从元旦起告别纸媒转向新媒体，这已经是 2016 年宣布停刊的第 13 家报纸。这些报纸停刊后，并未完全退出媒体生态系统，而是以新的模式演进到了网络媒体新形态之中，并融入了社交性和数据智能的基因。随着互联网技术的兴起，新型媒体正在渐渐崛起，如自媒体、微信微博、网络媒体、视频网站、直播、App 等，伴随其中的是媒体服务内容的升级。

腾讯微信就是典型的快速迭代，不断改进，迅速占领市场的产品。其目前用户量庞大，市场壁垒高，其他的社交软件难以撼动其地位。正因为如此，近年来微信超越了微博成为新宠，可是短短几年，以抖音为代表的短视频社交模式迅猛发展，成为媒体生态系统中无论从内容还是从形态的一次新迭代。

生物界的杂交优势早已被科学和应用证实，杂交优势在媒体领域也被提出，这就是将传统媒体进行新媒体整合，但是目前仍看不出其优势所在，相反，一些横空出世的媒体一家独大，如今日头条，一直强调自己不是媒体而是一家信息推荐公司，但是这一主张并不符合实际，很多媒体属性的信息在今日头条体现得更

[1] 梅洛维茨．消失的地域电子媒介对社会行为的影响 [M]. 肖志军，译．北京：清华大学出版社，2002.
[2] 郑恩，林大力．媒介进化论研究的五大原则 [J]. 江苏广播电视大学学报，2009, 20（2）：64-67.

为突出。这也造成了生态系统的一种特殊的进化模式，即一个新物种的出现，搅动了生态系统的秩序，从一个侧面拉动了市场，并夺走了原本生态位上的物种优势，从而引发系统的重新调整和进化发展，一些媒体也就开启了全新的融合策略。

这一融合的一个重要特征是平台入口集中和整合，海量粉丝目光聚集的地方在很大程度上会影响甚至决定用户需求、上网习惯、消费兴趣和行为模式，占领了入口就相当于占领了用户。当前，最典型的入口型平台就是微信，人们大量的时间停留在微信平台上。

三、社交媒体的生态系统失衡问题

生态系统的稳定性是动态的，并且有一定的作用范围，即生态系统可以忍受一定程度的外界压力，并通过自我调控机制而恢复其相对平衡，但是一旦超出此限度，生态系统的自我调控机制就降低或消失，这种相对平衡就遭到破坏甚至使系统崩溃，这个限度就称为“生态阈值”（ecological threshold）。阈值的大小决定于生态系统的成熟性，不同生态系统在其不同发展阶段有多种不同的生态阈值。❶

系统的失序达到一定的界限就可能发生破坏性危机，这其中的一个重要因素就是外来物种入侵造成的无法自我修复和调整的问题，如在生物领域，一些外来物种可能会因为缺少天敌而疯狂繁殖和无节制蔓延，形成具有绝对优势的大面积群落，从而破坏了原本平衡的物种系统群落，危及濒危动植物的生存。

植物的外来物种可能会入侵一个国家的生态系统，对本地生物多样性和农业生产造成巨大威胁。❷而信息生态也需要这样的一种结构平衡，目前文化和信息存在着同质化趋势，并且同样存在文化与信息入侵，这种入侵危害，破坏着信息的生态系统。在网络环境下，同样存在这样的问题。正如范卫峰所提出的观

❶ 曹凑贵. 生态学概论 [M]. 北京：高等教育出版社，2006：258.

❷ 姜玲艳. 外来物种入侵的法律调控 [J]. 法制与社会，2008（16）：1.

点，未来的新媒体物种会有千千万万，有些是被互联网释放的巨兽，有些则是所谓的细流媒体。❶

传播系统的协调平衡包括了三个方面的协调统一：传播是人类自然、精神与社会文化行为的统一；人类信息表达、分享和利用行为的统一；人类技术、媒介材料和社会信息系统的统一。网络社交媒体生态系统是媒体系统的一个重要的子系统，这个系统的结构平衡是需要其各个要素的统一协调来实现的。

网络信息的流动是非国界的，但是各国的政治经济乃至文化习俗不同，这就形成了网络信息流动的文化冲突。目前，网络强国美国拥有着强大的信息资源、技术和语言优势，构成一种新兴网络强势物种。此外，黑客入侵等信息安全隐患也对网络生态系统构成威胁。

网络社交媒体系统的安全包括了信息系统的技术安全、信息云端的数据安全、信息网络的运行安全、信息传播的内容安全、信息利用的个人安全、信息资源的国家安全等几个层面。

生态失衡还表现在物种进化中的种群失衡。网络信息生态系统在不断进化发展过程中，逐步形成了以社交性为特征的一类传播系统。这类系统的种群丰富，开放性强，同时主体多元，互动性高，因此，具有较大的风险性和失控性。这一物种进化迅速，在网络信息系统的内生态过程中裂变和突现，构成了一种系统平衡机制的颠覆，从而产生了系统失衡与危机。

这一危机主要表现为，社交媒体是一个一个的去中心化的虚拟社群部落。区别于传统媒体的把关传播方式，社交媒体是一种口传模式的传播，没有中心，没有终点，这就使得原有的中心节点把关模式失灵。过去的传播主体具有专业化、制度化等特点，属于漏斗形把关机制下的过滤机制，现在的传播主体有民营的乃至个人的，被称为私媒体或者自媒体，其法律挑战是国家管理机制的控制力下降，管制成本提升，内容失控，从而带来社交媒体种群爆炸性管制失灵，信息内容的碎片化形成的组织危机，信息生产和消费的融合性及媒介恶性竞争带来的发展危机等等问题，具体表现为以下几个方面：

❶ 范卫锋 . 新媒体十讲 [M]. 中信出版集团，2015.

（1）网络社交媒体信息系统内容生态（网络信息生态）环境问题突出。社交媒体目前较为突出的问题是社交泛化带来隐私和数据安全危机。在社交媒体应用的传播过程中，隐私信息与公共信息的交流场景区隔被打破，正如梅罗维茨（Joshua Meyrowitz）在电视影响媒介情境中借用高夫曼的前台与后台情境混同现象一样[1]，新的移动媒体时代，手机作为一种私人通信工具，正日益成为一个缩小了的电视机、摄像机和大众媒介工具，从而导致个人的交流时间与空间融合进了公共时间和空间之中。这种融合提高了交流和工作效率，但是也带来了新的伦理和法律隐患，比如毕福剑饭局事件就是把过去私密空间的交流放大到公共舆论空间发酵放大，并成为公共事件。

社交自媒体信息来源缺乏可靠性、侵犯版权以及虚假信息泛滥，很多社交平台的内容存在交叉重复性，缺少原创，随着知识付费经济的兴起，知识内容的问答社区形成了较为丰富的内容，但是，数字内容的原创瓶颈尚未解决，内容竞争同质化现象严重，作者的维权成本过高。内容产业的所有权、信息安全、数字资产保护、知识产权管理问题亟待解决。这些问题的出现原因非常复杂，其中，网络生态从开放到社交媒体的自我封闭化，是一个不容忽视的现象，目前很多平台都纷纷建筑护城河和篱笆墙，信息的共享性需要通过转发、分享和链接实现，但是，现在的很多平台纷纷禁止向其他平台共享数据，禁止分享，比如今日头条和腾讯就存在信息互不兼容的问题，这些平台纷纷采用各种措施，希望留住用户，通过一个一个的 App 重新建构了一个个信息孤岛，同时，这些互联网平台的竞争也没有秩序，因此造成了内容重复，通过标题党吸引用户，信息内容呈现出微型碎片化、可信度下降等特征，特别是短视频内容粗制滥造现象突出，使得内容生态受到严重污染，这些都是目前移动互联网生态失衡的重要问题。

（2）信息推荐导致自我窄化和循环性“茧房效应”，对受众的自我意识强化虽然有一定的满足效应，但是内容的褊狭性可能产生自我封闭和难以多元化认知和均衡性理解信息，处于网络社交媒体信息系统受众生态环境中，受众面对海量信息，难以完全理性和科学地判断、选择有价值的信息，以往的媒体理性引导机

[1] 梅洛维茨．消失的地域电子媒介对社会行为的影响 [M], 肖志军，译．北京：清华大学出版社，2002.

制效力下降，导致很多信息接收孤岛和认知态度对立现象，与此同时，“数字鸿沟”也演变成了“数字对立”，对于社会的主流意识和正确价值观的形塑造成一定的阻碍。

（3）社交媒体的传播属性被用来进行观念传播和思想沟通，原本可以达成重要的社会功能，但是目前的社交媒体传播被更多地赋予了商业营销属性，因此，很多传播的内容，目的不是为了传递有价值的信息，而是通过娱乐化、奇异性信息，吸引用户的关注，从而达到电商营销和导流的目的，因此，媒体的专业化运营就不得不让位于商业操作和市场趣味。在网络社交媒体环境下，存在的通过散布对立性信息或者虚假信息来模糊事实，让用户无从判断就是这一现象的具体表现，如水军、刷榜现象的出现。

除此之外，数据在不同的信息中间商之间流转，从而产生很多不规范交易和侵权现象。2018年3月脸书遭遇史上最大数据外泄事件。美国《纽约时报》和《英国卫报》共同发布深度报道，曝光脸书上超过5000万用户信息数据被一家名为“剑桥分析”（Cambridge Analytica）的英国数据分析公司利用。5月，欧洲制定了“通用数据保护条例”（GDPR），随后脸书在欧洲失去了100万月活跃用户。

（4）社交媒体已经全面渗透到了网络生态系统的外部实体社会系统中。基于政治经济因素的考虑，我国的社交媒体多是本地化的企业，如腾讯微信、QQ、抖音、今日头条等，因此，其与国家政治法律文化环境的适应性较好，但是这些媒体在国际交流的外生态环境中，还需进一步适应国际化背景的系统控制影响，比如欧盟出台了《通用数据保护条例》，这对于服务于欧盟用户的我国社交媒体来说，如何遵从法律的规范，依照这一法律保护用户数据就带来一定的挑战。

2017年5月，据媒体报道，俄罗斯联邦通信，信息技术和大众传媒委员会（Roskomnadzor）已经把 wechat.com 列入了黑名单。从5月4日开始，互联网服务提供商被要求屏蔽所有与 wechat.com 相关的 IP 地址和技术域名。不光微信，Line、BlackBerry Messenger 等社交通信软件同样被封禁。禁封是由于违反了俄罗斯的网络监管条例，用户数据必须上传给当局，但是微信和 Line 等并没有签署。[1] 这一消息表明，社交媒体的国际交流系统需要适应其外生态系统的相关控制规则，并需要依法依规开展传播活动。

四、网络信息系统生态危机的系统整合治理策略

（一）包容性治理：社交媒体规制的生态建构

社交媒体发展给我们带来的不仅是媒体接受和利用的新变化，也对媒体的规制模式提出了严峻的挑战，以往单一媒体的线性监管模式难以奏效，社会信息借助媒体的网络化节点式传播形成了一种新生态格局，需要我们从系统、结构和网络生态模式角度，重构我们的监管、规制和治理模式。

司晓认为，我们应倡导“包容性治理”理念，这一理念的监管就是防止“一刀切”的“差异化监管”“适度监管”“柔性监管”、尊重市场规律的“内生性治理”和“政府与平台等多元合作治理”策略。[2] 其中，内生性治理是指在充分竞争的市场中，各个市场主体基于市场现实需求，在发展过程中自发产生的良性秩序，实现自我规范、自我完善，政府借助这种内生性的、自我秩序及其外部化实现现代化治理的治理理念和方法。其中比较有特色的就是淘宝的争议处理机制，其以对支付宝平台上的交易款项的控制做后盾，围绕支付宝平台上的交易款项归属展开，由淘宝客服担任仲裁者，有效避免了由淘宝商家、消费者纠纷双方担任裁判者而导致的结果不够客观公正的情况，通过实现交易纠纷的公平处理客观上保障了交易的顺利实现。[3]

包容性治理核心就是强调了治理的多重目标、多重主体、多重手段的合作治理模式以及开放性、动态性和系统性治理策略。其中，多重目标就是既考虑社交媒体监管的社会政治、公共利益目标，又要兼顾其产业、经济和竞争性目标，

[1] 俄罗斯宣布封禁微信 腾讯：对法规有不同理解 [EB/OL].（2017-05-05）. http://tech.ifeng.com/a/20170505/44609997_0.shtml.

[2] 司晓 . 互联网 + 时代的公共政策，选自：腾讯研究院 . 互联网 + 时代的立法与公共政策 [M]. 法律出版社，2016（4）：4.

[3] 司晓，等 . 互联网 + 时代背景下的内生性治理 . 选自：腾讯研究院 . 互联网 + 时代的立法与公共政策 [M]. 法律出版社，2016（4）：198.

如果仅仅从社会公共利益目标角度来看，社交媒体的重度监管和自媒体严格准入是最好的策略，但是，却会导致社交媒体的开放属性、社会网络属性和自媒体自由属性的衰退和活力不足。特别是对于一些创新性商业模式及商业物种，需要从产业发展角度先允许其野蛮生长，再进一步进行监管，而不是将其扼杀在摇篮里。如在管理网络约车等互联网经济新业态方面，英国伦敦市政府就曾表态，政府的监管目标是“保持出租车行业开放和充分竞争的市场状态。”政府不将网络约车纳入出租车管理范畴，而是将其作为预约租车的范畴，采取“政府监管平台，平台约束司机”的合作监管模式。[1]

多重主体就是在治理主体上，既要通过政府监管，更要通过互联网服务商、社会组织及网民进行多方合作系统治理。在目前的监管机制中，平台治理是重要的抓手。当前对于平台的法律义务、法律责任做了很多的规制。多重手段就是在监管方式上，既要通过人工审核，也通过技术过滤、技术识别和技术控制手段，更应该通过大数据分析，及时进行预警、预测和演化分析。互联网的监管对象如同过江之卿，难以一一对应进行针对性监管，因此，可以采用信用惩戒的方式，建立“信用黑名单”制度，解决信息不对称问题。

目前的治理机制是政府制定规则，平台负责具体治理，但是双方之间缺少协调与沟通。事实上，平台责任中，平台作为民事主体，没有法律赋予的监管职能，按照《行政处罚法》，只有行政机关才能在法定职权范围内行使行政处罚，不得委托其他组织或个人实施行政处罚。也缺乏专业人员和监管技术手段，例如如何认定违法信息，需要专业认定，平台责任的标准不一，平台经济目标的矛盾等都是难以仅仅依靠平台治理可以解决的。[2]合作治理模式就是政府、平台企业共同承担治理职责，并建立监管边界和科学分工，在治理过程中，政府和平台在各自职责范围内履行职责，同时建立沟通协作机制，定期开展相关的沟通、处理和通报。

---

[1] 蔡雄山，徐俊．美国高等法院判决网络约租车应用合法，选自：腾讯研究院．互联网＋时代的立法与公共政策 [M]. 法律出版社，2016（4）：31.

[2] 杨乐．互联网的合作治理模式，选自：腾讯研究院．互联网＋时代的立法与公共政策 [M]. 法律出版社，2016（4）：167.

从生态角度治理社交媒体就是动态跟踪，适时调控，基于开放性原则，“水至清则无鱼”，因此，应强调互联网治理是建立在网络媒体繁荣基础上的治理，而不是“一抓就死，一放就乱”的治理悖论，要解决这一问题就需要有生态思维，在治理策略上，遵循层次化、结构化、反馈迭代以及系统自治原理，进行社交媒体的综合治理。在社交媒体的治理策略中，生态治理的一个重要特征就是自组织治理特征，自组织性强调了一个媒体系统自身所具有的自我序化、自主控制和自适应能力，为了达到媒体系统的动态平衡，系统自身就会及时进行调节和控制，避免因失序造成的媒体系统偏离功能目标和方向。

生态角度治理既要考虑到内在系统，还要考虑外在竞争系统，以美国的微软垄断案为例，美国曾将微软公司告到法院，起诉其垄断了操作系统和浏览器市场，但是最终，基于各种因素放弃了对美国微软的拆分判决，其中一个重要因素是一旦微软公司被拆分，其外在的国际市场这一系统就会丧失竞争力，这并不符合美国的利益。

（二）网络传播结构和系统整合

现代社会对于媒介的依赖程度越来越深，媒介系统作为社会大系统中的神经中枢，在发挥自身功能的同时不断地满足社会和公众的传播需求。一个生态系统的发展都是经由适应、发达、不适应再到调节适应这样一个过程。从整个大的媒介系统来看，媒介形态由单媒体到多媒体、到超媒体以及到今天的网络媒体、社交媒体等，正在逐渐走向成熟、发达的阶段；同时今天的传媒系统已经从沟通、交流这个传播平台上走到了一个更高的层面，即参与社会的建构。

网络社交媒体信息系统也同样进入了参与社会建构，影响政治、经济、文化等各领域的高层发展阶段。网络是一把双刃剑，在网络社交媒体信息系统影响社会、引导社会、推进社会进步的同时，由于环境因子和系统主体人为因素等的作用，给社会精神、文化、舆论生态环境也带来了一些负面影响，引发了所谓的生态性矛盾，逐渐偏离了其最初的社会角色。在此时，便需要从整个网络信息系统生态的系统整合角度出发，对网络社交媒体实施系统控制。

媒体结构关系包括宏观和微观两个层面，其中媒介－社会联系这一媒介宏观层面关注的是媒介如何融入社会及更大型社会结构和媒介间的相互影响。与此同时，媒介—受众联系的媒体微观层面则着眼于群体和个人的影响及信息传播的结果。[1]

在传播学中，德弗勒（DeFeleur）和鲍尔－洛基奇（Ball-Rokeach）于1976年提出了所谓的“媒介依赖理论”（media dependency theory），揭示了在传播占据越来越重要地位的信息社会中，媒介系统、社会系统与受众系统三者间的互动依存关系。具体包括社会系统与媒体的关系；媒体和受众的关系；社会与受众的关系。这三个要素之间相互联系形成一个互相联系的结构系统。[2]

传播结构的基本要素包括了内在结构和外在结构，内在结构中的传播要素主要是信息传播媒体、传播内容与受众，而外在结构包括了传播的社会信息源系统、社会传递系统、社会反馈和控制系统等结构要素，传播的效应的实现既是内部结构系统要素整合的结果，又是社会外部结构系统与内部系统有机整合的结果。因此，分析结构不能不分析其系统整合性。

“系统整合”和“社会整合”的概念，英国社会学家洛克伍德于1964年第一次予以清晰的表达。他说，“社会整合”指的是“行动者之间和谐的或冲突的关系”，而“系统整合”则着眼于“社会系统各部分”之间相容或不相容/矛盾的关系。这是对社会秩序或混乱的不同机制的描述。[3]

哈贝马斯认为，整个社会是由系统和生活世界这两种不同的制度以两种不同的整合方式构成的。“社会整合”意味着建立在一种自由沟通所达成的共识之上的行动的协调，它以人的解放为前提；而“系统整合”意味着以金钱和权力的操纵为媒介的行动的协调，其目的是为了实现系统功能的有效性。[4]两者分别采取的是“内在的”和“外在的”视角。

---

[1] 斯蒂文·小约翰著．传播理论[M].陈德民，译．北京：中国社会科学出版社.1999：576.

[2] 德弗勒，鲍尔-洛基奇．大众传播学诸论[M].杜力平，译．北京：新华出版社,1990.

[3] 支庭荣．大众传播生态学[M].杭州：浙江大学出版社，2004.9：37.转引：N.莫塞利茨．社会整合和系统整合：洛克伍德、哈贝马斯、吉登斯．社会理论论坛，1997（3）.

[4] 支庭荣．大众传播生态学[M].杭州：浙江大学出版社，2004：37.转引：强世功．市民社会及其问题．中国书评（中国香港），1998夏季卷.

对于网络系统治理来说，还涉及国际互联网系统之间的治理整合问题。长期以来，国际互联网系统处于一种单边不对等的信息流动治理模式之下。2003 年，在日内瓦举办的信息社会世界峰会（World Summit on the Information Society，WSIS）上，与会代表首先提出了“多边、民主、透明”的国际互联网管理模式，认为因特网技术、政策层面的管理规则，应由所有利益相关方和相关政府间及非政府国际组织参与制定，由此确立了互联网管理的多利益主体参与模式。[1]对于这一治理模式的理解各国差异明显，尽管如此，我们应该积极参与到这一治理模式的话语定位和模式实践中，不断推进一种更为公平合理并有利于我国互联网生态协调的治理机制。

网络社交媒体信息系统生态系统中涉及媒介系统、受众、社会系统三者之间的关系。根据哈贝马斯的理论，在这里，所谓的“社会整合”，便是指媒介系统与受众之间的“自由”互动关系，表现为“和谐的或冲突的关系”。在这个以网络媒体为主体的“生活世界”里，媒介系统内部各要素之间通过物质、能量、信息的正常传递，形成了“一种自由沟通所达成的共识之上的行动的协调”，处于一种动态平衡的系统状态。而随着该系统内部各要素如网络媒体、信息、受众的不断发展，若其中任何一个要素、一个环节出了问题，出现所谓的“生态性矛盾”，导致生态危机的发生，从而影响到整个系统的平衡发展。

“系统整合”则是指社会大系统内部媒介系统与经济、政治、文化等系统之间的互动关系。对于网络媒体来说，其外部的环境因子包括经济、政治、文化、技术等因素。网络信息系统不可能脱离其外在的社会大系统而单独存在，这些外在的大环境背景中也同样充斥着不稳定的因素，存在现实的“结构性矛盾”，这些会对网络信息系统的发展起到促进或阻碍作用，是引发媒介“生活世界”中“生态性矛盾”的根源。因而，在“社会整合”出现问题时，往往就要依赖所谓的“系统整合”。系统整合是最根本的解决途径，它从直接调节“结构性矛盾”入手，最终将解决网络媒体生态系统中的“生态性矛盾”。在此过程中涉及各种复杂关

[1] 转引自：何其生、李欣．国际互联网治理体系：中外差异与应对策略 [J]. 重庆邮电大学学报（社会科学版）. 2016（4）：30-36.

系。因而网络媒体生态系统的危机解决最终还要从系统整合的角度出发，采取相应的系统控制策略。❶

系统控制策略涉及充分发挥网络化治理结构的作用。媒体系统的用户、公权力和网络中介三者之间的利益关系有时候是一致的，有时候可能是冲突的。张小强认为，在网络空间，网络中介因为技术和平台等优势形成了与公权力相对的私权力，网络中介的私权力来源于用户条款。通过用户条款，法律这种公共性质的、抽象的“社会契约”部分被私人性质的、具体的“私人契约”所代替，网络治理与个体权利实现都要依赖于网络中介。网络中介权力的正当性来源于合同法规则，使得其权力相对于法律在网络空间更加凸显，更为直接，失去了传统意义上的社会协商空间。用户群体自然希望获得更多主权，公权力则希望通过网络中介实现其管制和治理目标，网络中介则希望处于居中位置获得最大利益。❷因此，系统控制需要将这三者的系统关系协调好，才能实现动态平衡机制。

（三）生态预警规划原则

社会化媒体的发展使得信息的扩散以分秒计，而且其传播网络突破了时空、地域乃至文化等限制。传统媒体中的风险是以风险源为中心向周边层层扩散的，其扩散范围受到速度和时空限制。由于网络节点的出现，新媒体传播中的风险扩散突破了时空与文化边界，顺着网络节点向外扩散，并形成了风险源之外的多个扩散中心。在即时传播速度的影响下，某个村落之中的社会风险都可能迅速地扩散到世界范围之内，波及其他地区和行业，形成放大效果❸。

社交媒体传播的主题内容演化扩散具有一定的路径依赖和蝴蝶效应，因此，在恰当的时间节点上，对传播信息进行及时的舆情分析和果断处置应对，是避免社交媒体信息大面积扩散带来负面效应的正确做法，因此社交媒体的实时数据监

---

❶ 支庭荣．大众传播生态学 [M]. 杭州：浙江大学出版社 .2004：232.

❷ 张小强．互联网的网络化治理：用户权利的契约化与网络中介私权力依赖 [J]. 新闻与传播研究 ,2018（7）：87-108.

❸ 蒋晓丽，邹霞．新媒体：社会风险放大的新型场域——基于技术与文化的视角 [J]. 上海行政学院学报，2015, 16（3）：88-95.

测和提前预警就非常必要。如研究微博中网络事件的早期扩散模型，可以提前预测到网络事件的可能发展趋势，对国家有关部门及时进行舆论疏导、防止危机事件爆发具有实际意义。赵秀秀分析了微博网络事件扩散的五个规律，分别为：与人们作息时间相对应的活跃—睡眠规律、与事发地域相关联的地域接近性、与微博特征相一致的事件扩散的时效性、与社交网络结构密切相关的短距离性、与微博传播机制相契合的后续强力转发性等，借此提出了网络事件早期扩散预测模型[1]。

随着社交网络的出现，“无边界”网络传播成为主流，单一社交媒体的信息过滤机制往往是事倍功半，难以产生明显的效果。近年来，部分社交媒体平台开始尝试展开合作，构建平台合作的审查系统。2016年年底，脸书、YouTube、推特和微软四家公司宣布成立“反恐怖主义全球互联网论坛（GIFCT）”，目的在于遏制社交平台上快速传播的恐怖主义视频和图片。四家公司通过分享数字指纹和基本信息来识别恐怖分子和暴恐信息，从而形成“疫苗反应”，即一家在屏蔽相关恐怖信息后，其他媒体平台也将对此信息进行“免疫”，以保证能有效过滤不良信息。[2]

（四）内生与外源开放协调策略

社交媒体生态系统是一个耗散结构化的外源开放性系统，这一系统需要借助社会现实系统获取信息、技术、动能和资源，因此内生系统与外源系统的开放协调原则就是强调系统控制的大系统思维，从微循环控制转向开放系统控制。社交媒体传播是圈层化、非中心化的双向路径，其中没有固定的信源和信宿，节点之间通过平台能够实现互动反馈。因此，难以完全通过线性模式进行自我闭环的信息流控制，而是需要采用内生系统与外源系统整合控制模式进行调控。

社交媒体生态系统具有自组织属性，同时更具有社会开环控制属性，需要

---

[1] 赵秀秀．微博事件的实时监控及早期扩散预测模型研究 [D]. 济南：山东财经大学，2015.

[2] 孙萍，刘瑞生．网络生态视角下社交媒体的内容管理探析 [J]. 现代传播（中国传媒大学学报），2019（12）：50-53.

采用社会多元控制手段、模式和资源，进行整合控制。

“耗散结构理论”（Dissipative Structure Theory）的创始人比利时布鲁塞尔学派的物理学家普利高津指出：“一个远离平衡态的开放系统，不管它是物理系统、化学系统还是社会、生物系统，通过与环境交换能量，从外界获得负熵流来抵消自身的熵的产生，并在一种可能条件下，在反常涨落作用下可以形成稳定有序的动态结构，称为耗散结构”。“远离平衡的非线性开放系统通过与外界交换能量和信息，当控制参量超过某一阈值，系统可能失衡，进而通过涨落从无序转变为一种时间或空间或功能上有序的新状态。”[1]

陈巍等认为，耗散结构理论的启示是，如果一个系统没有外部足够的负熵流输入，系统发展会因为内部熵的增加而使其走向僵化、封闭，最终走向无序[2]。如果我们把社交媒体网络生态系统作为一个耗散结构系统，那么其中的内熵流就是网络自我调控手段，而外熵流就是对网络信息生态系统施以包括行政政策及管理干预手段的控制、社会资源控制、大数据技术控制、第三方手段控制的外在调控机制。

通过政策来调控网络信息系统生态、影响网络传媒的最终目的是建立和谐发展的网络信息系统生态圈，使网络信息生态系统内部形成一种有序结构的积极状态，以符合社会系统发展的需要，达到媒介系统的内外平衡。因此，政府等各方力量介入传媒领域、颁布制定相关政策法规时，要遵守适度性、合理性的原则。在市场经济环境下，网络传媒和其他行业一样，也是一个独立的市场主体，具有很强的市场权力，政府不能随意剥夺媒体的这种权力。政府在制定政策的时候要有的放矢，针对存在的问题来制订对策，而不能简单代行市场功能，以至于挫伤网络媒体的创新意识和积极性。在制定政策时，政府要做出具体而明确的技术判断，充分考虑高度动态化的技术发展本身的不确定性，并对政策可能酿成的行为后果做出评估[3]。最终使网络信息系统的生态系统在人为的有益影响下建立

---

[1] 李曙华．从系统论到混沌学 [M]. 桂林：广西师范大学出版社，2002：124-127.

[2] 陈巍，汤剑波，张伟平．自组织理论视野下的“新性善论”与德育观探赜——兼与檀传宝教授的商榷 [J]. 教育学报，2006（3）：59-63.

[3] 崔保国．公共政策变迁和媒介生态循环 [EB/OL].（2006-04-15）. http://www.cddc.net/shownews.asp?newsid=5106.

新的平衡，达到更合理的结构，发挥更高的效能，创造更好的生态效益。

社交网络信息系统是一个庞大复杂的系统，要想有效地实施管理，必须借助社会资源控制的力量，比如充分建立社交媒体违规举报机制，通过第三方机构进行社交媒体可靠性、权威性、合规性的评估和公示，从而发挥社会资源的重要作用。

五、“道、法、术”：社交媒体的生态系统规制策略

生态系统整合是贯穿系统控制过程的主线，是解决网络信息系统生态危机的关键所在。而在实施生态系统控制的过程中，生态平衡是指导全局的根本原则，是贯穿系统整合控制的准则性问题。社交媒体的规制的未来趋势是规制的生态化创新，生态化创新需要基于“道、法、术”三个层面建构体系化治理架构。

道法术原则出自老子《道德经》，其中道是核心观，是理念法则、核心价值观和宏观战略；法是中观，包括实施策略和路径；术是微观，是具体的战术、方法和手段。“以道制法、以法御术、道法术合一”才是最好的治理模式。即以道义来承载智术，悟道比修炼法术更高一筹。“术”要符合“法”,“法”要基于“道”，道法术三者兼备才能做出最好的策略。[1]

道法术在网络生态和社交媒体治理中的具体体现就是在网络的核心价值观方面，确立网络内容传播的基本原则，从而在道的层面上有一个基本战略规划。其中的核心是生态系统平衡。在此基础上，确立网络治理的基本结构化框架体系，这个体系包括法治、监管和自治的基本方略，构成“法”的层面，应当建立系统整合的理念，将过去媒体管理的垂直性内容管控机制调整为基于内容来源追溯和内容分发横向多元主体融合化的管控机制。这就需要整合多个内容传播平台和传播渠道，实现综合治理，通过具体的规制工具在“术”的层面得以实施。“术”的层面侧重技术治理策略，运用大数据、人工智能技术应用于具体的规制措施中，借鉴新的技术手段进行内容保护和辨析，如采用最新的区块链技术解决以往

[1] 王振.弘扬中华传统文化的“道法术”[J].文化产业.2018（9）：46-47.

难以进行信息溯源、保持信息完整性和信息控制的问题。

（一）道：生态系统平衡策略

生态的系统平衡包括各个子系统、要素、机制运行的动态稳定、关系协调、生态位分工有序，没有冲突、重叠、紊乱、阻滞、自循环、冗余度过高及系统负荷过大等不良因素的干扰。在平衡机制建立过程中，既要消除各种不良因素、内容和交互关系障碍等，也要实时保持信息输入和输出的平衡，避免信息的同质化、弱交互、单循环以及系统的封闭运行等反向不良状态。除了减少不良信息的传播，也要加大高质量信息的供给，实现信息的有序平衡，从而减少劣币逐良币的恶性循环现象。在良性信息内容供给中，要强调信息的权威性、可信性，同时，也要注重信息友好性、可读性和趣味性。在控制发布者信息内容的同时，不能打消用户的积极性，要提高其参与性和活跃度。

社交媒体的迅猛发展离不开社会系统中的人际交流网络的功能需求，人际系统在过去存在着较大的失衡现象，就是交流成本较高，信息不对称，空间和时间的现实物理场限制导致交流系统处于失衡状态，这一状态的集中体现就是人与人的交流和互动不得不借助于成本高昂的电话系统、书信系统和面对面的交流系统，在移动电话最初的发展时期，人们采用短信作为交流方式，成功突破了人们过去通过语音交流的不便和成本高墙。根据中国电信、中国移动、中国联通三大运营商的统计，仅 2013 年除夕当天的发送量就达到了 133 亿条，意味着人均发送 10 条短信。[1]

但是，随着媒介生态系统的进化发展，腾讯公司推出了微信这一多元功能的交流形式，其中发短信和视频主要收取流量费，而非短信费，而宽带的不断应用又将这一交流成本不断降低，从而进入一个社交活动系统再平衡的状态。2019 年 1 月 9 日，微信官方正式发布《2018 微信数据报告》，报告显示，截至 2018 年 9 月，微信月活用户达到 10.82 亿，微信各项功能使用频次也大幅提升，特别

[1] 刘琼，新媒体时代的春节文化 [N]. 人民日报 . 2014-02-11（14）.

是视频通话功能较三年前多了570%。[1]

一种媒体通过被采纳、接受、市场占有率不断攀升，进入产品的生命高峰期，与此同时，必然会有其他的媒体物种进入其衰退期，在这个过程中，媒体生态的动态平衡性关系就是一个重要的调控原则。在社交媒体兴起的过程中，不仅媒体之间形成了竞争、此消彼长的关系，而且，有些媒体之间还存在着相互依赖的共生共进关系，比如社交性微信平台搭建起了小程序和公共号，支付宝在解决了金融支付问题的基础上，也整合了很多的应用场景，成为各类社交电商的网络平台。

社交媒体的平衡建构过程中，竞争与合作始终并存，为了达到规模效应和流量入口的争夺，近年来很多社交媒体出现了一些纠纷。如2018年4月，头条系视频产品在腾讯微信及QQ被全面“封禁”，理由是互联网短视频整治期间，微信和QQ将暂停短视频App外链直接播放功能，如果用户需要观看，仍可复制网址链接用浏览器播放。不过，腾讯后来明确，是将所有短视频一视同仁“封杀”，也包括腾讯自己的微视和腾讯投资的快手等。6月1日，腾讯宣布向北京市海淀区人民法院提起诉讼，称“今日头条”及“抖音”系列产品的实际运营者北京字节跳动科技有限公司和北京微播视界科技有限公司构成商业诋毁及不正当竞争，索赔人民币1元并要求两家公司在自有新闻媒体平台全量推送公开道歉。次日，今日头条以字节跳动和运城阳光两家公司向北京市海淀区人民法院提起了对腾讯的两起反诉，理由是涉嫌不正当竞争行为、严重影响公司形象等，两案件合计索赔9000万元并要求腾讯进行公开道歉100天[2]。双方之间的这一法律诉讼纠纷在互联网产业领域并不罕见，由于社交媒体的信息生态是由多个产品线构成的，其中，有些产品需要通过不同的社交媒体信息的兼容和共享才能实现用户的平滑移动和友好链接体验，而这往往成为不同网络媒体的一个竞争节点，因此，“头腾”之战，反映了在这类交互性媒体生态中，由于产业垄断性和一家独大的

[1] 张小龙首次完整阐释微信8年进化史 [EB/OL].（2019-01-10）http://money.163.com/19/0110/10/E55F572400258105.html.

[2] 孙冰，“头腾大战”是用户注意力之争？ [J]. 中国经济周刊，2018（6），72-74.

冲动性动机，导致互相限制对方的资源交互共享，从而引发媒体生态非均衡性冲突。这一冲突的不平衡性，将会造成产业发展的阻碍和用户利用信息的不便，因此，需要通过各自的妥协和博弈，实现双赢的局面，同时，市场规制也需要针对这种竞争的不公正性给予必要的规制调节。

从更为宏观的层面来分析，社交媒体生态系统还需要保障其内部各个要素与外部社会大系统的协调平衡，社会外部系统包括了政治、经济、文化、科技等等方面的生态系统，这些系统与社交媒体系统之间形成了交互影响关系。如在西方，政治竞选与社交媒体运营相互联系，甚至引发了不当利用社交媒体影响选举的纠纷。首先，社交媒体改变了选举政治生态，政治家以往一般是通过大众媒体和集会造势的方式进行政治竞选，耗资巨大，但是效果不够精准，而美国候选人特朗普曾充分利用了社交媒体的优势，成功获胜。社交媒体的竞选策略，也就为政治宣传提供了一种新的竞选渠道，乃至成为获胜后的政治传播渠道。

同时，选举政治也影响了社交媒体的传播生态，由于政治选举中的媒体传播有一套固有的传播规范，一些违规操作和暗箱操作难以识别和被规范，存在着较为突出的议题设置商业化和操纵化等现象，很多网络水军和幕后操纵成为政策识别中不得不关注的问题。约翰 · 福图纳托和香农 · 马丁（John A. Fortunato and Shannon E. Martin）就指出，不仅大众媒体具有议题设置的功能，互联网技术使得个人和组织使用社交媒体直接与受众进行沟通，并且使得议题设置者通过更为直接便捷的方式进行政策影响和信息推广。他们认为，通过广告或社交媒体直接沟通意味着候选人所希望的信息能够以比以前更少的调解人到达选民。同样，这些广告或社交媒体信息的价值在于它们受到竞选和候选人的控制。通过广告和社交媒体，这种有利的信息内容至少有机会成为整个竞选对话的一部分。[1]

在经济环境层面，社交媒体的兴起离不开互联网经济的基本商业模式的建立和发展，社交网络最初的模式是充分发挥了人际网络的连接效应和规模化用户数量，在这个基础上，形成了重要的注意力经济模式，那就是越来越多的用户使

---

[1] Fortunato J A, Martin S E. The intersection of agenda-setting, the media environment, and election campaign laws[J]. Journal of Information Policy, 2016, 6（1）: 129-153.

用社交媒体，从而提高了社交媒体的广告和其他附加的商业价值，这是一种用户就是商品的传播理念，衡量一个网络媒体价值的核心就是看这个媒体的用户使用和点击率有多高，现在的社交媒体更增加了用户的每日活跃量（DAU，Daily Active User），每用户平均收入（ARPU，Average Revenue Per User）等指标。

基于这一商业模式，用户的数据，用户的个人资料就成为重要的商品，很多社交媒体基于商业需要，采取各种措施吸引用户的使用，并且个人用户的数据也逐渐成为一种重要的数据资产，这些数据的收集、使用、分享和利用一方面建立了社交媒体的商业驱动力。另外，也产生了用户针对其个人数据被采集、使用的隐私权争议，由此引发了很多矛盾和法律冲突，比如 2018 年 9 月，媒体报道，一家新三板上市公司涉嫌从运营商处窃取 30 亿条个人信息，非法牟利超千万元，其中全国 96 家互联网公司无一例外也全部躺枪。原来我们平时经常在微博、微信等社交平台上莫名其妙关注他人并不是偶然，背后竟有公司在运作，甚至还有一条完整的黑色产业链。❶

此外，针对社交媒体当事人去世后的数字遗产的纠纷也缺乏法律规范，数字遗产是指被继承人死亡时遗留的个人所有的网络权益和财产。至今无明确司法解释，我国现行的《继承法》仅对实物财产的继承作了规定，对互联网上的虚拟财产继承问题并没有规定。市民王女士的丈夫徐先生在一场车祸中丧生。徐先生的 QQ 邮箱里保存了大量有关两人从恋爱到结婚期间的信件、照片。悲恸欲绝之余，王女士想要整理这些信件和照片，以留作纪念；不仅如此，她也想保留这个 QQ 号码。但王女士不知道老公的 QQ 密码，只好向腾讯公司求助，可交涉后没能拿到密码。记者拨通了腾讯客服电话。客服人员表示，想要拿回密码，只能按照“找回被盗号码”的方式操作。除提供逝者本人的基本资料和联系方式外，还得提供号码的使用资料、密保资料。此外，家人还得邀请徐先生的 QQ 好友为其“作证”。待上述程序全部履行完毕后，才能拿到密码。❷

---

❶ 唐笑，社交媒体勿以泄露用户隐私来获取利益 [N]. 青年记者，2018-09-04.

❷ 老公去世妻子想找回 QQ 号码 腾讯：QQ 不能继承 ,2011-10-12 11：38：10, 来源：华商晨报，https://www.idcps.com/news/20111012/33653.html.

在社交媒体的生态链中，除了贯穿其中的产业供应链及商业模式链，还需注意到其中还有一条贯穿其中的人格价值链，这一公民权益应该成为社交媒体产业系统中的值得关注和尊重的生态理念。

2016 年的 4 月 19 日，习近平总书记在网络安全和信息化工作座谈会上发表重要讲话，其中强调了建设网络良好生态，发挥网络引导舆论的作用。与此同时，也强调了互联网反映民意的作用。这就是一种生态平衡的思维，既有风清气正，又有生动活泼，也有针砭时弊，只有这两者取得一种平衡才能建立其良性的生态产业模式。

因此，在网络空间治理中，不仅要进行网络的内容规范，更要放水养鱼，营造良性自由空间，比如针对网络舆情管控，需要考虑舆情的自组织特征，形成百花齐放的生态局面，避免过度治理造成的舆情封闭，舆情过于一律性的“舆情温室”效应和“回音壁效应”，强化了“信息茧房”结果。

（二）法：结构化控制策略

结构化控制，就是强调社交媒体的系统要素控制，而且这些要素的控制并非单一性控制，而是针对系统要素中的互动关系节点、要素流向以及要素整体架构进行分析和调控，特别是需要通过社会治理结构形式来进行有效规制。这就需要从治理体系的顶层设计上，规划出更为系统和灵活的结构治理策略。韩国网络实名制失败的最直接经验就是：对互联网的治理缺乏宏观顶层设计，尚未形成良性的治理协调系统，治理僵化，单靠建制本身并未能达到其初衷的约束力。[1]

媒体结构性控制首先是对媒体主体运营模式的控制问题，因此，这是一种社会规制与经济规制融合的手段。其中，经济的结构规制是政府基于多样性原则对传媒产权结构、市场份额和市场准入等进行规范，以防止市场垄断、促进政治多元、文化多样和有效竞争。其中产权规制在传媒规制中起着最为重要的作用，

[1] 董俊祺．韩国网络空间的主体博弈对我国信息安全治理的启示——以韩国网络实名制政策为例 [J]. 情报科学．2016（4）：153-157.

特别是在美国，产权规制是调节市场的主要手段之一。[1]

另外，结构控制需要建构媒体权利义务体系。如在社交媒体的个人数据流动治理中，将数据主体、数据处理者、数据控制者等权利及义务结构要素进行界定，从而明确不同数据使用环节的责任和义务；在信息内容的传播结构控制中，也需要重新界定自媒体中的小编、版主、网红、“大V”、播主及信息群组的群主等不同角色，这些新的传播者是关键意见领袖（KOL），需要针对这一主体进行分类指导和规范。据艾瑞统计，2017年微博平台内拥有10万以上粉丝的KOL数量较上年增长了57.3%，微信公众号数量也早已突破了1000万的大关。因此，国家工商总局将公众号首次列入监管范围，监测1000个公众号[2]。

结构化控制还表现在将传统媒体与社交媒体发布的信息进行结构化再平衡和相互协调。积极发挥意见领袖的引导作用，将其作为一个重要的制衡参数，使其生态结构更具可调节性和平衡性。一般来说，社交媒体的信息流往往趋于随机、非理性和碎片化，很多时候会将一个小的事件不合理地扩展为一个大的社会热点，从而产生一种社会风险放大效应。而这个时候，通过传统媒体的积极参与，可以改变这一失衡的信息流向。

传统媒体与新媒体的互动和制衡可以通过打时间差的方式来实现。一方面，当新媒体上出现新闻热点或舆论导向偏差时，传统媒体可以通过适时介入报道或发表评论的方式对新媒体施加影响，并利用新媒体放大传统媒体的声音，进而影响新媒体的舆论监督走向，遏制风险的扩大；另一方面，当传统媒体的舆论监督没有达到影响效力的时候，可以将传统媒体的报道或议题经过网络舆论的扩散，从而产生舆论的倍增效应。意见领袖要及时地体察出网民的关注点和迷茫点，在公众舆论监督的过程中参与到公众的议题当中去，及时矫正舆论的方向，起到抑制社会风险扩大的作用[3]。

---

❶ 李继东．复合规制：媒介融合时代的规制模式探微[J]．国际新闻界，2013（7）：126-133.

❷ Windy．工商总局：2018年将监测1000个公众号．自媒体大V为重点整治对象[EB/OL]．（2018-02-27）．https://app.lanjinger.com/news/detail?id=83989.

❸ 马原．新媒体舆论监督的社会风险放大效应研究[J]．声屏世界，2009（11）：51-52.

（三）术：技术治理与算法规制

1999年在《代码》一书中，莱斯格提出：网络空间迫使我们超越传统律师的视野去观察——超越法律、规制和社会规范。它需要我们对一个新近突显的规制者加以描述。这个规制者，被他称为“代码”（Code），主要指计算机的硬件和软件。莱斯格认为，在现实空间里我们通过宪法、法律及其他法律文件来规制，在网络空间中“代码”则是这一空间的“法律”[1]。

技术规制就是采取一些技术控制措施来避免有害信息的传播和扩散。随着信息技术应用于社会控制，社会控制的重心开始逐步从注重法律威慑力向重视过程控制转变。但是，信息技术应用于互联网系统进行内容和安全管理的手段还不成熟，以往主要通过过滤软件、防火墙、DRM、手机信号屏蔽仪等方式开展，这些模式基本上都属于拦截性质的把关模式，面对海量异构多源的社交媒体数据系统越来越难以适应。因此，建立面向生态系统监测和预警的规制模式越来越重要。

随着社交媒体的智能化、场景化和数据驱动模式的发展，技术规制的作用日益重要，控制这个新生态系统的未来趋势必将是大数据、云计算和区块链。阿鲁·萨丹阿彻就提出，未来的监管模式是信任体系、自我监管及利用数据的委托监管[2]。在监管机制中，充分运用大数据和人工智能等技术手段，能够提高信息监测的追踪能力。美国Agence Virtuele公司推出了一款叫作“谣言机器人”（RumorBot）的软件，该软件可跟踪谣言，并分析和确定谣言的出处，也可以在互联网上扮演网络警察，实时跟踪和分析在线新闻组、聊天室，并通过搜索引擎和数据库在互联网上追踪谣言[3]。

社交网络的特征是人与人的交往关系都会留下数据记录，这些记录将会还原现实社会的社会价值、社会信用和社会评价，从而可以据此建立一个数据化的

---

[1] 劳伦斯·莱斯格. 代码[M]. 李旭，等译. 中信出版社，2004.

[2] 阿鲁·萨丹拉彻. 分享经济的爆发[M]. 周恂译. 文汇出版社，2017.

[3] 翟文. 网络警察——虚拟机器人担任执法人[EB/OL].（2005-12-14）. http://www.police.com.cn/Article/keji/bvl/200512/5125.html.

信用机制，这个机制可以采用区块链技术进行防伪造、防篡改的真实验证。区块链技术（Blockchain Technology，BT）是利用加密链式数据块来验证与存储数据、利用分布式节点共识算法来生成和更新数据、利用智能合约来编程并操作数据，一种全新的去中心化基础架构与分布式计算范式[1]。其突出特点是不依赖于第三方可信机构，实现无信任关系节点之间的价值通信。[2]目前，已经有一些商业开发项目开始运用区块链技术，进行版权作品的保护验证和交易。在面对可能存在的版权问题时，社交媒体可借助一些小的技术手段，如微博设置有“捐助，主张署名权，主张稿费”等多种版权符号，方便网友做出是否主张版权的选择。

此外，也可以通过“语义分析”等计算机算法，将相似性高的微博标出，以确保原发者的版权。还可以设立曝光台，由微博著作权拥有者曝光“无良转载”[3]。从 2018 年 8 月份起，脸书在缅甸地区启用人工智能清理网络仇恨、色情和垃圾信息。如反恐怖主义全球互联网论坛（GIFCT）和 Instagram 就开始采用人工智能识别和共享数据库技术、过滤恐怖主义视频和图片。同时，Instagram 还从 2017 年 3 月开始使用照片模糊的方法处理含有侵犯性内容的照片。[4]

互联网应用建立的信息平台，使我们的资源配置模式扁平化，它压缩了信息的层级，互联网的开放性和链接规模效应可以快速地获取、分享信息。这些平台型的互联网企业利用移动设备、评价系统、算法、支付、LBS 等技术手段有效地将需求方和供给方进行最优匹配，达到双方收益的最大化。

在社交媒体的系统管理过程中，针对大量的信息来源和信息渠道、海量用户数据和多源信息内容，仅仅采用以往的把关和筛选过滤显然无法奏效。通过大数据技术进行分析才是解决这一问题的重要渠道。例如通过构建突发词库，定义突发关键词（如爆炸、抢劫、地震、伤亡等），实时采集分析媒体舆情，借此及时了解一些突发性事件的进展。通过媒体大数据分析事件走势、报道量趋势、热

[1] ANTONOPOULOS A M. Mastering Bitcoin：Unlocking Digital Cryptocurrencies[M]. USA：O’Reilly Media，2014.

[2] 付保川，等 . 区块链技术及其应用综述 [J]. 苏州科技大学学报（自然科学版）. 2020（3）：1-7+14.

[3] 栾轶玫 . 微博的“后台实名”及“版权保护”[J]. 视听界 , 2012（1）：125.

[4] 孙萍，刘瑞生 . 网络生态视角下社交媒体的内容管理探析 [J]. 现代传播（中国传媒大学学报）,2019（12）：50-53.

门信息、热点网民、关键词、传播路径图、核心传播人等；尤其可以通过分析社交媒体数据研判信息可信度、爆料人可信度、事件可信度等，借此进行信息可信度评价和社交媒体信息可信度评级[1]。

大数据技术的监测和应用以及区块链等技术的应用，可以识别出违规信息和虚假信息。据报道，美国麻省理工学院计算机科学与人工智能实验室与卡塔尔计算研究所合作研制出一种鉴别假新闻的人工智能系统。他们开发的系统利用机器学习技术，只需分析 150 篇文章，就能可靠地判断某消息来源是否值得信任，从而在虚假信息广泛传播前就可将其堵住[2]。

通过大数据和算法，可以将社交媒体的传播者、分享者、利用者的监管模式变为网络化监管和数据化分析，借此改变以往政府重度监管和重复博弈的高成本监管问题，并借助社交媒体自身具备的互评、推荐、举报和信誉评分等手段建立大数据监管的长效机制，从而形成媒体规制的智能化监管新模式。

我们也需要注意的另外一个问题是，防止技术路径下的数据垄断和算法专制治理问题。我们需要对技术治理的透明性、公平性和合理性加以规范，防止被媒体巨头的商业利益绑架。在平台资本主义条件下，数据所有者一方面完全可能从传统国家手中隐秘地夺取宏观调控和统一计划的大权，控制交易和生产渠道；另一方面，将“看不见的手”转变成黑箱算法中“看不见的手”或“仅对自己可见的手”，[3]架空市场主体的“自由”，操纵其经济行为，瓦解市场经济的根基，从而成为全球性“数据计划经济”的主导者。[4]

六、社交媒体生态系统自治治理机制

随着媒体的社会化发展，媒体的规制模式也逐步从较为严密的组织控制模

[1] 许辰铭 . 浅谈大数据分析在媒体行业中的应用 [J]. 视听界：广播电视技术 , 2018（1）：74-79.

[2] 周舟 . MIT 研制出鉴别假新闻的 AI 系统：最好的办法是找源头 [EB/OL].（2018-10-10）. https://tech.sina.com.cn/it/2018-10-10/doc-ifxeuwws2824169.shtml.

[3] 胡凌 .“连接一切”：论互联网帝国意识形态与实践 [J]. 文化纵横，2016（1）.

[4] 徐偲骕，姚建华 . 脸书是一个国家吗？——“Facebookistan”与社交媒体的国家化想象 [J]. 新闻记者 ,2018（11）：15-25.

式转化为多元的、自治的和自组织形态的调控机制。这一机制的核心是更多依赖组织的系统优化机制、组织的平台集成机制、技术的生态性反馈调控等措施实现系统自适应、自调节和自优化。

（一）平台自治的新型行业自律机制

社交媒体的行业自律与一般媒体最大的不同在于其既要建立健全自我把关和审查机制，又要充分健全用户利用社交媒体平台发布、分享、评论和利用的自律监督机制。互联网具有自我净化功能，正面的网络舆论对互联网治理具有积极作用。它不仅会给网络行为、网络事件提供具有引导性的、积极的意见，而且有利于社会共识的达成，进而生发出具有规制性的非正式制度。[1]

在国外，通过平台自我审查已经成为一种主要的监管策略。2017 年，脸书公司增聘了 3000 名内容审核员，审查直播视频中传播的仇恨、虐待儿童、谋杀、自残等暴力和不良内容。推特公司面对各国政府和民间团体的压力，在 2017 年底表示，将开始对仇恨言论实施更严格的规定。那些与使用或崇尚暴力的团体有联系的人将被永久禁言，一般性违规者将被要求删除此类内容，重复违规者将遭到禁言。并采取更多行动来打击恐怖活动，包括增加审核举报信息的人员，与其他社交媒体分享信息并甄别涉恐内容，阻止遭封杀的涉恐账户“复活”等。[2]

社交媒体的用户既是媒体信息的利用者，更是信息的传播者和传播链条中的重要节点。因此，需要完善相关的监督和把关机制，在网民建立自媒体账号，网民自媒体信息发布，乃至网民利用平台建立各自群组和论坛的过程中，需要明确告知其权利和义务，要求网民严格遵守媒体信息发布规范，对于违规行为既要进行删除和处理，也要有一定的处罚措施，如依法处理、关闭账号、暂停账号使用、警告等处罚措施。

---

[1] 张真理 . 法治、市场与自律：互联网治理的有效机制 [N]. 中国社会科学报 , 2011-12-22.

[2] 来向武、韩晓莹 . 国际社交媒体的本土化与信息管控：从内在矛盾到规则提升 [J]. 人文杂志 ,2019（7）：122-128.

（二）社交媒体生态系统自组织调控机制

媒体的生态系统自组织调控机制就是采用自组织理论和模式，进行社交媒体自我优化和调整控制。系统中的各个要素在其博弈过程中，基于组织规则的边界性和利益冲突的成本风险性，将会自我寻找最佳路径，避免越位违规后的惩戒代价，从而达成一个最优解。

王京山[1]认为，自组织系统的优越性可以用生物系统加以说明。在生物系统中，复杂的产物可以按照无与伦比的精度、效能和速度形成。生物和物质的自组织最能说明问题。生命的几个基本特征，如自我繁殖、应激反应和自我适应等均是生物的自组织现象。由于这样的自组织状态不是由外部强加和被干涉的，因而其状态最佳，其配置最优化，其效率最高，其形式最美，其功能最优秀，其生存最合理。事物、生物的“自组织”可以让其自身从无序达到自然的、合理的、最佳的有序状态。

他还提出，网络传播系统整体是不自觉地按照自组织原理发展起来的。因特网就是一个不断变化和演进的自组织信息系统，它过去和将来的运行和演化也将是一个自组织过程。因特网表现出来的复杂性和自组织状态可以由系统范围内不同的部分或空间的协作而表现出来。比如，网络生态位是网络传播系统自组织演化的结果和标志。生态位（Ecological Niche）又称格乌司原理，是传统生态学中的一个基本概念。生态位概念最初是从研究生物种间竞争关系中产生的。实验研究与野外观察证明，一个生态位只有一个物种，没有两个物种生活在同一生态位中，这就是格乌司原理。对网络传播系统而言，网络生态位的含义包括以下几个层次：第一是人类传播媒介系统层面，它决定了网络媒介系统的总体生态位，决定了网络传播在人类传播领域的地位。第二个层面的生态位，其竞争发生在网络传播系统内部，是指作为信息生产者的网络信息用户和作为消费者的网络信息用户之间通过其间的竞争与协同，形成相对稳定的网络信息传播群体类型结构。第三个层次的生态位，其竞争发生在具体的网络信息生产者群体或网络信息消费

[1] 王京山 . 北京市教委课题“网络传播中的自组织现象及其规律研究”研究报告 [R]. 2007.

者群体之内，引发具体的网络用户群体生态位的变动或均衡。最后是具体网络信息生产者或消费者的生态位，这是同一网络信息生产者或消费者群体内部通过竞争与协同形成的具体网络用户的“生态位”[1]。

网络生态位的四个层次是网络传播系统通过内外各因素的相互作用形成的，是网络传播系统通过与社会环境的互动，通过系统内部各子系统的互动，通过网络传播系统各要素及具体网络用户的互动形成的动态稳定的结构及其相互关系。

再比如，维基百科对于人性的观点是“初本善”，所以注册用户可以任意创建、修改、删除页面。在修正错误方面，维基百科力图做到让“更多的眼睛发现更多的错误”。一篇文章往往由上百人审查，而且是在不断讨论的基础上接受检阅。显然，与权威校正不同，维基百科提出了一种新的质量保障方式：只要有足够多的读者关注，所有的条目问题都会最终被发现并得到纠正，大家最终会将一个文档修改得更好，而不是更差。这种“真理越辩越明”的思想让维基百科拥有了其修订版控制系统（Revision Control System，RCS）来管理节点的内容，用户可以随时找回以前的数据并对比。版本控制使多人协作成为可能，既可以保护内容不会丢失，又可以让任何信息被任何人修改和删除。由于系统会清除垃圾文字，最终剩下的就是最有意义的内容[2]。维基百科的自组织运行机制运转比较完善，据美国麻省理工学院的一项统计，一条随便加入维基百科的不良信息会在平均 1.7 分钟内被删除；而据 IBM 的一个研究小组最近发现，维基百科遭遇的多数破坏活动 5 分钟内就能修复[3]。

在自组织机制中，协同演化规律也是推进网络生态进化的重要动力，网络信息生态也像自然界生态那样发生着持续协同演化。发达国家在社会信息化方面研发应用较早，信息基础设施建设比较全面，网络普及率高；发展中国家社会信息化建设稍有迟滞，发展相对落后，但也取得了不小的成就。发达国家和发展中国家在此过程中相互促进，较先进地区带动了落后地区的信息化发展，落后地区

---

[1] 王京山 . 北京市教委课题“网络传播中的自组织现象及其规律研究”研究报告 [R]. 2007.

[2] 王锦贵，王京山 . 关于建立网络用户学的思考 [J]. 江苏图书馆学报，2002（3）：5-8.

[3] 周庆山，王京山 . 维基百科信息自组织模式探析 [J]. 情报资料工作，2007（2）：29-32.

信息化发展又为先进地区的信息产品提供了广阔的市场，从而推动了先进地区信息产业的发展。二者协同发展演进，完善了网络技术的标准，促进了网络硬件设施和软件标准的升级换代[1]。当然，这里需要强调的是，尽管协同演化是自组织机制的作用规律，但是协同演化也需要市场的推动和政府政策的推进，否则也无法实现演化的功能。

（三）社交媒体平台治理和新型媒体专业治理

随着互联网集成化和综合化发展，互联网平台生态系统正逐步建立。这一系统中，平台运营商日益具有准公共性质，并成为互联网治理的一个重要抓手。“合理设计的平台责任制度，以互联网企业与用户之间的民事契约化行为淡化了行政监管色彩，有利于减少社会矛盾，借助平台的专业技术、成本优势，有利于节省国家财政支出，减少行政执法难度。”[2]因此，需要进一步规范互联网综合运营商的平台责任，将部分由政府、行业协会、司法资源承担的监管职责转向大的平台运营商。与此同时，需要改变以往许多法规与标准由主管部门草拟和组织的做法，使平台成为政府和个体之间必要的缓冲媒介。政府应该管平台，平台应该管个体，通过平台来制定规则，并实施部分监管责任。当然，也不宜加重平台责任负担，这就需要完善平台类型化管理和具体实施细则[3]。

在这一点上，可以借鉴德国出台的《改进社交网络中法律执行的法案》，该法对平台的范围和概念做出明确界定，对平台责任也进行了论述，平台责任主要表现为对平台信息的“托管责任”。目的是实施公共部门与私营部门合作共治、多管齐下共同监管。该法特别对公私权限划分、公私任务设置，都给予充分考虑，发挥其各自特点和优势。可以说，相比完全放任的“市场自治”模式的失败，以及国家“全面审查”模式存在的不足，这应该是一个责任分担均衡高效的方案。[4]

---

[1] 袁文秀，余恒鑫．关于网络信息生态的若干思考 [J]. 情报科学，2005（1）：144-147.

[2] 杨乐．互联网的合作治理模式，选自：腾讯研究院．互联网＋时代的立法与公共政策 [M]. 法律出版社，2016（4）：166.

[3] 周庆山．完善我国个人信息保护管理制度的思考 [J]. 社会治理，2018（1）：34-41.

[4] 贾茵．德国《网络执行法》开启“监管风暴”[J]. 中国信息安全，2018（2）.

社交媒体虽然是人际关系及自媒体结构的传播模式，但是其服务形态依然是一个大融合的平台，把内容、渠道、资源媒体和受众连在一起。平台就是一个集中了多元传播主体和利用信息主体的信息枢纽，这个枢纽建构了一个系统的多边市场。最典型的如微信自媒体公众平台基于微信软件庞大的用户基数，凭借着和用户之间的较强黏性、互动性，以及传播广泛性而受到了关注，发展势头迅猛，成了用户在移动端一个较为重要的信息接入口。

社交媒体的平台治理是互联网治理体系中一个较为重要的治理关键抓手。一般来说，社交媒体的用户数量庞大，发布的信息也非常丰富复杂，难以通过外部手段有效解决一个较大平台的各类违法违规行为和信息内容，而通过平台进行监测、处理、查处和善后具有较好的可操作性。这也充分体现了行业自律机制在媒体规范中的重要作用。平台应进一步充分利用技术手段，对违法违规有害信息进行必要的处理。比如，有学者建议，[1]针对谣言信息，社交媒体运营商可以考虑采用自然语言处理技术对广为流传的民生话题类谣言及其变体进行标示，便利非实名认证用户辨识。如对此类信息增加标记“该信息可能不实，转发请谨慎”。对数量非常巨大的非实名认证用户而言，这一举措能够帮助其减少转发此类谣言，降低对社会的负面影响。

不仅如此，媒体平台从法律规范意义上，也被赋予了连带性的管理和规范责任与义务，这些义务要求媒体平台在应知、已知、明知等情况下，需要及时采取有效措施对违规内容进行断开、删除、屏蔽等处理措施，并保留相关日志和记录，必要的时候还需配合相关部门提供相应资料和信息。

互联网、手机应用平台等新兴民营媒介组织如雨后春笋般地成长，形成了国有和民营并存、企业和事业机制交融、传统与现代媒介互补的现状。长期以来，我国的专业媒体一般有着较高的准入门槛和制度规范，技术禀赋和商业属性的社交媒体不具有专业媒体的资质，却行使着专业媒体的社会影响之实，因此，需要重构社交媒体的专业制度，将其纳入到专业媒体领域。

[1] 宗乾进，等. 实名认证能遏制社交媒体谣言么？——来自新浪微博的证据 [J]. 情报资料工作，2017（3）：5-10.

新媒体专业治理是指随着一些自媒体的组织化和专业化，应运而生的一种新型自媒体组织化治理。鉴于自媒体的规模化和降低成本、提高专业运营能力的需要，一些网络自媒体逐步从个人性质的信息发布，转变成为新兴的媒体组织。这些媒体组织通过专业团队和机构运作，提高了自媒体传播的可复制性和内容的专业化包装与营销，其中包括自媒体工作室、网红运营的自媒体公会或者内容工作室（Multi-Channel Network，MCN）。我国 MCN 机构在 2015 年时仅有 160 家，到了 2019 年已经发展到 6500 家；2015 年的市场规模为 8 亿元，如今已经突破百亿，并且当前国内 90% 以上的 KOL 都拥有了签约的机构或自己成立了 MCN 机构[1]。这些组织已经成为新型媒体组织形式，也逐步建立了基于自媒体规范的自律准则和专业伦理规范。

陆晔与潘忠党指出，新闻专业主义是一套定义媒介社会功能的信念，一系列规范新闻工作的职业伦理，一种服从政治和经济权力之外的更高权威的精神，以及一种服务公众的自觉态度[2]。社交媒体的专业化规范问题日益重要。在印刷、电子媒体形成的新闻出版及广播影视的大众传播产业发展过程中，逐步形成了专业伦理、专业规范和专业规制。随着网络媒体的兴起，一些民营互联网公司也成为大众传播的媒体形态。这一形态的媒体具有多重属性，既是商业性媒体，同时由于有些博客、微博、微信个人发布信息平台的出现，使得网络媒体也具有自媒体性质。在社交媒体及数据智能化时代需要培养和建构社交媒体专业主义理念、制度。

（四）用户数字素养的专业性规则和用户自我管理机制

社交媒体的用户不仅是信息的利用者，也是信息的传播者、分享者和参与者，因此用户素养决定了社交媒体生态的健康和良性互动水平。在信息的生态系统中，一些未经证实的虚假信息和流言之所以传播迅速并产生了一定的影响力，

---

[1] 沈浩卿 . 2020 前瞻：中国 KOL 社交媒体分布及排行 [EB/OL].（2020-01-14）. https://mp.weixin.qq.com/s/xSyo8JZrU00kC3xtJrdH3A.

[2] 陆晔，潘忠党 . 成名的想象：中国社会转型过程中新闻从业者的专业主义话语建构 [J]. 新闻学研究，2002(4)：17-59.

就在于很多用户缺乏对信息的辨析和理性批判能力。

流言的产生与信息来源的特征有关。1947 年，美国心理学家高尔顿 · 奥尔波特（Gordon Willard Allport）等提出了谣言的基本法则，并用公式 R=i×a 来表示。在该公式中，R= 谣言（rumor），i= 重要性（importance），a= 模糊性（ambiguity）。奥尔波特认为重要性和模糊性信息会造成流言的传播[1]。但是，这个传播模式没有针对不同的信息接受者的情况进行条件性分析，1953 年克罗斯在研究中对这个公式进行了补充修正，使原来的公式（R=i×a）成为 R（rumor）≈i（importance）×a（ambiguity）/c（critical ability）[2]。其中 c 是受众对其的批判能力（critical ability），也就是说，网络用户的批判性素养是抵制虚假信息，传播理性信息的重要参数。

在个人道德规范上，社交用户需提高自己的道德意识，强化自我约束，积极参与社交使用自律公约的制定，在发布或转发相关内容时多考虑相关利害的影响；在事实不清的情况下不造谣惑众，不参与各种对解决事情无益的集体活动，并在微博活动中积极监督自己所发现的不良信息，不断提升自己的道德修养。而对于像记者这样具有双重身份的人，路透社颁布的《网络报道守则》对记者使用社会化媒体制定了详细规范[3]，这也在一定程度上解决了记者在社交媒体上身份与信息传播的矛盾问题。

作为社交平台上一呼百应的风云人物，意见领袖的一言一行都可能引起粉丝的剧烈追捧。微博“大 V”、微信大号、知乎“大 V”等自媒体人，在公共舆论场中扮演着意见领袖的角色。2017 年 11 月，日本留学生江歌遇害案引发广泛关注，一系列自媒体发布的文章将该事件推向舆论高潮，引发舆论一边倒地声讨刘鑫[4]。在网络平台社会地位不断上升的过程中，社会责任也在不断增加。一条假消息，原本没有多少网友知道，但是经过意见领袖的转发，在扩音器现象下，

---

1. 奥尔波特，波斯特曼 . 谣言心理学 [M]. 刘水平，等，译 . 辽宁：辽宁教育出版社，2003：17.
2. 邵培仁 . 媒介舆论学 [M]. 北京：中国传媒大学出版社，2010：260.
3. 文建 . 怎样规范使用博客、微博等社会化媒体——路透《网络报道守则》主要内容和要求 [J]. 中国记者，2010（6）：94-96.
4. 张志安，李霭莹 . 2017 年中国新闻业年度发展报告 [J]. 新闻界，2018（1）：4-11, 73.

一时间即可天下皆知，导致严重的社会后果。如网络口碑营销中一个非常值得警惕的问题就是网络水军问题，网络水军即受雇于网络公关公司，为他人发帖回帖造势的网络人员，以注水发帖来获取报酬。

而对于网络名人应当坚守怎样的社会责任，2013 年 8 月，国家互联网信息办公室与网络名人达成共识，畅言共守“网络七条底线”，即：法律法规底线、社会主义制度底线、国家利益底线、公民合法权益底线、社会公共秩序底线、道德风尚底线和真实性底线[1]。七条底线要求意见领袖在网络空间进行活动时要时刻守住法律底线，同时把握住网络空间中信息传播的尺度，时刻高度警惕虚假信息，避免成为网络谣言的“扩音器”。

在坚守网络底线的背景下，人民网舆情监测室给名人微博提出了 6 项可控建议，主要包括如何鉴别消息真伪，如何转发他人的观点，如何传播客观真实的信息，如何发表对事实的评论，如何控制网络发言负面情绪，自律与他律等几个方面[2]。这些社交媒体信息发布中自我审查的关键内容也是个人网络素养的重要体现。

我国用户的数字素养日益影响到社交媒体的内容、运营乃至产业升级。随着移动互联网网民数量的激增，以往少数教育程度较高，家境条件较好的网民，被大众化的网民所取代。相对而言，现在的网民呈现出低龄化、低学历化趋势。

据 CNNIC 报告的数据显示，截至 2018 年 6 月，我国 10 岁到 19 岁的网民占比 18.2%；网民中学生群体最多，占比达 24.8%。从整体情况看，初中、高中 / 中专 / 技校学历的网民占比 62.8%；其中，初中学历网民占比为 37.7%。而本科学历网民仅占 10.6%。根据报告，月收入在 5000 元以上的网民仅占 24.8%[3]。这一报告表明，目前我国网民数量较为可观，但是网民整体的文化教育素养仍然有限，很多用户在发布信息、利用信息方面缺乏相应的媒体选择、分

[1] 新华网．中国互联网大会倡议共守“七条底线”[EB/OL].（2013-08-15）. http://news.xinhuanet.com/politics/2013-08/15/c_116961278.htm.

[2] 人民网舆情监测室．名人微博乃社会”公器”人民网舆情监测室给出六项建议 [EB/OL].（2011-03-19）. http://politics.people.com.cn/GB/30178/14184036.html.

[3] 中国互联网络信息中心．第 42 次中国互联网络发展状况统计报告 [EB/OL].（2018-08-20）[2019-02-27]. http://www.cac.gov.cn/2018-08/20/c_1123296882.htm.

析、判断、甄别和评价素养，甚至还常常被各类信息迷惑、欺诈和诱导，因此需要进一步完善相应的用户媒体素养教育和自我意识的培养。

用户的数字素养包括了社交媒体利用过程中对数字化资源的获取、理解、处理和利用能力。世界各国都愈来愈重视对公民数字素养的挖潜和培养，并将持续提升公民数字素养上升到构建国家新兴战略竞争力的高度。

用户数字素养的专业性要求，是随着用户包括媒体人的信息素养现状而提出来的新要求。传统媒体的用户基本上仅仅作为信息利用的主体而存在，但是，新兴媒体的用户既是信息的传播对象和接受信息的受者，也是信息的传播者和分享者。社交媒体上的受众日益成为具有参与传播运营权利的主导者，形成了“生产型消费者”(Prosumer)，即 Producer(生产者）和 Consumer(消费者）的合成词，还有“专业型消费者”“消费者创造内容（user-generated content，UGC)”等概念。尤其是消费者创造内容，社交媒体的主体是用户，社交媒体的内容主体是用户自己生成内容的创造和交流形态[1]。

基于这一新形势，社交媒体的规范不仅是行业、平台的组织规制义务，还需要建立健全自媒体用户的专业素养和规范，应该根据专业组织的一些义务和要求规范自媒体用户的传播活动。在这一过程中，网民要树立“自我把关”的意识，不断提高媒介素养，真正体现网络传播者的把关作用。

用户不仅需要提高自我把关素养和规范，熟悉媒体的专业属性、法律法规要求、传播伦理等等专业规范，还需提高社交媒体利用的自我保护素养，包括对提供个人信息的自我保护意识，对媒体分享信息的自我判断和辨识能力，对社交网络交往的边界意识。有些用户不熟悉 App 个人数据采集隐私政策声明，随意提供个人的位置、身份信息，或者随意在朋友圈“晒”自己的家庭住址门牌号、自己的行踪轨迹、自己的亲朋好友、自己的投资计划等，容易被别有用心者所利用。在提高社交媒体用户自我素养的基础上，社交媒体的很多管理职责也可以通过用户自我控制的方式来实现。网络用户不同于传统传媒的用户，网络信息的交

---

❶ Kaplan A M, Haenlein M. Users of the world, unite! The challenges and opportunities of Social Media[J]. Business horizons, 2010, 53（1）: 59-68.

换可以由用户来把关，从而为控制网络上的不良信息提供了一条新的途径[1]。

这一模式在实际应用中的例子，比如通过微信群主进行网络集群的管理。群主有责任对微信群进行管理，当然，群主将某个发言的群成员踢出群，也需要有一定的规约，否则也会引发纠纷，甚至被告上法院。如2019年7月29日下午，山东莱西法院公开审理了“将成员移出群聊群主成被告”一案。法院认为，刘某某将其认为不当发言的柳某某移出群组，是对“谁建群谁负责”“谁管理谁负责”自治规则的运用，并未对其名誉、荣誉等进行负面评价，且没有侵权行为，故该案不属于人民法院受理民事诉讼的范围。双方当庭表示不上诉[2]。

在美国联邦最高法院的 Reno v. ACLU 一案中，最高法院认为，网络具有无中心化的特点，与传统的广播电视媒体不同，网络不应被当作一种“稀缺”的昂贵商品；网络为所有的人提供了一种相对不受限制的、低廉的交流途径。因此，不应限制网络的言论自由，而是需要倚重技术、授权父母用户控制来保护未成年人的不良信息内容利用[3]。

基于网络交互性的特点，由用户来控制信息的方式一度被给予厚望，如《美国儿童在线隐私保护法》（COPPA）就是通过家长设置过滤机制来保护隐私。由于网络技术更新速度快以及前面所提到的匿名性问题的影响，如果单纯以法律去规范网络言论，很可能会导致事倍功半；但是如果我们能有效地利用这些辅助手段，则很可能会做到事半功倍[4]。

在保护儿童和青少年方面，美国学者 Lessig 将网络淫秽色情内容规制分为两种类型：分区管制和内容分级过滤[5]。其中前者将身份确认的负担加诸传输者，

---

[1] 秦前红，陈道英．网络言论自由法律界限初探——美国相关经验之述评（上）[J]. 信息网络安全，2006（4）：59-61.

[2] 被踢出群起诉群主案被驳回 法院：不属于法院受理范围 [EB/OL].（2019-07-29）. http://www.bjnews.com.cn/video/2019/07/29/609084.html.

[3] 秦前红，陈道英．网络言论自由法律界限初探——美国相关经验之述评（上）[J]. 信息网络安全，2006（4）：59-61.

[4] 秦前红，陈道英．网络言论自由法律界限初探——美国相关经验之述评（上）[J]. 信息网络安全，2006（4）：59-61.

[5] LESSIG L. Code and other Laws of Cyberspace［M］. New York：Basic Books，1999：175-176，转引自：周茂雄、范亲敏．走出困境：网络淫秽色情之规制 [J]. 重庆邮电大学学报（社会科学版）,2017（5）：54-60.

要求传输者必须隔离于儿童及青少年无法进入的特定区域；后者则将身份确认负担加诸接收者，赋予接收者阻断特定信息的权限。[1]美国尝试了通过建立网络内容分级标准，由用户通过自我设置方式，选择进行内容分级，如名为“因特网内容选择平台”（Platform for Internet Content Selection，PICS）的分级技术标准。德国将网络内容分级标准分为6岁以上、12岁以上、16岁或18岁以上(可浏览）三个年龄级别[2]。中国台湾也曾经通过了类似的内容分级制度规范，但是，目前来看这一模式对于网络技术的自主性、交互性和隐蔽性而言，难以完全通过内容过滤机制实现内容规制，需要通过合乎互联网特别是社交媒体规律的内容管制模式。当前，抖音等短视频存在很多内容打擦边球的问题，这些内容过滤机制难以处理海量信息，因此涉及具有儿童锁功能的手机和软件，并由家长进行设置和监督非常有必要。

总之，在如今碎片化和泛传播的市民记者时代，内容为王被重新重视，单纯依靠受众人气和海量信息的观念也正面临新的挑战。不仅有很多人气是审丑或炒作出来的，甚至像微博中的“僵尸粉”充当人气商品等的伪粉丝现象也日益为人们质疑，理性社会需要更权威可信、系统精致、经典专业的知识和观点，特别是对于文化价值规范方面如何更好发挥公共效应也需要完善。无论如何，信息内容的使用价值才是注意力资源形成与发挥作用的基础和支撑点，受众发挥的正是集体智慧和力量，而这一个力量的发挥有赖于我们如何更好地提供一个自由开放而又有社会责任感的平台，聚拢和发掘受众生产力，同时还要对这一生产力进行制度和产权上的有效保护，使之成为内容产业的积极创造者和理性消费者。

[1] 周茂雄、范亲敏 . 走出困境：网络淫秽色情之规制 [J]. 重庆邮电大学学报（社会科学版）,2017（5）：54-60.
[2] 崇山 . 德国：网络分级助力青少年健康成长 [N]. 法制日报 , 2010-10-26（11）.

参考文献

[1] Beyond Summits Ltd. 美国媒体市场研究报告 [EB/OL]. https://cn.beyondsummits.com/sites/default/files/downloads/reports/ 美国媒体市场研究报告 .pdf.

[2] Ch. 恩格尔 , 逸菡 . 对因特网内容的控制 [J]. 国外社会科学 , 1997（6）, 38-44.

[3] Common Sense. 社交媒体 , 社交生活 : 青少年的体验报告 [EB/OL].（2018-12-03）. https://mp.weixin.qq.com/s/QGs-r6B3XOT8rkYLDb3LvQ.

[4] CSM 媒介研究 . 短视频用户价值研究报告 2018-2019[EB/OL].（2019-03-12）. http://www.sohu.com/a/300755521_483389.

[5] GlobalWebIndex. 2019 社交媒体内容趋势报告 : 市场现状、兴趣偏好及互动行为 [EB/OL].（2019-10-17）. https://mp.weixin.qq.com/s/euhVF201pM3g7g0YjV2nEg.

[6] H. 哈肯 . 协同学引论 [M]. 北京 : 原子能出版社 , 1984.

[7] H. 哈肯 . 信息与自组织 [M]. 成都 : 四川教育出版社 , 1988.

[8] Peng Hwa Ang, 陕少霞 , 曹书乐 . 新加坡的社交媒体广告规制 [J]. 全球传媒学刊 , 2017, 4(2): 47-57.

[9] Socialbakers. 2019 年最重要的社交媒体趋势报告 [EB/OL].（2019-01-07）. https://mp.weixin.qq.com/s/3dTibiHe3ymbTsJ70Cn1lA.

[10] W · 施拉姆等 . 传播学概论 [M]. 北京 : 新华出版社 , 1984.

[11] We Are Social : 2018 年全球数字报告 [EB/OL]. [2019-03-01]. https://www.useit.com.cn/thread-17902-1-1.html.

[12] Web2.0 的定义 [EB/OL].（2007-10-30）. http://www.enet.com.cn/article/2005/1122/A20051122474593.shtml.

[13] XU S. 面对社交媒体的新变化 , 我们要如何应对网络谣言？ [EB/OL].（2019-08-03）. https://mp.weixin.qq.com/s/Y_sMkoXFzMtYbvrn1_BkEg.

[14] 阿尔温 · 托夫勒 . 第三次浪潮 [M]. 朱志焱等，译 . 北京：生活 · 读书 · 新知三联书店，1984.
[15] 阿鲁 · 萨丹拉彻 . 分享经济的爆发 [M]. 周恂，译 . 上海：文汇出版社，2017.
[16] 艾瑞咨询 . 2016 年中国短视频行业发展研究报告 [R/OL].（2016-09-18）[2019-06-19]. http://report.iresearch.cn/report/201609/2643.shtml.
[17] 奥尔波特，波斯特曼 . 谣言心理学 [M]. 刘水平，等，译 . 辽宁：辽宁教育出版社，2003.
[18] 蔡箐 . 网络媒体生态危机的系统控制策略研究 [J]. 图书与情报，2006（6）：30-35.
[19] 蔡箐 . 网络媒体生态危机的系统控制策略研究 [J]. 新闻与传播，2007(4):30-35.
[20] 蔡雯，戴佳 . 对话麦库姆斯：议程设置研究的历史、现状与未来 [J]. 国际新闻界，2006(2)：14-19.
[21] 蔡雯，黄金 . 规制变革：媒介融合发展的必要前提——对世界多国媒介管理现状的比较与思考 [J]. 国际新闻界，2007（3）：60-63.
[22] 蔡之国，卢婷婷 . 海外微博管理对中国的启示 [J]. 今传媒：学术版，2013（5）：16-18.
[23] 曹博林 . 社交媒体：概念、发展历程、特征与未来——兼谈当下对社交媒体认识的模糊之处 [J]. 湖南广播电视大学学报，2011（3）：65-69.
[24] 曹凑贵 . 生态学概论 [M]. 北京：高等教育出版社，2006.
[25] 曹建君 . 需求驱动的国民经济动员时空信息生态链协同研究 [D]. 武汉：武汉大学，2015.
[26] 曾昕 . 新媒体粉丝经济：逆袭传统与互动递进 [EB/OL].（2018-11-22）. https://mp.weixin.qq.com/s/zaOcGWtZXcVipoYyi0E5jw.
[27] 常利方 . 自媒体言论的法律规制 [D]. 哈尔滨：黑龙江大学，2018.
[28] 陈昌凤，石泽 . 技术与价值的理性交往：人工智能时代信息传播——算法推荐中工具理性与价值理性的思考 [J]. 新闻战线，2017（17）：71-74.
[29] 陈佳佳，王蕊，朱沙磊 . 大数据与人工智能背景下的媒体智能化转型——浙报集团“媒立方”如何改造内容生产流程 [J]. 传媒评论，2017（7）：9-12.
[30] 陈珂 . 现象丨社会化媒体之“变”[EB/OL].（2015-09-13）. https://mp.weixin.qq.com/s/j9lYDCKschlZWYdo1IQakA.
[31] 陈泯伊，黄柳君 . 国外管理社交媒体的主要措施——以美德韩为例 [J]. 未来英才，2017（11）：173.
[32] 陈巍，汤剑波，张伟平 . 自组织理论视野下的“新性善论”与德育观探赜——兼与檀传宝教授的商榷 [J]. 教育学报，2006（3）：59-63.
[33] 陈晓宇，邓胜利，孙雅梦 . 网络问答社区用户信息行为研究进展及展望 [J]. 图书情报知识，2015（4）：71-81.

[34] 陈依玲 . 社交媒体媒介暴力的类型、成因与应对 [J]. 传媒 , 2016（22）：47-49.
[35] 陈勇 , 杜佳 . 社会化媒体的政治传播功能与影响研究 [J]. 学术论坛 , 2016, 39（8）：69-75.
[36] 程橙 . 论微信谣言的传播特点及治理 [J]. 安阳师范学院学报 , 2014（6）：140-143.
[37] 程曼丽 , 乔云霞 . 新闻传播学辞典 [M]. 北京：新华出版社 , 2012.
[38] 程艳林 , 庞燕 . 网络信息污染的潜在危害 [J]. 传媒观察 , 2008（7）：42-43.
[39] 崇山 . 德国：网络分级助力青少年健康成长 [N]. 法制日报 , 2010-10-26（11）.
[40] 崔保国 . 公共政策变迁和媒介生态循环 [EB/OL].（2006-04-15）. http://www.cddc.net/shownews.asp?newsid=5106.
[41] 崔云 . 脸书关闭选举投票功能“选举扩音器”功能消失 [EB/OL].（2014-11-19）[2019-05-03]. http://world.huanqiu.com/exclusive/2014-11/5207985.html.
[42] 达洁玉 . 美国社交媒体管理措施及其特色梳理 [J]. 传播力研究 , 2017（5）：38.
[43] 代宝 , 续杨晓雪 , 罗蕊 . 社交媒体用户信息过载的影响因素及其后果 [J]. 现代情报 , 2020, 40（1）：152-158.
[44] 戴元光 , 周鸿雁 . 美国关于新媒体规制的争论 [J]. 当代传播 , 2014（6）：51-55.
[45] 德弗勒 , 鲍尔 - 洛基奇 . 大众传播学诸论 [M]. 杜力平 , 译 . 北京：新华出版社 , 1990.
[46] 德国施行《社交媒体管理法》强化社交网络平台管理责任 [EB/OL].（2018-01-28）. https://china.chinadaily.com.cn/2018-01/28/content_35598673.htm.
[47] 邓乔茜 , 王丞 , 周志民 . 社会化媒体营销研究述评 [J]. 外国经济与管理 , 2015, 37（1）：32-42.
[48] 邓新民 . 自媒体：新媒体发展的最新阶段及其特点 [J]. 探索 , 2006（2）：134-138.
[49] 翟文 . 网络警察——虚拟机器人担任执法人 [EB/OL].（2005-12-14）. http://www.police.com.cn/Article/keji/bvl/200512/5125.html.
[50] 刁生富 , 黄智贤 . 论微博的社会问题与社会控制 [J]. 佛山科学技术学院学报：社会科学版 , 2014（3）：7-13.
[51] 董俊祺 . 韩国网络空间的主体博弈对我国信息安全治理的启示——以韩国网络实名制政策为例 [J]. 情报科学 , 2016（4）：153-157.
[52] 窦云莲 , 李昊青 , 张鹏 , 等 . 微信政治谣言的生态治理对策研究 [J]. 现代情报 , 2018（11）：33-38.
[53] 段鹏 , 项钰璇 . 社会化媒体在公共危机传播中的作用 [J]. 现代出版 , 2019（6）：36-40.
[54] 对互联网的看法和态度：是否需要管理和控制 [EB/OL].（2005-07-06）. http://tech.sina.com.cn/other/2005-07-06/1904656084.shtml.
[55] 恩格斯 . 家庭、私有制和国家的起源 [M]// 马克思恩格斯选集：第 4 卷 . 北京：人民出版社 ,

1972：21.
[56] 凡杰，赵雪湄．突破争议 英国社交媒体法律“与时俱进"[EB/OL].（2014-09-16）. http://world.huanqiu.com/exclusive/2014-09/5139153.html.
[57] 范昊，王贺，付少雄，等．国内外社交媒体个人信息保护政策研究及启示 [J]. 现代情报，2019, 39（10）：136-144.
[58] 范昊等．国内外社交媒体个人信息保护政策研究及启示 [J]. 现代情报，2019（10）：136-144.
[59] 范卫锋．新媒体十讲 [M]. 北京：中信出版集团，2015.
[60] 弗雷德里克 · S. 西伯特，西奥多 · 彼得森，威尔伯 · 施拉姆．传媒的四种理论 [M]. 戴鑫，译．北京：中国人民大学出版社，2008.
[61] 付保川等．区块链技术及其应用综述 [J]. 苏州科技大学学报：自然科学版，2020（3）：1-7,14.
[62] 高敏．网络版权保护的利益平衡机制研究 [D]. 天津：天津商业大学，2016.
[63] 高潇，甘险峰．谣言在微信中的“圈子”传播研究 [J]. 编辑之友，2016（8）：68-71.
[64] 耿延庭．微博普通用户主动公开隐私现象分析——以新浪微博为例 [J]. 新闻世界，2014（2）：163-164.
[65] 龚新琼．关系 · 冲突 · 整合——理解媒介依赖理论的三个维度 [J]. 当代传播，2012（6）：28-30.
[66] 管理需要自组织 [EB/OL].（2007-09-08）. http://www.ecaihr.com/hrclub/hrglsw/2011113/n020712853.shtml.
[67] 管育鹰．美国 DMCA 后网络版权保护立法尝试 [J]. 中国版权，2014（1）：54-57.
[68] 广电总局发展研究中心．国内外广播影视体制比较研究 [M]. 北京：中国国际广播出版社，2007.
[69] 郭栋，郭雪颖．社交媒介言论表达的规制模式 [J]. 网络传播，2013（10）：17-19.
[70] 郭庆光．传播学教程 [M]. 2 版．北京：中国人民大学出版社，2011.
[71] 郭淑娟．论社会性媒体的概念及发展中面临的问题 [J]. 新闻界，2011（3）：40-41.
[72] 郭小平，管玲．2008 广电新媒体的监管融合发展与社会影响研究 [J]. 今传媒杂志，2009(2)：30.
[73] 海西晨报．自创舞蹈视频集“全民社会摇”舞出吉尼斯纪录 [EB/OL].（2014-10-31）[2019-06-26]. https://fj.qq.com/a/20141031/010762.htm.
[74] 韩秋明，赵需要．微博存在的问题及其规制策略研究——基于信息伦理学视角的分析 [J]. 情报资料工作，2012（1）：27-31.

[75] 何其生，李欣．国际互联网治理体系：中外差异与应对策略 [J]. 重庆邮电大学学报：社会科学版，2016, 28（4）：30-36.

[76]何明芮．网络时代的信息安全知识 [M]. 北京：中国科学技术出版社，2017.

[77] 洪杰文，段梦蓉．朋友圈泛化下的社交媒体倦怠和网络社交自我 [J]. 现代传播：中国传媒大学学报，2020, 42（2）：76-81,85.

[78] 洪叶．微博中的虚假信息传播及对策 [J]. 青年记者，2013（02Z）：4-5.

[79] 胡凌．"连接一切"：论互联网帝国意识形态与实践 [J]. 文化纵横，2016（1）：20-24.

[80] 胡森林．"社会麻醉"：传播的功能失调 [N]. 学习时报，2005-05-16.

[81] 胡晓剑．美国《波特曼 - 墨菲反宣传法案》解读 [J]. 国际研究参考，2017（7）：26-29.

[82] 胡泳．媒体：翻页时代 [J]. 新闻战线，2016（15）：28-31.

[83] 胡正荣，李继东．我国媒介规制变迁的制度困境及其意识形态根源 [J]. 新闻大学，2005(1)：3-8.

[84] 互联网一天信息量等于 1.68 亿张 DVD[EB/OL].（2012-11-11）. http://www.cnbeta.com/articles/213473.htm.

[85] 黄翠艮．计算机网络生态系统可持续发展的研究 [J]. 中国包装工业，2002（7）：72-73.

[86] 黄寰．网络伦理危机及对策 [M]. 北京：科学出版社，2003.

[87] 黄瑞玲，肖饶中．现代人际传播事业中的手机传播研究 [M]. 长春：吉林大学出版社，2010.

[88] 黄缘缘，谢恩，张涛．我国电子商务网站 FIPs 实施现状研究 [J]. 管理学报，2011, 8（8）：1195-1200.

[89] 黄志雄．互联网监管的"道路之争"及其规则意蕴 [J]. 法学评论，2019（5）：133-144.

[90] 惠章志．新形势下的人民日报发行工作 [EB/OL].（2015-06-04）[2019-02-27]. http://media.people.com.cn/n/2015/0604/c396799-27104307.html.

[91] 活跃用户达 10.82 亿，微信发布 2018 数据报告 [EB/OL]. [2019-3-1]. https://baijiahao.baidu.com/s?id=1622165602974190958.

[92] 贾金玺．网络视频内容管制研究 [D]. 北京：中国社会科学院研究生院，2010.

[93] 贾茵．德国《网络执行法》开启"监管风暴"[J]. 中国信息安全，2018（2）：77-79.

[94] 蹇阅．微博侵犯隐私权的特点及责任承担 [J]. 青年记者，2014（22）：87-88.

[95] 姜福晓．数字网络技术背景下版权法的困境与出路 [D]. 北京：对外经济贸易大学，2014.

[96] 姜玲艳．外来物种入侵的法律调控 [J]. 法制与社会，2008（16）：1.

[97] 蒋丰．日本官民大联合净化网络社交媒体 [EB/OL].（2014-09-15）. http://world.chinadaily.com.cn/2014-09/15/content_18599293_2.htm.

[98] 蒋梦惟．内容尺度过宽 视频网站挑战监管底线 [N]. 北京商报，2012-03-30.

[99] 蒋天民，胡新平．政务微信的发展现状、问题分析及展望 [J]. 现代情报，2014, 34（10）：88-95.

[100] 蒋晓丽，邹霞．新媒体：社会风险放大的新型场域——基于技术与文化的视角 [J]. 上海行政学院学报，2015, 16（3）：88-95.

[101] 解夏．短视频发展简史：从 20 分钟到 15 秒的新秩序 [EB/OL].（2018-06-04）[2019-06-26]. https://www.huxiu.com/article/246839.html.

[102] 靖鸣，郭艳霞，潘宇峰．"魏则西事件"主流媒体与社交媒体舆论监督的共振与互动 [J]. 新闻爱好者，2016（7）：22-27.

[103] 靖鸣，娄翠．叠加、同质化：微信传播的大众化及其思考 [J]. 中国出版，2019（6）：48-51.

[104] 凯度中国．2015 年中国社交媒体核心用户数据分析 [EB/OL].（2015-07-06）. http://www.199it.com/archives/362161.html.

[105] 凯度中国．2016 年社交媒体让人们的生活更差了？ [EB/OL].（2016-02-06）. https://mp.weixin.qq.com/s/gqd6CY1saLWx06505qb56w.

[106] 凯度中国．2018 年中国社交媒体影响报告 [EB/OL].（2019-01-14）[2019-02-27]. http://www.199it.com/archives/820382.html.

[107] 看各国如何监管社交媒体 [EB/OL].（2015-06-08）. https://news.sina.cn/2015-06-08/detail-icrvvsuv8562741.d.html?wm=3049_0015.

[108] 克里斯·安德森．长尾理论 [M]. 3 版．北京：中信出版社，2012.

[109] 跨年红包战 百度微信微博谁赢了？ [EB/OL].（2016-01-04）. http://tech.ifeng.com/a/20160104/41533568_0.shtml.

[110] 快手日活超一亿，宿华说他的信仰是对用户好 [EB/OL].（2017-12-23）[2019-06-26]. http://news.chinabyte.com/csgg/379/14392379.shtml.

[111] 匡文波，郭育丰．基于微信的网络谣言的量化研究（2014）[M]// 唐绪军．中国新媒体发展报告 No.6（2015）. 北京：社会科学文献出版社，2015：258-266.

[112] 匡文波．人工智能时代假新闻的"共谋"及其规避路径 [J]. 上海师范大学学报：哲学社会科学版，2019, 48（4）：104-112.

[113] 来向武，韩晓莹．国际社交媒体的本土化与信息管控：从内在矛盾到规则提升 [J]. 人文杂志，2019（7）：122-128.

[114] 劳伦斯·莱斯格．代码——塑造网络空间的法律 [M]. 李旭，等，译．北京：中信出版社，2004.

[115] 乐学．社交网络如何影响我们的关系 [EB/OL].（2014-09-17）[2019-06-08]. https://xw.qq.

com/cmsid/TEC2014091705727502.
[116] 乐媛，周晓琪．社会运动中的社交媒体动员与媒介间议程设置效应：以台湾地区“反服贸学运”为例 [J]. 国际新闻界，2019, 41（6）：26-47.
[117] 勒庞．乌合之众 [M]. 北京：中央编译出版社，2004.
[118] 雷健．网络传播 [M]. 成都：四川科学技术出版社，2002.
[119] 李兵，展江．英语学界社交媒体“隐私悖论”研究 [J]. 新闻与传播研究，2017（4）：99-113,129.
[120] 李继东．复合规制：媒介融合时代的规制模式探微 [J]. 国际新闻界，2013（7）：126-133.
[121] 李静．试议我国互联网低俗视听节目监管问题 [C]// 第八届全国互联网与音视频广播发展研讨会，2008.
[122] 李妙玲，岳庆荣．用户生成内容的版权侵权问题治理模式研究 [J]. 图书馆建设，2015(10)：18-22.
[123] 李妙玲．用户生成内容的版权侵权问题研究 [D]. 大连：辽宁师范大学，2014.
[124] 李曙华．从系统论到混沌学 [M]. 桂林：广西师范大学出版社，2002.
[125] 李文明．论网络视听节目的监督与管理 [J]. 现代视听，2009（9）：55.
[126] 李鑫．中美网络版权保护制度比较研究 [D]. 天津：天津师范大学，2013.
[127] 李彦．俄罗斯互联网监管：立法、机构设置及启示 [J]. 重庆邮电大学学报：社会科学版，2019, 31（6）：59-72.
[128] 廖宇飞，张新标．微博的负面性与管理引导探析 [J]. 新闻知识，2013（3）：47-49.
[129] 刘丹，殷亚文，宋明．基于 SIR 模型的微博信息扩散规律仿真分析 [J]. 北京邮电大学学报：社会科学版，2014, 16（3）：28-33.
[130] 刘宏宇，蒋欣逸，魏祯．论微博现实困境的形成机制及解决途径——基于腾讯微博案例调查研究 [J]. 国际新闻界，2016, 38（4）：157-176.
[131] 刘济群．用户隐私关注视角下的社交媒体功能接受异质性研究 [J]. 图书馆论坛，2016(11):16-26.
[132] 刘杰，王冰莹．大学生社交网络成瘾现状、原因及其对策 [J]. 学理论，2014（29）：218-219.
[133] 刘俊，齐爱民．CC 许可协议的国际化争议及中国化制度兼容性解析 [J]. 江西财经大学学报，2016（1）：118-128.
[134] 刘可文．微博客虚假信息的传播特征及治理策略 [J]. 贵州师范大学学报：社会科学版，2012（6）：88-92.
[135] 刘鹏飞．媒体微博发展中的问题与规范化管理 [J]. 新闻与写作，2013（8）：17-19.

[136] 刘琼 . 新媒体时代的春节文化 [N]. 人民日报 , 2014-02-11（14）.
[137] 刘胜男 . 算法时代“好内容”的定义 [J]. 新闻与写作 , 2017（6）：69-71.
[138] 刘文晶 . 世界知识产权组织版权条约（WCT）与邻接权条约（WPPT）研究 [D]. 大连：大连海事大学 , 2005.
[139] 柳圣爱 . 韩国网络实名制的发展与式微 [J]. 行政管理改革 , 2013（4）：57-61.
[140] 龙丽 , 庞弘燊 . 基于 Copyleft 理念的 Creative Commons 发展 [J]. 图书馆学研究 , 2008（8）：93-97.
[141] 卢璐 . 用户生成内容（UGC）网站著作权问题探讨及应对策略 [D]. 上海：复旦大学 , 2012.
[142] 卢永春 , 雷雷 , 徐一 . 美国政府社交媒体及其管理制度研究 [J]. 电子政务 , 2017（1）：102-116.
[143] 陆奇 . 移动社交网络对青年受众态度和行为的影响研究 [D]. 成都：电子科技大学 , 2011.
[144] 陆晔 , 潘忠党 . 成名的想象：中国社会转型过程中新闻从业者的专业主义话语建构 [J]. 新闻学研究 , 2002（4）：17-59.
[145] 栾轶玫 . 微博的“后台实名”及“版权保护”[J]. 视听界 , 2012（1）：125.
[146] 罗楠 . 微博实名制之思 [J]. 学理论 , 2012（12）：117-119.
[147] 罗文 . 社交媒体时代的广告创新趋势 [J]. 视听 , 2019（10）：207-208.
[148] 马费成 , 李小宇 , 张斌 . 中国互联网内容监管体制结构、功能与演化分析 [J]. 情报学报 , 2013, 32（11）：1124-1137.
[149] 马骏 . 网络融合与广电监管体制 [J]. 现代电信科技 , 2005（8）：2-6.
[150] 马原 . 新媒体舆论监督的社会风险放大效应研究 [J]. 声屏世界 , 2009（11）：51-52.
[151] 麦肯锡 . 中国社交媒体的用户数量已达 3 亿 [EB/OL]. http://www.aliyun.com/zixun/content/2_6_86009.html.
[152] 麦肯锡全球研究院 . 中国数字经济如何引领全球新趋势 [EB/OL]. https://www.mckinsey.com.cn/wp-content/uploads/2017/09/ 麦肯锡全球研究院 _ 中国数字经济如何引领全球新趋势 _2017 讨论文件 .pdf.
[153] 曼纽尔 · 卡斯特 . 网络社会的崛起 [M]. 夏铸九 , 等 , 译 . 北京：社会科学文献出版社 , 2001.
[154] 毛泽东黄炎培“窑洞对”与跳出“兴亡周期律”[EB/OL].（2009-10-14）. http://www.csyz.com.cn/news/News_View.asp?NewsID=453.
[155] 梅洛维茨 . 消失的地域电子媒介对社会行为的影响 [M]. 肖志军 , 译 . 北京：清华大学出版社 , 2002.

[156] 梅夏英，姜福晓．数字网络环境中著作权实现的困境与出路——基于 P2P 技术背景下美国音乐产业的实证分析 [J]. 北方法学，2014（2）：45-58.

[157] 美国智库：《第二人生》等虚拟社会是恐怖主义温床 [EB/OL].（2015-3-26）. http://www.cnbeta.com/articles/48833.htm.

[158] 孟禹熙．社交媒体现状及监管对策 [J]. 新闻战线，2015（11）：85-87.

[159] 孟兆平．互联网环境中著作权规制基本原则研究 [J]. 电子知识产权，2013（4）：92-98.

[160] 苗东升．系统科学大学讲稿 [M]. 北京：中国人民大学出版社，2007.

[161] 磨惟伟．发达国家网络社交媒体治理新动向及启示 [J]. 中国信息安全，2018（2）：44-47.

[162] 尼葛洛庞帝．数字化生存 [M]. 胡泳，范海燕，译．海口：海南出版社，1996.

[163] 聂磊，钱慧，赵利．新闻媒体的社交媒体号运营趋势 [J]. 新闻记者，2016（11）：78-82.

[164] 牛嘉琦．浅论微博著作权问题 [J]. 法制与经济：下旬，2011（8）：125-126.

[165] 庞宇．微博管理的问题与对策 [J]. 行政管理改革，2013（3）：63-66.

[166] 彭兰．记者微博：专业媒体与社会化媒体的碰撞 [J]. 江淮论坛，2012（2）：154-158.

[167] 彭兰．社会化媒体、移动终端、大数据：影响新闻生产的新技术因素 [J]. 新闻界，2012（16）：3-8.

[168] 钱铭怡，章晓云，黄峥，等．大学生网络关系依赖倾向量表（IRDI）的初步编制 [J]. 北京大学学报：自然科学版，2006, 42（6）：802-807.

[169] 钱忆亲，陈昌凤，袁烨，等．互联网治理：一种综合路径的探索 [J]. 全球传媒学刊，2017, 4（2）：4-31.

[170] 秦前红，陈道英．网络言论自由法律界限初探——美国相关经验之述评（上）[J]. 信息网络安全，2006（4）：59-61.

[171] 秦强，郭星华．风险社会中的集群行为——法社会学视阈中的群体性事件及其解决机制 [J]. 黑龙江社会科学，2011（2）：117-122.

[172] 屈晗．基于自组织理论的校园网络文化建设研究 [D]. 青岛：青岛理工大学，2012.

[173] 冉令军．微博信息的虚假化传播及其规避 [J]. 神州，2011（12）：76-79.

[174] 人民日报．网络暴力全球化——虚拟世界，何以制止欺凌 [EB/OL]. http://news.xinhuanet.com/zgjx/2015-05/13/c_134233646.htm.

[175] 人民网舆情监测室．名人微博乃社会“公器”人民网舆情监测室给出六项建议 [EB/OL].（2011-03-19）. http://politics.people.com.cn/GB/30178/14184036.html.

[176] 日播放量超过 10 亿的抖音，短短 500 天凭什么超越对手？ [EB/OL].（2018-06-17）[2019-06-26]. http://dy.163.com/v2/article/detail/DKGJV5AJ0511UCBI.html.

[177] 莎拉 · 凯瑟琳 · 佩克．我为戒掉社交媒体上瘾进行了 4 项实验，这是我的发现 [EB/OL].

（2018-12-02）. https://mp.weixin.qq.com/s/TwY6dmnfCujJEeXlDaFzYw.
[178] 陕西表哥杨达才事件始末回顾 [EB/OL].（2013-01-21）. http://media.sohu.com/20130121/n364175335.shtml.
[179] 尚玉昌 . 生态学概论 [M]. 北京：北京大学出版社 , 2003.
[180] 邵培仁 , 廖卫民 . 思想 · 理论 · 趋势：对北美媒介生态学研究的一种历史考察 [J]. 浙江大学学报：人文社会科学版 , 2008, 38（3）：180-190.
[181] 邵培仁 . 大众传播中的信息污染及其治理 [J]. 新闻与写作 , 2007（3）：22-23.
[182] 邵培仁 . 论媒介生态的五大观念 [J]. 新闻大学 , 2001（4）：20-22.
[183] 邵培仁 . 媒介舆论学 [M]. 北京：中国传媒大学出版社 , 2010.
[184] 社交网络为何让人成瘾？ [EB/OL].（2011-04-16）. http://www.douban.com/group/topic/19147747/.
[185] 沈浩卿 . 2020 前瞻：中国 KOL 社交媒体分布及排行 [EB/OL].（2020-01-14）. https://mp.weixin.qq.com/s/xSyo8JZrU00kC3xtJrdH3A.
[186] 盛明科 , 杨玉兰 . 微博时代公共舆论暴力的产生及其治理机制研究 [J]. 吉首大学学报：社会科学版 , 2013（3）：73-78.
[187] 师文静 . 网络传播中“沉默的螺旋”理论分析 [J]. 青年记者 , 2009（5）：6-7.
[188] 石力月 . 媒介融合背景下英国广电业“公共服务”理念之嬗变 [J]. 新闻大学 , 2010（3）：100-104.
[189] 史小建 . 浅谈网络语言对传统汉语语言的影响与规制 [J]. 语文建设 , 2015（20）：73-74.
[190] 水木 . 脸书正在看着你：社交媒体时代的数据隐私 [EB/OL].（2018-03-25）. https://mp.weixin.qq.com/s/IaV7-N5YGLuKfToI0lcLvg.
[191] 斯蒂文 · 小约翰 . 传播理论 [M]. 陈德民 , 等 , 译 . 北京：中国社会科学出版社 , 1999.
[192] 宋锦燕 , 李立 . 新媒体时代 UGC 短视频生产中的纪实类表达 [J]. 中国电视 , 2019（10）：65-69.
[193] 孙冰 . 腾讯、今日头条互诉索赔并要求公开道歉“头腾大战”是用户注意力之争？ [J]. 中国经济周刊 , 2018（24）：72-74.
[194] 孙楠楠 . 对社会化媒体的传播学思考 [J]. 新闻爱好者 , 2009（17）：16-17.
[195] 孙萍 , 刘瑞生 . 网络生态视角下社交媒体的内容管理探析 [J]. 现代传播：中国传媒大学学报 , 2019（12）：50-53.
[196] 谈咏梅 , 钱小平 . 我国网站隐私保护政策完善之建议 [J]. 现代情报 , 2006（1）：215-217.
[197] 唐涛 . 网络舆情治理研究唐涛 [M]. 上海：上海社会科学院出版社，2014.
[198] 唐永干 , 王正伦 . 从他组织到自组织：农村体育的历史抉择——从江苏农村体育说起 [J].

体育文化导刊 , 2004（11）：3-6.

[199] 陶文昭 . 网络无政府主义及其治理 [J]. 探索 , 2005（1）：48-51.

[200] 腾讯 . 2018 微信年度数据报告 [EB/OL].（2019-01-10）[2019-02-27]. http://tech.qq.com/a/20190110/000050.htm.

[201] 腾讯研究院 . 互联网＋时代的立法与公共政策 [M]. 北京：法律出版社 , 2016.

[202] 腾讯研究院 . 直播时代：社交、网红和注意力的未来 [EB/OL].（2017-05-16）[2019-07-15]. https://www.tisi.org/4731_52.

[203]腾讯研究院 . 互联网＋时代的立法与公共政策 [M]. 北京：法律出版社，2016.

[204] 田双莉 . 网络服务商的版权审查义务研究 [D]. 厦门：厦门大学 , 2017.

[205] 托马斯 · 达文波特 , 约翰 · 贝克 . 注意力经济 [M]. 谢波峰 , 等 , 译 . 北京：中信出版社 , 2002.

[206] 汪民安 . 文化研究关键词 [M]. 南京：江苏人民出版社 , 2007.

[207] 王艾莎 . 浅谈微信朋友圈的谣言与政府机构的辟谣策略 [J]. 西部广播电视 , 2014（22）：86-88.

[208] 王超 . 北京大学信息法专家周庆山谈信息泄密 . 泄密门事件敲响公共机构保护个人信息警钟 [N]. 中国青年报 , 2008-05-12.

[209] 王春娅 , 苗世通 , 赵娜 . 在线社会支持对媒体超载负面效应的缓冲机制研究 [J]. 新闻与传播评论 , 2020, 73（3）：43-56.

[210] 王大鹏 , 岳春颖 , 严洁 . 台湾地区选举宣传中社交媒体的使用研究——一种基于深度访谈的分析 [J]. 现代传播 , 2016（5）：55-60.

[211] 王贵斌 , 斯蒂芬 · 麦克道威尔 . 媒介情境、社会传统与社交媒体集合行为 [J]. 现代传播：中国传媒大学学报 , 2013, 35（12）：100-106.

[212] 王锦贵 , 王京山 . 关于建立网络用户学的思考 [J]. 江苏图书馆学报 , 2002（3）：5-8.

[213] 王京山 , 王锦贵 . 按照先进文化的要求 推进图书馆管理机制改革——论图书馆自组织管理的理念及其实施 [J]. 山东图书馆季刊 , 2005（4）：1-4,13.

[214] 王京山 . 自组织的网络传播 [M]. 北京：中国轻工业出版社 ,2011.03.

[215] 王京山 . 网络出版运作 网络出版机制演变与创新 [M]. 北京：中国大百科全书出版社 ,2005.10.

[216] 王京山 . 多人协同的奇迹 [M]. 北京：中央编译出版社 ,2013.11.

[217] 王京山 , 王锦贵 . 按照先进文化的要求 推进图书馆管理机制改革——论图书馆自组织管理的理念及其实施 [J]. 山东图书馆季刊，2005(4):1-4.

[218] 王凯文 . 麦克卢汉“地球村”的理想与现实 [J]. 新闻世界 , 2013（5）：293-295.

[219] 王利 . 大众传媒在公共政策过程中的角色定位 [J]. 理论研究 , 2009（6）: 39-40.
[220] 王利明 , 杨立新 . 人格权与新闻侵权 [M]. 北京 : 中国方正出版社 , 1995.
[221] 王璐 . 实名制下的微博谣言传播现状分析及应对 [J]. 新闻界 , 2013（17）: 6-15.
[222] 王茜 , 马修 · 英格拉姆 . 社交媒体的内容监管与立法之路 [J]. 青年记者 , 2020（7）: 84-85.
[223] 王彤 . 网络实名制下的自主管理策略 [J]. 当代传播 , 2013（1）: 48-50.
[224] 王延丽 , 姜莞荻 . 试分析微博在重大突发案件传播中的优势与不足 [J]. 商 , 2014（25）: 291.
[225] 王艳红 . 微博实名制刍议 [J]. 西部广播电视 , 2013（13）: 56-57.
[226] 王英 . 若干国家和地区图书馆协会隐私政策的内容分析 [J]. 大学图书馆学报 , 2012, 30（5）: 46-52.
[227] 王雨 , 郑大庆 , 黄林 , 等 . 企业社会化媒体的内涵、特征及研究趋势 [J]. 科技管理研究 , 2019（1）: 256-265.
[228] 王振 . 弘扬中华传统文化的“道法术”[J]. 文化产业 , 2018（9）: 46-47.
[229] 网络传播的自组织模式研究 [EB/OL].（2011-11-30）. https://wenku.baidu.com/view/ca72b7f74693daef5ef73dd9.html.
[230] 网络追杀盛行背后是商业利益——专访信息法知名学者周庆山 [EB/OL].（2008-03-03）. http://tech.sina.com.cn/i/2008-03-03/08082052552.shtml.
[231] 微信支付虽便捷 风险防范要切记 [EB/OL].（2015-02-06）. http://tech.gmw.cn/newspaper/2015-02/06/content_104373110.htm.
[232] 韦恩 · 奥弗贝克 . 媒介法原理 [M]. 周庆山等 , 译 . 北京 : 北京大学出版社 , 2011.
[233] 温晓红 . Copyleft 思潮 : 对网络著作权扩张的反思 [J]. 现代传播 : 中国传媒大学学报 , 2009（2）: 112-115.
[234] 文建 . 怎样规范使用博客、微博等社会化媒体——路透《网络报道守则》主要内容和要求 [J]. 中国记者 , 2010（6）: 94-96.
[235] 沃尔特 · 李普曼 . 公众舆论 [M]. 阎克文 , 江红 , 译 . 上海 : 上海人民出版社 , 2002.
[236] 沃尔特 · 李普曼 . 舆论 [M]. 常江等 , 译 . 北京 : 北京大学出版社 , 2018.
[237] 吴斐 . 从“耳目喉舌”和“社会瞭望者”看中美新闻观的差异 [D]. 杭州 : 浙江大学 , 2009.
[238] 吴汉东 . 知识产权制度基础理论研究 [M]. 北京 : 知识产权出版社 , 2009.
[239] 吴杰 . 广西政务微信公共服务的现状分析 [J]. 企业科技与发展 , 2014（22）: 5-9.
[240] 吴彤 . 自组织方法论论纲 [J]. 系统科学学报 , 2001（2）: 4-10.
[241] 小白 . 新加坡出台假新闻法案 要求社交媒体及时发布更正 [EB/OL].（2019-04-02）.

https://www.cnbeta.com/articles/tech/833279.htm.

[242] 肖赞军．媒介融合时代传媒规制的国际趋势及启示 [J]. 新闻与传播研究，2009（5）：55-66.

[243] 谢新洲．“沉默的螺旋”假说在互联网环境下的实证研究 [J]. 现代传播：北京广播学院学报，2003（6）：17-22.

[244] 辛小天，杨玥祺．“脸书”们在印度将面临的新数据监管要求 [EB/OL]. http://www.deheng.com.cn/ywly/info/15882?code=wanglou,2020-03-05.

[245] 新华网．中国互联网大会倡议共守“七条底线”[EB/OL].（2013-08-15）. http://news.xinhuanet.com/politics/2013-08/15/c_116961278.htm.

[246] 邢雪．社交网络与用户责任共担 法国监控管理双管齐下 [EB/OL].（2014-09-24）. http://world.chinadaily.com.cn/2014-09/24/content_18654328.htm.

[247] 熊菲．社交媒体治理国际对策浅析 [J]. 中国信息安全，2019（4）：83-85.

[248] 徐偲骕，姚建华．脸书是一个国家吗？——“Facebookistan”与社交媒体的国家化想象 [J]. 新闻记者，2018（11）：15-25.

[249] 徐贵宝．我国互联网视频监管相关问题研究综述 [J]. 通信管理与技术，2009（6）：6-9.

[250] 徐剑．版权开放：Copyleft 的法学释义 [J]. 上海交通大学学报：哲学社会科学版，2003, 11（3）：45-50.

[251] 徐升华，汤敏倩．基于管理情境的社会化媒体：基本要素、整合框架与未来展望 [J]. 外国经济与管理，2017（8）：102-114.

[252] 许辰铭．浅谈大数据分析在媒体行业中的应用 [J]. 视听界：广播电视技术，2018（1）：74-79.

[253] 薛国林．国外微博管理经验借鉴 [J]. 决策探索：上半月，2012（3）：37-38.

[254] 薛瑞汉．微博信息传播面临的新问题及路径选择 [J]. 河南社会科学，2012（8）：88-90.

[255] 严小芳．场景传播视阈下的网络直播探析 [J]. 新闻界，2016（15）：51-54.

[256] 央广网．《中国青少年互联网使用及网络安全情况调研报告》发布 [EB/OL].（2018-05-31）[2019-07-03]. https://baijiahao.baidu.com/s?id=1601973878130131292.

[257] 杨成梅．对微博著作权侵权问题的几点思考 [J]. 法制与社会，2011（22）：255-256.

[258] 杨海平．信息政策法规的执法与监督制度保障研究 [J]. 图书馆理论与实践，2008（2）：36-38.

[259] 杨砺．微信屏蔽咪蒙系《寒门状元之死》此前被封禁一个月 [N]. 新京报，2019-01-30.

[260] 杨婷婷．论中西媒介生态学研究的差异 [J]. 新闻界，2005（3）：79-80.

[261] 杨学春．开放存取的理论基础——兼论许可协议 [D]. 上海：华东师范大学，2008.

[262] 杨志维，李春萌．互联网数字作品版权规制研究 [J]. 创新科技，2018(3): 85-89.
[263] 姚珺．互联网中的反沉默螺旋现象 [J]. 武汉理工大学学报，2004（17）：286-288.
[264] 叶甲生．略论中国网络版权立法的现状及完善 [J]. 安徽广播电视大学学报，2009（1）：17-21.
[265] 叶依宁，邱明达，刘柳．实名制管理 新加坡多方面促进社交媒体健康发展 [EB/OL].（2014-09-23）. https://world.huanqiu.com/article/9CaKrnJFAXO.
[266] 叶朗．中国文化产业年度发展报告 2013[M]. 北京：北京大学出版社，2013.10.
[267] 叶朗．北大文化产业评论 2011 上 [M]. 北京：金城出版社，2011.
[268] 佚名．"微信十条" 放晴网络空间 [J]. 晚霞，2014（18）：25.
[269] 佚名．社交网络决定美国大选？奥巴马借力脸书上位 [EB/OL].（2012-09-24）[2019-04-22]. http://media.people.com.cn/n/2012/0924/c40606-19086093.html.
[270] 阴卫芝．美国五所高校社交媒体准则研究 [J]. 新闻爱好者，2013（2）：62-65.
[271] 尹星云．2018 年度北京互联网社会监督工作总结会召开 [EB/OL].（2018-12-13）. http://bj.people.com.cn/n2/2018/1213/c82840-32407371.html.
[272] 勇强．白岩松聊"语录"：躺着中枪 [N]. 齐鲁晚报，2014-01-05.
[273] 禹卫华．微博虚假信息传播的新问题与应对——以"微博打拐"事件为例 [J]. 新闻记者，2011（5）：67-70.
[274] 喻国明，戴元初．中国媒介规制的发展、问题与未来方向 [J]. 传媒观察，2010（1）：11-17.
[275] 袁亮．出版学概论 [M]. 沈阳：辽宁教育出版社，1997.
[276] 袁文秀，余恒鑫．关于网络信息生态的若干思考 [J]. 情报科学，2005（1）：144-147.
[277] 原艳飞．假新闻的科学 [EB/OL]. [2018-03-25]. http://www.davidlazer.com/infopage.
[278] 岳明．历时 39 年而难产：工信部召开电信法立法专家组研讨会 [EB/OL].（2019-01-30）. http://www.c114.com.cn/4app/3543/a1078351.html.
[279] 张安淇，陈敬良．社会化媒体管理的创新途径研究 [J]. 管理世界，2015（10）：176-177.
[280] 张春江，倪建民．国家信息安全报告 [M]. 北京：人民出版社，2000.
[281] 张大勇，许磊，孔洪新．社交媒体用户群体互动行为特征研究——以微信用户群分享为例 [J]. 情报理论与实践，2019, 42（10）：97-101,116.
[282] 张鸽，张文洁．信息时代西方年轻人网络问政的组织平台——海盗党的发展现状及特征初探 [J]. 上海党史与党建，2012（11）：59-62.
[283] 张化冰．互联网内容规制的比较研究 [D]. 北京：中国社会科学院研究生院，2011.
[284] 张磊．产业融合与互联网管制 [M]. 上海：上海财经大学出版社，2001.

[285] 张凌霄 . 新媒体在当代中国社会价值观变迁中的功用 [J]. 辽宁大学学报：哲学社会科学版 , 2019, 47（5）：140-144.

[286] 张平 . 北大微讲堂：网络环境下的版权——保护与分享 [M]. 北京：北京大学出版社 , 2014.

[287] 张平 . 网络环境下著作权许可模式的变革 [J]. 华东政法大学学报 , 2007（4）：121-127.

[288] 张庆峰 . 网络生态论 [J]. 情报资料工作 , 2000（4）：3-4.

[289] 张权 . 网络舆情治理象限：由总体目标到参照标准 [J]. 武汉大学学报：哲学社会科学版 , 2019（2）：175-183.

[290] 张书勤 . 文化产业政策与法规 [M]. 北京：中国政法大学出版社，2018.

[291] 张薇薇 .“微博暴力”中的伦理道德审视——以“微博抗癌女孩鲁若晴事件”为例 [J]. 东南传播 , 2012（12）：86-87.

[292] 张文祥 , 李丹林 . 网络实名制与匿名表达权 [J]. 当代传播 , 2013（4）：75-78.

[293] 张文照 . 社交媒体时代的“粉丝经济”及其营销模式 [J]. 新媒体研究 , 2019（4）：105-106.

[294] 张小罗 . 论网络媒体之政府管制 [M]. 北京：知识产权出版社 , 2009.

[295] 张小强 . 互联网的网络化治理：用户权利的契约化与网络中介私权力依赖 [J]. 新闻与传播研究 , 2018（7）：87-108.

[296] 张笑容 . 第五空间战略：大国间的网络博弈 [M]. 北京：机械工业出版社 , 2013.

[297] 张玥 , 孙霄凌 , 浦正宁 , 等 . 微博舆情传播影响因素研究——基于信源特征和信息形式的视角 [J]. 情报资料工作 , 2014（3）：59-64.

[298] 张真理 . 法治、市场与自律：互联网治理的有效机制 [N]. 中国社会科学报 , 2011-12-22.

[299] 张志安 , 李霭莹 . 2017 年中国新闻业年度发展报告 [J]. 新闻界 , 2018（1）：4-11,73.

[300] 张志安 , 束开荣 . 微信舆论研究：关系网络与生态特征 [J]. 新闻记者 , 2016（6）：29-37.

[301] 张卓 . 网络综合治理的“五大主体”与“三种手段”——新时代网络治理综合格局的意义阐释 [J]. 人民论坛 , 2018（13）：34-35.

[302] 张紫 . 山东招远麦当劳打人事件 新浪微博传播简要分析 [J]. 计算机与网络 , 2014, 40（11）：8.

[303] 章晓英 , 苗伟山 . 互联网治理：概念、演变及建构 [J]. 新闻与传播研究 , 2015（9）：117-125.

[304] 赵虹宇 . 微博的下一个十年靠什么？ |2018 · 大复盘 [EB/OL].（2019-01-29）[2019-02-27]. http://www.tmtpost.com/3733820.html.

[305] 赵铭宇 .“避风港原则”在 ISP 版权侵权责任制度中的适用问题研究 [D]. 北京：北京工商

大学 , 2010.
[306] 赵秀秀 . 微博事件的实时监控及早期扩散预测模型研究 [D]. 济南 ：山东财经大学 , 2015.
[307] 郑恩 , 林大力 . 媒介进化论研究的五大原则 [J]. 江苏广播电视大学学报 , 2009, 20（2）：64-67.
[308] 郑满宁 . 微博时代的群体动员机制及管理对策 [J]. 重庆大学学报 ：社会科学版 . 2014, 20（1）：154-156.
[309] 支庭荣 . 大众传播生态学 [M]. 杭州 ：浙江大学出版社 , 2004.
[310] 中国互联网络信息中心 . 2016 年中国社交应用用户行为研究报告 [EB/OL]. https://www.cnnic.net.cn/hlwfzyj/hlwxzbg/sqbg/201712/P020180103485975797840.pdf.
[311] 中国互联网络信息中心 . 第 42 次中国互联网络发展状况统计报告 [EB/OL].（2018-08-20）[2019-02-27]. http://www.cac.gov.cn/2018-08/20/c_1123296882.htm.
[312] 中国互联网络信息中心 . 第 43 次中国互联网络发展状况统计报告 [EB/OL].（2019-02-28）[2019-07-15]. http://www.cac.gov.cn/2019-02/28/c_1124175677.htm.
[313] 中国十大网络社交平台 [EB/OL]. http://www.maigoo.com/maigoo/1211sjmt_index.html.
[314] 中华人民共和国工业和信息化部 . 信息安全技术公共及商用服务信息系统个人信息保护 指 南 [EB/OL].（2013-09-01）[2019-02-27]. http://www.gov.cn/gongbao/content/2013/content_2473881.htm.
[315] 中山信弘 . 多媒体与版权 [M]. 张玉瑞 , 译 . 北京 ：专利文献出版社 , 1997.
[316] 周冲 . 个人信息保护 ：中国与欧盟删除权异同论 [J]. 新闻记者 , 2017（8）：71-79.
[317] 周辉 . 变革与选择 ：私权力视角下的网络治理 [M]. 北京 ：北京大学出版社 , 2016.
[318] 周茂雄 , 范亲敏 . 走出困境 ：网络淫秽色情之规制 [J]. 重庆邮电大学学报 ：社会科学版 , 2017, 29（5）：54-60.
[319] 周庆山 , 李彦篁 . 台湾数字融合发展的规制政策初探 [J]. 情报资料工作 , 2014（1）：31-35.
[320] 周庆山 , 王京山 . 维基百科信息自组织模式探析 [J]. 情报资料工作 , 2007（2）：29-32.
[321] 周庆山 , 俞治朕 . 我国大学生微博选择的影响因素实证分析 [J]. 数字图书馆论坛 , 2013（2）：39-52.
[322] 周庆山 . 谁该为垃圾短信泛滥负责 [N]. 解放日报 , 2008-05-05.
[323] 周庆山 . 完善我国个人信息保护管理制度的思考 [J]. 社会治理 , 2018（1）：34-41.
[324] 周庆山 . 网络信息生态何以平衡 [EB/OL].（2013-08-30）. http://www.stty.net.cn/guanli/ShowArticle.asp?ArticleID=1252.
[325] 周庆山 . 网络信息生态危机与系统整合控制策略 [M]// 中国信息年鉴 2010. 北京 ：中国信

息年鉴期刊社，2011.

[326] 周庆山，刘济群．媒体规制理论的演进：从传统离散规制到数字媒体融合规制 [J]. 现代情报 ,2016(1): 5-10.

[327] 周涛．基于内容分析法的网站隐私声明研究 [J]. 杭州电子科技大学学报：社会科学版，2009（3）：11-16.

[328] 周懿瑾，魏佳纯．“点赞”还是“评论”？社交媒体使用行为对个人社会资本的影响——基于微信朋友圈使用行为的探索性研究 [J]. 新闻大学，2016（1）：68-75.

[329] 周舟．MIT 研制出鉴别假新闻的 AI 系统：最好的办法是找源头 [EB/OL].（2018-10-10）. https://tech.sina.com.cn/it/2018-10-10/doc-ifxeuwws2824169.shtml.

[330] 朱爱菊．我国互联网信息生态中的虚假信息问题与治理策略 [D]. 北京：北京大学，2006.

[331] 朱亚希．“媒介依赖”理论视域下的大学生“社交”成瘾——以对四川大学学生微信使用情况的调查为例 [J]. 今传媒：学术版，2015（2）：44-46.

[332] 祝阳，雷莹．网络的社会风险放大效应研究——基于公共卫生事件 [J]. 现代情报，2016（8）：14-20.

[333] 祝振强．融媒体时代主流媒体的社会责任担当 [J]. 兰州大学学报：社会科学版，2019, 47（4）：17-21.

[334] 自律公约 [EB/OL].（2013-04-12）. http://www.isc.org.cn/fwdt/listinfo-15397.html.

[335] 宗乾进，黄子风，李乐，等．实名认证能遏制社交媒体谣言么？——来自新浪微博的证据 [J]. 情报资料工作，2017（3）：5-10.

[336] 最高人民法院中国应用法学研究所．人民法院案例选：2018 年第 4 辑 [M]. 北京：人民法院出版社，2018.

[337] ADONI H, MANE S. Media and the social construction of reality：toward an integration of theory and research[J]. Communication research, 1984, 11（3）：323-340.

[338] AHLQVIST T, BÄCK A, HALONEN M, et al. Social media roadmaps：exploring the futures triggered by social media[R/OL]. https://www.vtt.fi/inf/pdf/tiedotteet/2008/t2454.pdf.

[339] ANDERSON C. The long tail：How endless choice is creating unlimited demand[M]. New York：Random House, 2007.

[340] Andreassen C S, Pallesen S. Social network site addiction-an overview[J]. Current pharmaceutical design, 2014, 20（25）：4053-4061.

[341] Andreassen C S, Torsheim T, Pallesen S. Use of online social network sites for personal purposes at work：Does it impair self-reported performance?[J]. Comprehensive Psychology, 2014, 3：1-11.

[342] ANTONOPOULOS A M. Mastering Bitcoin：Unlocking Digital Cryptocurrencies[M]. USA：O' Reilly Media, 2014

[343] ARNDT J. Role of product-related conversations in the diffusion of a new product[J]. Journal of marketing Research, 1967, 4（3）：291-295.

[344] Arora S, Okunbor D. Social networking addiction：are the youth of India and United States addicted?[C]//Proceedings of Business and Management Conferences. London：International Institute of Social and Economic Sciences, 2015.

[345] Asia-Pacific Economic Coopperation. Privacy Framework[EB/OL].（2004-06-04）[2019-02-27]. http://www.apec.org/Press/News-Releases/2004/0604_privacyframework.aspx.

[346] Awad N F, Krishnan M S. The personalization privacy paradox：an empirical evaluation of information transparency and the willingness to be profiled on line for personalization[J]. MIS Quarterly, 2006, 30（1）：13-28.

[347] Baldwin R, Cave M, Lodge M. Understanding regulation：theory, strategy, and practice[M]. Oxford：Oxford University Press, 2012.

[348] BORDERS B. A brief history of social media[EB/OL]. http://copybrighter.com/history-of-social-media.

[349] BOWMAN S, CHRIS W. We media：how audiences are shaping the future of news and information[R/OL]. http://www.hypergene.net/wemedia/download/we_media.pdf.

[350] Brenner D L. Ownership and Content Regulation in Merging and Emerging Media[J]. DePaul Law Review, 1995, 45：1009.

[351] Brown I, Marsden C. Co-regulating internet security：The London action plan[C]//GigaNet：Global Internet Governance Academic Network, Academic Symposium, 2007.

[352] BUCKLEY J. Telecommunication regulation[M]. London：The Institution of Electrical Engineers, 2003.

[353] Burson-Marsteller. Twiplomacy 2017[EB/OL].（2017-06-30）[2019-04-03]. https://www.burson-marsteller.com/what-we-do/our-thinking/twiplomacy-2017.

[354] Burton P F. Regulation and control of the Internet：is it feasible? Is it necessary?[J]. Journal of information science, 1995, 21（6）：413-428.

[355] Cho H. Theoretical intersections among social influences, beliefs, and intentions in the context of 3G mobile services in Singapore：Decomposing perceived critical mass and subjective norms[J]. Journal of Communication, 2011, 61（2）：283-306.

[356] Choi E, Scott C R, Shah C. Effects of user identity information on key answer outcomes in

social Q&A[C]//iConference 2013 Proceedings, 2013：302-315.

[357] Choi N, Yi K. Raising the general public’ s awareness and adoption of open source software through social Q&A interactions[J]. Online Information Review, 2015, 39（1）：119-139.

[358] Chua A Y K, Banerjee S. Measuring the effectiveness of answers in Yahoo!Answers[J]. Online Information Review, 2015, 39（1）：104-118.

[359] Coase R H. The federal communications commission[J]. Journal of Law and Economics, 1959, 2：1-40.

[360] COOKE L. Controlling the net：European approaches to content and access regulation[J]. Journal of Information Science, 2007, 33（3）, 360–376.

[361] Costa Jr P T, McCrae R R. NEO Personality Inventory-Revised（NEOPI-R）and NEO Five-Factor Inventory（NEO-FFI）Professional Manual. Odessa, FL：Psychological Assessment Resources, Inc[J]. American Psychologist, 1992, 48：26-34.

[362] CRAMPTON T. Social media in China and across Asia[EB/OL]. http://www.thomascrampton.com/china/china-social-media-evolution/.

[363] Creative Commons. About the licenses[EB/OL]. [2016-05-09]. https://creativecommons.org/licenses/.

[364] DAHLGREN P. Doing citizenship：the cultural origins of civic agency in the public sphere[J]. European Journal of Cultural Studies, 2006, 9（3）：267-286.

[365] DAHLGREN P. Public sphere participation online：the ambiguities of affect[J]. Les Enjeux de l’ Information et de la Communication, 2018（1）：5-20.

[366] DAVIS R. Typing politics：the role of blogs in American politics[M]. New York：Oxford University Press, 2009.

[367] DHIR A, YOSSATORN Y, KAUR P, et al. Online social media fatigue and psychological wellbeing - A study of compulsive use, fear of missing out, fatigue, anxiety and depression[J]. International Journal of Information Management, 2018, 40：141-152.

[368] Dupagne M, Garrison B. The meaning and influence of convergence：A qualitative case study of newsroom work at the Tampa News Center[J]. Journalism Studies, 2006, 7（2）：237-255.

[369] Dwyer C, Hiltz S, Passerini K. Trust and Privacy Concern within Social Networking Sites：A Comparison of Facebook and MySpace[C]//Proceedings of the Thirteenth Americas on Information Systems, Keystone, Colorado, 2007：457-471.

[370] European Commission. General Data Protection Regulation[EB/OL].（2016-04-01）[2019-02-27]. http://ec.europa.eu/justice/data-protection/document/review2016/com_2016_04_en.pdf.

[371] Facebook Inc. Facebook Reports Fourth Quarter and Full Year 2018 Results[EB/OL]. https://s21.q4cdn.com/399680738/files/doc_financials/2018/Q4/Q4-2018-Earnings-Release.pdf.

[372] Farrell J. Information and the Coase theorem[J]. Journal of Economic Perspectives, 1987, 1(2): 113-129.

[373] Federal Trade Commission. Privacy Online：Fair Information Practices in the Electronic Marketplace：A Federal Trade Commission Report to Congress[EB/OL].（1995-05-27）[2019-02-27]. https://www.ftc.gov/reports/privacy-online-fair-information-practices-electronic-marketplace-federal-trade-commission.

[374] Fortunato J A, Martin S E. The intersection of agenda-setting, the media environment, and election campaign laws[J]. Journal of Information Policy, 2016, 6（1）：129-153.

[375] FSF：What Is Copyleft?[EB/OL].（2019-02-16）[2019-05-09]. http://www.gnu.org/copyleft/copyleft.html.

[376] GIL DE ZÚÑIGA H, MOLYNEUX L, ZHENG P. Social media, political expression, and political participation：Panel analysis of lagged and concurrent relationships[J]. Journal of Communication, 2014, 64（4）：612-634.

[377] Gill L, Redeker D, Gasser U. Towards digital constitutionalism? Mapping attempts to craft an internet bill of rights[R]. Cambridge：Berkman Center Research Publication, 2015.

[378] Global Web Index. The lastest social media trends to know in 2018[EB/OL].（2018-07-17）[2019-02-27]. https://www.useit.com.cn/thread-19765-1-1.html.

[379] Goldhaber M H. The attention economy and the Net[J]. First Monday, 1997, 2（4）.

[380] GOLDSMITH J, WU T. Who controls the Internet illusions of a borderless world[M]. Oxford：Oxford University Press, 2006.

[381] GRANOVETTER M S. The Strength of Weak Ties[J]. American Journal of Sociology, 1973, 78（6）：1360-1380.

[382] GREENWOOD S, PERRIN A, DUGGAN M. Social Media Update 2016[EB/OL].（2016-11-11）[2019-04-03]. http://www.pewinternet.org/2016/11/11/social-media-update-2016/.

[383] Hanson F. Baked in and wired：eDiplomacy@ State[M]. Washington, DC：Foreign Policy at Brookings, 2012.

[384] HINDUJA S, PATCHIN J W. Cyberbullying：an exploratory analysis of factors related to offending and victimization[J]. Deviant Behavior, 2008, 29（2）：129-156.

[385] HUANG Q, SINGH V K, ATREY P K. Cyber bullying detection using social and textual analysis[C]//Proceedings of the 3rd International Workshop on Socially-Aware Multimedia.

2014：3-6.

[386] HUTT R. The world’ s most popular social networks, mapped[EB/OL]. https://www.weforum.org/agenda/2017/03/most-popular-social-networks-mapped.

[387] Huxley A. Brave new world：a novel[M]. London：Chatto & Windus, 1932.

[388] Iosifidis P. Digital convergence：Challenges for European regulation[J]. Javnost-the public, 2002, 9（3）：27-47.

[389] Jin G, Widjaja T, Buxmann P. Handle with care：How online social network providers’ privacy policies impact users’ information sharing behavior[J]. Journal of Strategic Information Systems, 2015, 24（1）：33–43.

[390] Kang M, Kim B, Gloor P, et al. Understanding the effect of social networks on user behaviors in community driven knowledge services[J]. Journal of the American Society for Information Science and Technology, 2011, 62（6）：1066-1074

[391] KAPLAN A M, HAENLEIN M. Users of the world, unite! The challenges and opportunities of Social Media[J]. Business Horizons, 2010, 53（1）：59-68.

[392] Kreiss D. A vision of and for the networked world：John Perry Barlow’ s A declaration of the independence of cyberspace at twenty[M]//Bennett J, Strange N. Media independence：working with freedom or working for free?. New York：Routledge, 2014：131-150.

[393] Lasswell H D. The structure and function of communication in society[J]. The communication of ideas, 1948, 37（1）：136-139.

[394] LAZARSFELD P F, BERELSON B R, GAUDET H. The People’ s Choice[M]. New York：Columbia University Press, 1948.

[395] Lazarsfeld P F, Merton R K. Mass communication, popular taste and organized social action[M]. Indianapolis：Bobbs-Merrill, College Division, 1948.

[396] Le L T, Shah C. Retrieving people：Identifying potential answerers in Community Question - Answering[J]. Journal of the Association for Information Science and Technology, 2018, 69（10）：1246-1258.

[397] Lee M K O, Cheung C M K, Lim K H, et al. Understanding customer knowledge sharing in web - based discussion boards[J]. Internet Research, 2006, 16（3）：289-303.

[398] Lessig L. Code and other laws of cyberspace[M]. New York：Basic Books, 1999.

[399] Lessig L. The Law of the Horse：What Cyberlaw Might Teach[J]. Harvard Law Review, 1999, 113（2）：501-549.

[400] Lessig L. The Path of Cyberlaw[J]. The Yale Law Journal, 1995, 104（7）：1743-1755.

[401] MAHAR K, ZHANG A X, KARGER D. Squadbox：a tool to combat email harassment using friendsourced moderation[C]//Proceedings of the 2018 CHI Conference on Human Factors in Computing Systems. 2018：1-13.

[402] MAYFIELD A. What is social media[M/OL]. London, UK：iCrossing, 2008. https://www.icrossing.com/uk/sites/default/files_uk/insight_pdf_files/What%20is%20Social%20Media_iCrossing_ebook.pdf.

[403] McCombs M E, Shaw D L. The agenda-setting function of mass media[J]. Public opinion quarterly, 1972, 36（2）：176-187.

[404] Mcluhan M. The medium is the massage：An inventory of effects[J]. Systems Contractor News, 1967, 1780（5）：80.

[405] MEEKER M. Internet Trends Report 2018[EB/OL]. https://www.kleinerperkins.com/files/INTERNET_TRENDS_REPORT_2018.pdf.

[406] Merton R K, Merton R C. Social theory and social structure[M]. New York：Simon and Schuster, 1968.

[407] Milne G R, Culnan M J. Strategies for reducing online privacy risks：Why consumers read（or don’t read）online privacy notices[J]. Journal of Interactive Marketing, 2004, 18（3）：15-29.

[408] Naisbitt J. Megatrends-Ten New Directions Transforming Our Lives[M]. New York：William Morrow & Co, 1982.

[409] Ngai E W T, Tao S S C, Moon K K L. Social media research：Theories, constructs, and conceptual frameworks[J]. International journal of information management, 2015, 35（1）：33-44.

[410] Noelle-Neumann E. The spiral of silence a theory of public opinion[J]. Journal of communication, 1974, 24（2）：43-51.

[411] Nystrom C. Towards a Science of Media Ecology：The Formulation of Integrated Conceptual Paradigms for the Study of Human Communication Systems[D]. New York：New York University, 1973.

[412] O’CONNOR B, BALASUBRAMANYAN R, ROUTLEDGE B R, et al. From tweets to polls：Linking text sentiment to public opinion time series[C]//Fourth International AAAI Conference on Weblogs and Social Media. 2010.

[413] OECD. Guidelines on the protection of privacy and transborder flows of personal data[EB/OL].（1980-09-23）[2019-02-27]. http://www.oecd.org/internet/ieconomy/oecdguidelinesontheprotectionofprivacyandtransborderflowsofpersonaldata.htm.

[414] OKAZAKI S, YAGÜE M J. Responses to an advergaming campaign on a mobile social networking site：An initial research report[J]. Computers in Human Behavior, 2012, 28（1）：78-86.

[415] Pollach I. Privacy statements as a means of uncertainty reduction in WWW interactions[J]. Journal of Organizational and End User Computing, 2006, 18（1）：23-49.

[416] Postman N. Amusing ourselves to death：public discourse in the age of show business[J]. Education Digest, 1986, 36（Summer）：120-121.

[417] Rath M, Le L T, Shah C. Discerning the Quality of Questions in Educational Q&A using Textual Features[C]//Proceedings of the 2017 Conference on Conference Human Information Interaction and Retrieval. 2017：329-332.

[418] Reutemann T. The First Major Battle Between the Land and the Cloud[EB/OL].（2018-4-20）. https://words.democracy.earth/the-firstmajor-battle-between-the-land-and-the-cloud-9300ad887f9a.

[419] RODGERS H. Poll：69 Percent of America Wants Trump to Stop Tweeting[EB/OL].（2018-1-11）[2019-04-03]. https://dailycaller.com/2018/01/11/69-percent-of-america-wants-trump-to-stop-tweeting/.

[420] Senate - Homeland Security and Governmental Affairs. S. 2517 - Combat terrorist use of social media act of 2016[EB/OL].（2016-02-09）[2018-05-11]. https://congress.gov/bill/114th-congress/senate-bill/2517/summary/00.

[421] Shah C, Kitzie V, Choi E. Modalities, motivations, and materials – investigating traditional and social online Q&A services[J]. Journal of Information Science, 2014, 40（5）：669-687.

[422] Shtykh R Y, Nakadate S, Hayata T, et al. Mobile social network services as a self-extension tool：reflective analysis with focus on Japan[C]//MoMM2007 and iiWAS2007 Workshops in Jakarta, Indonesia, 2007.

[423] SMITH P K, MAHDAVI J, CARVALHO M, et al. Cyberbullying：its nature and impact in secondary school pupils[J]. Journal of Child Psychology and Psychiatry, 2008, 49（4）：376-385.

[424] STANDAGE T. Writing on the wall：social media - The first 2,000 years[M]. New York：Bloomsbury Publishing, 2013.

[425] Stone G R. Content regulation and the First Amendment[J]. william and Mary law review, 1983, 25：189.

[426] Sun Y, Fang Y, Lim K H. Understanding sustained participation in transactional virtual

communities[J]. Decision Support Systems, 2012, 53（1）：12-22.

[427] Telecommunication Development Sector. Measuring the Information Society Report 2018[R/OL]. https://www.itu.int/en/ITU-D/Statistics/Pages/publications/misr2018.aspx.

[428] Tselikov A. The Tightening Web of Russian Internet Regulation[EB/OL].（2014-11-22）[2018-12-20]. http://ssrn．com/abstract=2527603.

[429] U. S. Copyright Office. The digital millennium copyright act of 1998[EB/OL].（1998-12-01）[2016-05-08]. https://www.copyright.gov/legislation/dmca.pdf.

[430] Vail M W, Earp J B, Anton A I. An empirical study of consumer perceptions and comprehension of web site privacy policies[J]. IEEE Transactions on Engineering Management, 2008, 55（3）：442-454.

[431] Vickery G, Wunsch-Vincent S. Participative web and user-created content：Web 2.0 wikis and social networking[M]. Paris：Organization for Economic Cooperation and Development（OECD）, 2007.

[432] Volokh E. Freedom of speech, cyberspace, harassment law, and the Clinton administration[J]. Law and Contemporary Problems, 2000, 63（2）：299-335.

[433] VOSOUGHI S, ROY D, ARAL S. The spread of true and false news online[J]. Science, 2018, 359（6380）：1146-1151.

[434] WARD S. Social media definition：social media is an excellent way to promote your business[EB/OL]. https://www.thebalancesmb.com/social-media-definition-2948526.

[435] We Are Social：Global Digital Report 2019[EB/OL].（2019-01-31）[2019-04-30]. https://wearesocial.com/global-digital-report-2019.

[436] WIPO. WIPO-Administered Treaties[EB/OL].（2016-05-08）. https://www.wipo.int/treaties/en/ShowResults.jsp?lang=en&treaty_id=16.

[437] Wright C R. Mass communication：a sociological perspective[M]. New York：Random House, 1959.

[438] YOUNG A L, QUAN-HAASE A. Privacy protection strategies on Facebook：the Internet privacy paradox revisited[J]. Information, Communication & Society, 2013, 16（4）：479-500.

[439] Zeng B, Gerritsen R. What do we know about social media in tourism? A review[J]. Tourism management perspectives, 2014, 10：27-36.

后　　记

2011年9月，我参与了由上海大学中国艺术产业研究院院长、影视与传媒产业研究基地主任吴信训教授牵头主持的上海市高等学校人文社会科学重点研究基地项目“数字媒体信息传播规制创新研究”（项目批准号：YSJD201112）子课题研究工作，本书就是在这一研究课题成果报告部分内容基础上编写而成的，由于部分课题研究成果已经在学术刊物和论文集中公开发表，因此本书是以社交媒体传播影响和规制为主要内容。

在课题研究过程中，恰逢以微博、微信为代表的新型社交媒体兴起时期，社交媒体正在成为网络信息最主要的传播渠道。也是信息规制的主战场，舆论的主要策源地，社会交际的中心枢纽，社交媒体成为一个社会平台，各类应用将其作为一个主要入口形成一个庞大的社会交换系统，这个系统的规制已经不单单是媒体、内容以及传播问题，而是一个社会结构的再结构化建构和社会秩序的重新解构和重构。

社交媒体传播和应用引发了媒体传播模式和传播影响机制的颠覆性变革，也对如何监管和规制其传播及运营提出了挑战。社交媒体具有移动端化、去中心化、平台化和自媒体化趋势，无论是媒体的内容规制和结构规制都需要进行调整和转型。因此，本书集中在社交媒体规制创新这一领域，在分析其传播影响特别是负面影响的基础上，重点探讨了其规制现状、问题，并提出了创新规制的几个方面的进路和策略。虽然社交媒体属于传播学范畴的研究课题，但是更多涉及了网络政策与规制问题，这一交叉研究也正是笔者长期关注和研究的领域，因此，本书的相关研究问题和内容也融入了以往针对网络生态规制相关研究的视角和理念，并对网络媒体规制的新思路和新趋势进行了应用和分析，其中包括媒体融合规制、网络平台治理、网络生态规制等方面的内容，并结合社交媒体特点进行了综合分析和探讨。

在规制进路上，提出了应转变传统的媒体中心化垂直管制、漏斗式前置把关、行业区隔性管理、单一化监管的规制思维，从垂直规制转向融合规制，从内容监管转型到生态治理，从线性把关监管转向平台自治监管、从机构管理转型到包容性治理和自组织治理，这些治理是一种系统整合策略机制，即从直接调节“结构性矛盾”入手，最终将解决网络媒体生态系统中的“生态性矛盾”。从“道、法、术”三个层面确立网络治理的基本框架体系。其中的“道”是生态平衡,“法”是结构化控制,“术”是技术治理与算法规制。

媒体规制创新将媒体治理体系建设作为规制的目标，完善多方共治、多元共管、多层并举的体系建构。近年来，国家的互联网管理政策也在向新的社会治理体系转型，逐步从单一监管模式向生态化体系治理机制转化。如2019年7月通过的《关于加快建立网络综合治理体系的意见》就明确提出，要坚持系统性谋划、综合性治理、体系化推进，逐步建立起涵盖领导管理、正能量传播、内容管控、社会协同、网络法治、技术治网等各方面的网络综合治理体系。2020年3月1日正式实施的《网络信息内容生态治理规定》则将这一原则进一步落实到了具体治理措施当中。与此同时，我们也需要充分意识到，网络媒体规制既有社会性规制属性，也有经济性规制属性，因此，规制目标既有政治和社会公共性效益考虑，也需考虑其经济效益和竞争发展的目标。媒体规制需要借助多方共治的资源和力量，特别是市场、技术和自治的治理架构，其治理手段并非单纯的禁止、限制和管理，也包括鼓励、促进和培育，从而实现网络媒体生态的安全、有序、健康、可持续性发展，而这也是规制模式创新的实质要义。

本书稿撰写是集体合作完成的成果，其中周庆山主要负责书稿的整体大纲结构的拟定、资料统筹、组织协调、补充完善和主要内容的撰写工作。王京山撰写了第五章；罗戎撰写了第二章第五节部分内容；李广宇撰写了第二章第二节、第三章第一节和第四章第二节部分内容；张牧宁撰写了第四章第一节部分内容；杨志维撰写了第三章第三节；曹文振撰写了导言、第一章第一节、第二节部分内容；刘济群撰写了第二章第三节、第三章第二节、第六章第一节部分内容；山姗撰写了第一章第一节、第二节；第二章第二节；第三章第二、三节、第四章第一节部分内容；王琪斯撰写了第二章第三节、第四节部分内容；渠性怡撰写了第三章第四节；其余各章节由周庆山撰写。初稿完成后，由周庆山、王京山负责统稿、修改校核。

在成果即将付梓之际，要特别感谢上海大学吴信训教授和北京印刷学院王京山教授的鼎力支持。吴信训教授为本课题研究提供了项目经费资助，使得本书稿得以完成。王京山教授不仅参与了本书的撰稿工作，还为本书的出版提供了必要的支持，使得本书得以出版。中国新闻出版研究院编审李建红为课题立项和研究也提供了很多支持和宝贵建议。知识产权出版社的编辑张冠玉在本书出版过程中进行了严格审核和把关，付出了辛勤劳动，在此一并表示由衷感谢。

本书撰写历时较长，社交媒体及相关规制的理论与实践也不断更新和发展，虽数易其稿，并力求反映新的变化和趋势，也几经校对修改，确保书稿质量，但仍存在诸多纰漏和错误之处，敬请读者批评指正，提出宝贵意见。

周庆山

2020年10月10日